The "EU Way" of State Building

— European Union's Policies to Western Balkans (1991-2014)

国家构建的"欧洲方式"

——欧盟对西巴尔干政策研究（1991—2014）

刘作奎 / 著

社会科学文献出版社

SOCIAL SCIENCES ACADEMIC PRESS (CHINA)

序言一

李国邦[*]

李国邦[*]

欣闻作奎的新作《国家构建的"欧洲方式"——欧盟对西巴尔干政策研究（1991～2014）》即将出版，聊写几笔，以表祝贺。

我的外交生涯有很大一部分时间是在前南斯拉夫，也就是现在的西巴尔干地区（阿尔巴尼亚在西巴尔干地区，但不是南斯拉夫的一部分）度过的。该地区人民的勤劳朴实、热爱生活、天资聪慧、勇于抗争的精神，给我留下了难以忘怀的印象。我在这里经历了铁托时期，见证了南斯拉夫解体、我国驻南联盟大使馆被炸、科索沃宣布独立等一系列重大历史事件。这些经历，我曾给作奎讲过，这对他的研究可能会有帮助。

关于中国对前南斯拉夫地区国家的外交政策，简而言之，就是我们始终尊重这些国家的独立、主权和领土完整，尊重它们自主选择的发展道路，愿意在和平共处五项原则的基础上同这些国家开展各个领域的合作。近年来，国际形势发生了很大的变化，但我们对该地区国家的政策原则始终没有改变。作奎在本书中的某些章节增加了对南斯拉夫解体和冲突的分析，我想这是很有意义的。

2012年中国和中东欧国家"16+1合作"框架确立后，中国和西巴尔干各国的关系与合作迅速发展，我们的很多投资和优惠贷款都到了这里。在这种情况下，深入了解西巴尔干的历史特点、现实状况和未来发展方向是非常必

---

  * 李国邦，中国国际问题研究基金会执行理事长兼秘书长、高级研究员，中国前驻克罗地亚、塞尔维亚、乌克兰、塞浦路斯大使，中国欧洲学会中东欧研究分会会长。

要的。从这一点上说,作奎的新作有助于增进我们对西巴尔干国家的了解,对开展合作具有重要参考价值。

我现在在中国国际问题研究基金会工作。这是一个资深外交官、专家、学者云集的地方,很多人都有丰富的外交经历,对重大国际问题有独到的见解。我发现,现在国内对中东欧地区的研究尚需进一步加强,这是一个潜力无穷的领域,值得深入挖掘。目前,我国专门对中东欧问题进行研究的专业人员较少,很多人是兼职从事这一学科的研究。新中国成立以后,中国和中东欧国家合作密切,中国对中东欧问题的研究也一度很热。但此后在很长一段时间里,对中东欧的研究变得不温不火,与从事美国研究、西欧研究人员的数量和影响力相比不可同日而语。我相信这一状况在新的中国-中东欧国家合作框架的支撑下会有很大改观。同时,我认为我们的研究应与国家的战略需求进一步紧密对接。就目前情况看,一些学术研究和实际需要是存在一定距离的。

随着中国和中东欧国家关系与合作的进一步发展,加强对中东欧问题的研究,培养中国的中东欧研究专才显得尤为紧迫。作奎是中国中东欧研究界较有潜力的中青年专家,拥有较好的学术基础,在中国加强与中东欧各国合作的大好形势下,可以很好地展示才华,发挥作用。

最后,相信本书能够受到读者的热情欢迎,希望作奎能够在自己的研究领域继续探索,百尺竿头,更进一步。

序言二

孔田平[*]

在过去的 25 年间(1989 ~ 2014),中东欧地区的变化有目共睹,其中巴尔干地区的变化尤具戏剧性。解体、冲突、战争、转型、和平、欧洲化,这些词语未必能概括巴尔干变化的全部。外部行为体在该地区的介入程度之深前所未有,联合国、欧盟、北约、美国、德国、俄罗斯、土耳其等都不同程度卷入其中。1999 年科索沃战争后,欧盟开始认真思考其东南欧政策。2003 年 6 月,欧盟塞萨洛尼基峰会正式给予西巴尔干国家入盟前景。目前,斯洛文尼亚和克罗地亚已经加入欧盟,其他国家也以加入欧盟为目标,与欧盟建立了程度不同的制度联系。尽管该地区国家间的纠葛和疑虑并未彻底消除,但实现巴尔干的欧洲化已成为该地区所有国家的共同选择。巴尔干国家能否实现欧洲化,摆脱巴尔干冲突的历史宿命尚面临诸多挑战。

尽管"巴尔干"成为通用词语的历史仅百年有余,但是巴尔干及其衍生词"巴尔干化"仍显示出旺盛的生命力。冷战结束后,"西巴尔干"一词应运而生,进入了国际政治的话语体系。巴尔干始终是独特的。曾有学者抱怨,巴尔干产生了太多的历史。罗伯特·卡普兰认为,"欧洲东南部是一个充满历史的地区——由哈布斯堡王朝和奥斯曼帝国的没落所引发的至今未决的领土争端和民族问题所书写"。丘吉尔曾称巴尔干生产的历史超出其消费能力。这可能只是一枚硬币的一面,另一面则是不同的帝国和大国在塑造巴尔干历史中发挥了巨大的作用,其强加的历史也超出了巴尔干的吸收能力。罗

---

* 孔田平,中国社会科学院欧洲研究所中东欧研究室研究员、博士生导师。

马帝国的分裂、基督教会的分裂、奥斯曼土耳其帝国的征服对于巴尔干文明的形成影响深远。

18～19世纪,巴尔干地区经历了剧烈的变化,一方面,奥斯曼帝国摇摇欲坠,欧洲列强纷纷介入,沙皇俄国、奥匈帝国、英国、德国等列强曾参与巴尔干的角逐,在巴尔干留下自己独特的烙印。另一方面,巴尔干民族主义风起云涌,希腊、塞尔维亚、黑山、保加利亚和罗马尼亚成为独立国家,新兴的民族国家均有扩大其疆域的雄心。由于民族矛盾与领土纠葛交织在一起,巴尔干地区冲突频发,被称为"欧洲火药桶"。在第一次世界大战爆发之前,巴尔干地区曾发生了两次巴尔干战争。19世纪末,普鲁士宰相俾斯麦曾预言巴尔干将是欧洲冲突的策源地。1914年6月28日,塞尔维亚青年普林西普刺杀奥匈帝国王储斐迪南大公夫妇,"欧洲火药桶"再次被引爆,引发了第一次世界大战。1940年,意大利进攻希腊之后,第二次世界大战的战火蔓延到巴尔干,巴尔干国家再次卷入战争旋涡。南斯拉夫著名国际问题专家兰科·佩特科维奇认为,"巴尔干化",即"将一个地区分为许多相互敌对的小国并不是由巴尔干人好斗善战的精神素质所致,而是由多少世纪以来外族不断入侵并用火与剑干涉巴尔干各民族的生活所致。"巴尔干火药桶是由于外部入侵的强国及其追随国造成和点燃的。历史地看,巴尔干问题不是单纯的区域问题,而是更为广泛的欧洲问题的组成部分。应当承认,巴尔干各民族背负着敌意、仇视和冲突的历史重负是"巴尔干化"的一个不容忽视的因素。第二次世界大战后,巴尔干保持了长久的和平,有关巴尔干的负面记忆似乎被人遗忘。

冷战结束后,欧洲大陆出现了前所未有的走向统一的历史机遇,欧洲一体化进程加速。但是在东南欧则出现了联邦国家解体的碎片化进程,巴尔干一度成为欧洲最不稳定的区域。南斯拉夫解体引发的冲突与战争唤醒了在冷战时期沉寂的巴尔干记忆,"巴尔干化"的幽灵再次在欧洲徘徊。在前南斯拉夫的土地上经历了斯洛文尼亚战争、克罗地亚战争、波黑战争、马其顿内战、科索沃战争。波黑战争是第二次世界大战后欧洲发生的最为惨烈的冲突,而1999年北约对南斯拉夫联盟长达78天的轰炸,是北约在欧洲最大规模的军事行动。在20世纪90年代,南斯拉夫一分为六,斯洛文尼亚、克罗地亚、波斯尼亚和黑塞哥维那、马其顿、黑山、塞尔维亚成为新独立的国家。2008年2月,科索沃单方面宣布独立,但未获塞尔维亚承认。这些国家从南斯拉夫联邦的组成单位成为独立国家,需要重新进行国家构建,建立运行良好的国家体制。在巴尔干走向和平后,美国逐渐淡出巴尔干,欧盟成为巴尔干地区最重要的国际行为体。在后冲突的巴尔干地区,西巴尔干国家由于国力薄弱、民族纷争、称职的政治精英供给不足,以及国家治理能力缺乏,国家构建困难重重。在加强西巴尔干国家性、推动西巴尔干国家构建上,欧盟的作用至关重要。欧盟作为转型力量在多大程度上能够推动西巴尔干国家化干戈为玉帛,自立于世界民族之林,尚待观察。

呈现在大家面前的刘作奎博士的专著《国家构建的"欧洲方式"——欧盟对西巴尔干政策研究(1991~2014)》全面系统地分析了西巴尔干的国家性,深入考察了欧盟在西巴尔干地区国家构建中的作用,阐述了西巴尔干国家构建的欧洲方式。该专著是国内首部对西巴尔干国家构建问题进行探讨的学术著作,对全面了解作为次区域的西巴尔干特性与每个西巴尔干国家的特性,对全面评估作为国际行为体的欧盟在塑造西巴尔干国家时的作用及局限颇有帮助。作者提出了一些引人深思的学术观点,对学界从多视角思考国家构建问题很有裨益。该著作是刘作奎博士数载学术探索的结晶,我期待他能百尺竿头,更进一步,在学术研究领域有更大的建树。

Contents 目录

绪　论

自1951年成立欧洲煤钢共同体至今，欧共体/欧盟经历了多次扩大，成员国达到28个。欧盟近邻西巴尔干国家（克罗地亚已入盟）将是下一轮欧盟扩大的主要对象，而西巴尔干诸国也在为此做积极准备，全力进行内部改革，并把入盟作为自己内政和外交的优先目标。根据目前西巴尔干的发展态势，欧盟对该区域的政策总体上取得了积极进展，西巴尔干基本上告别了区域内冲突和战争，各国政府都致力于一系列改革来维护社会稳定和推动经济发展，并结合欧盟标准和本地区特色建立起议会民主制国家政体，推动国家向市场经济转型。

西巴尔干地区主要是由南斯拉夫社会主义联邦共和国（简称南联邦）分裂后独立的诸国组成，学界一般采用"一加一减"原则，即减去原属南联邦的斯洛文尼亚，加上不属于原南联邦的阿尔巴尼亚，这样，西巴尔干总共由六国组成，分别是塞尔维亚、黑山、马其顿、波斯尼亚和黑塞哥维那（为方便论述，本书有时将其简称为波黑，将原塞尔维亚和黑山共和国简称为塞黑）、克罗地亚和阿尔巴尼亚。自1992年南联邦解体后，西巴尔干国家的碎片化趋势非常明显，造成该地区持续动荡，战争频发。先是斯洛文尼亚和克罗地亚从南联邦母体分离，紧接着马其顿、波黑也脱离南联邦，2006年，黑山通过公投宣布独立，2008年，科索沃宣布独立。伴随着该地区分离浪潮的是持续的血腥战争，1992～1995年的波黑战争和1999年的科索沃战争使本地区乃至全欧洲的稳定遭到破坏，本地区政治、经济发展受到严重影响。在包括欧盟在内的国际行为体的积极斡旋乃至直接派出武装力量介入之下，这一地区的和平得以恢复。进入21世纪以后，西巴尔干地区碎片化的趋势已经终止，再次发生大的动荡和战争的可能性微乎其微，西巴尔干诸国紧锣密鼓地出台各种改革措施，积极谋求自身政治与经济的发展。

西巴尔干国家均为小国，经济和市场规模不大。根据 2014 年中国外交部提供的数据，该地区总人口约为 2353 万，总面积约为 26.5 万平方千米，国内生产总值总计约为 1630 亿美元。从人口、国土面积和经济总量来看，西巴尔干各国与传统西欧强国英国、法国、德国等无法相提并论，但与中东欧国家相比，"勉强"算得上是东欧地区的"二等国家"。粗略来看，西巴尔干国家上述三项指标比波兰略差（波兰人口 3850 万、国土面积 31.2 万平方千米、经济总量 4750 亿美元），尤其是在经济总量上比波兰差一个档次；但西巴尔干国家的这些指标与罗马尼亚相比则大致相当（罗马尼亚人口 1904 万、国土面积 23.8 万平方千米、经济总量 1897 亿美元）。[①]

虽然西巴尔干的经济和市场规模不大，但其具备的地缘优势则足以引起世界关注。

西巴尔干位于欧洲大陆东南端，是欧、亚、非三个大陆的交汇之处，既是联系欧亚的陆桥，又是欧洲伸向非洲的重要跳板。它南临地中海重要航线，东有扼黑海咽喉的博斯普鲁斯海峡和达达尼尔海峡，是外部物资和能源进入欧洲大陆的重要通道。近些年来，周边动荡深刻改变了欧盟的周边安全环境，使欧盟不得不将更多的注意力投放到周边，因而西巴尔干作为欧盟处理周边问题的跳板作用凸显出来。此外，西巴尔干也是欧盟防止外部不安定因素（如非法移民、有组织犯罪、恐怖主义等）的桥头堡。考虑到西巴尔干在地缘战略中的重要性，从 20 世纪 90 年代开始，欧盟就着手实施发展西巴尔干国家入盟的战略。

欧盟在西巴尔干采取什么样的政策来推进这些国家入盟的进程？目前西巴尔干各国的改革正处于怎样的阶段？什么因素将会影响西巴尔干国家的入盟进程？笔者将在本书中集中探讨这些问题。

为了便于读者理解本书内容，笔者先就写作框架和一些重要概念做一说明。

---

① 统计数据来源于中华人民共和国外交部网站，http://www.fmprc.gov.cn/mfa_chn/gjhdq_603914/。

一　写作框架和研究方法

首先，本书集中论述了西巴尔干国家入盟进程的具体情况，以及影响各自入盟的具体因素。本书主要从"国家性"① 的角度来分析和阐述西巴尔干国家入盟所遭遇的问题，并认为国家功能不完备影响了西巴尔干大多数国家的入盟进程。西巴尔干诸国虽然在全力进行改革，推进入盟进程，但南联邦解体后大部分国家存在"国家性"问题，即国家层面的基本制度根基不牢，无法行使国家应有的职能，这影响了国家的稳定和改革，进而对入盟造成障碍。因此，国家构建作为欧盟推进西巴尔干改革的核心，在本书中将被作为突出的因素加以阐发。

其次，分析欧盟对西巴尔干政策的历史演进及具体内容，尤其是对西巴尔干国家入盟政策的战略考虑、运行机制、投放的政策工具以及政策前景等问题进行细致梳理与分析。

本书认为，民族矛盾和国家功能孱弱是大多数西巴尔干国家动荡的根源，欧盟对西巴尔干的政策包括冲突调解和国家构建两个基本组成部分，旨在通过危机干预和顶层制度设计来渗入西巴尔干国家的改革进程，消除西巴尔干国家内部冲突的根源。为达到这一目的，欧盟形成了相对有效的机制，主要通过危机管理、入盟审查、条件限制等各种手段来推进西巴尔干国家的制度改革。在此过程中，欧盟与联合国、北约、美国、欧洲安全与合作组织等形成了相对密切的合作，并且有着相对明确的分工，凸显出推动西巴尔干国家改革和转型是由多行为体参与的特点，本书着重分析欧盟在其中的行为方式及特点。

最后，对每个西巴尔干国家（包括特殊实体科索沃）的具体情况进行案例研究，关注欧盟对每个国家和特殊实体政策的共性和差异，了解每个西巴尔干国家入盟的进程和特点，突出西巴尔干"国家性"问题的一致性

① "国家性"（Statehood）是一个综合性概念，与国家政治、经济与社会等各方面的发展阶段紧密相关，也与改革和转型进程密切相关。有关国家性概念的深入分析，见本书随后的章节。

和多样性,以展示欧盟西巴尔干政策的复杂内涵。分析的主要国家包括塞尔维亚和黑山①、波斯尼亚和黑塞哥维那、马其顿、克罗地亚、阿尔巴尼亚以及特殊实体科索沃。在进行案例研究的基础上,对每个国家或实体的入盟进展状况进行比较分析,借以突出这些国家各自的问题和发展前景,从而对西巴尔干国家总体发展路径做出总结。

二 中外学者研究状况回顾

关于欧盟对西巴尔干的政策,西方学界有不少相关的研究,主要分为两种研究取向。一种是把西巴尔干纳入整个巴尔干区域框架下进行研究,分析包括欧盟在内的国际行为体对巴尔干地区的冲突调解与和平建设政策。代表著作有:菲利普·罗德和唐纳德·罗斯柴尔德主编的《可持续的和平:内战后的权力和民主》②,该书系统地梳理了欧盟/欧共体、美国、联合国、欧洲安全与合作组织等不同国际行为体对巴尔干地区的冲突所采取的理论和实际解决方案;马克·威勒和斯蒂芬·沃尔夫主编的《自治、自我治理和冲突调解:对分裂社会进行制度设计的创新性办法》③,该书强调了民族自治的重要性,并且认为,自治结合区域一体化是冲突调解的最佳解决方案之一,该书为欧盟对巴尔干的治理提供了一定的理论指导。需要说明的

① 历史上,塞尔维亚和黑山关系密切,两个民族同种同源,祖先都是塞尔维亚人。1878 年柏林会议后,塞尔维亚和黑山先后独立并保持亲密盟友关系。第一次世界大战后组建的南斯拉夫联合王国中,黑山并入塞尔维亚。第二次世界大战后,黑山成为独立共和国,并加入 1963 年组建的南斯拉夫社会主义联邦共和国。1991~1992 年,南联邦解体。1992 年 4 月 27 日,南联盟议会通过新宪法,宣布塞尔维亚和黑山两个共和国联合成立南斯拉夫联盟共和国(简称南联盟)。2000 年,南联盟政权发生更迭,导致黑山分裂趋势加剧。2002 年 3 月,在欧盟主持下,塞尔维亚与黑山签署塞黑关系原则协议:"南斯拉夫联盟共和国"改名为"塞尔维亚和黑山"国家联盟(简称塞黑)。2006 年,黑山通过全民公投选择独立,"塞尔维亚和黑山"国家联盟正式解体,分为塞尔维亚和黑山两个国家。

② Philip G. Roeder and Donald Rothchild, *Sustainable Peace: Power and Democracy after Civil Wars*, Ithaca and London: Cornell University Press, 2005.

③ Marc Weller and Stefan Wolff eds., *Autonomy, Self - Governance and Conflict Resolution: Innovative Approaches to Institutional Design in Divided Societies*, London and New York: Taylor and Francis Group, 2005.

是，上述著作主要集中对巴尔干甚至是全球范围内的冲突调解办法和理论建构进行了分析，并没有重点研究欧盟相关政策的特色和作用，也没有对西巴尔干地区的区域特性进行分析。鉴于欧盟在巴尔干的冲突调解中发挥了至关重要的作用，在冲突解决方法上做出了非常重要的贡献，并且已经将西巴尔干大部分地区的冲突调解纳入欧盟自身的安全框架和制度设计当中，因此，对欧盟政策的关注应该是首要的，这也是本书所要重点突出的内容。

另一种研究取向是西方学者针对西巴尔干的专题研究。近年来，欧盟对西巴尔干政策有关的研究成果日益增多。总结起来，有如下几种研究方向。

1. 欧盟对西巴尔干政策进程的研究

这方面的代表著作较多，主要有：朱迪·巴特主编的《西巴尔干：持续前行》① 和辛妮萨·库西奇、克劳迪娅·格鲁佩主编的《西巴尔干行进在欧盟之路上吗?》②，这两本书的作者均为西巴尔干问题研究专家，他们分析了西巴尔干几个主要国家入盟的进展状况以及欧盟政策投放的效果，属于欧盟对西巴尔干政策动态跟踪研究的代表性作品；多里安·朱诺的著作《西巴尔干的欧洲化》③，集中论述了欧盟对西巴尔干政策的几种途径，主要包括临时性办法（The Terra Incognita Approach，1990－1995）、区域性办法（Regional Approach，1995－1999）、综合性办法（Comprehensive Approach，从 1999 年到现在）；弗洛里安·特洛纳的著作《西巴尔干的欧洲化》④ 则论述了欧盟采取的欧洲化相关政策（司法和内部事务政策）在西巴尔干的克罗地亚和马其顿的实施情况，以及这两个国家对欧盟相关政策的适应和接受情况；阿洛尔达·埃尔巴萨尼主编的《欧洲一体化和西巴尔干的转型》⑤系统地探讨了欧盟采取的一系列政策对推进西巴尔干政治、经济和社会转

---

① Judy Batt ed. , "The Western Balkan, Moving On", *Chaillot Papers*, Institute for Security Studies of European Union October, 2004.

② Sinisa Kusic and Claudia Grupe ed. , *The Western Balkans on Their Way to the EU*? Peter Lang, 2007.

③ Dorian Jano, *The Europeanization of Western Balkan: A Fuzzy Set Qualitative Comparative Analysis of the New Potential EU Member States*, VDM Verlag Dr. Muller Aktiengesellschaft & Co. KG, 2010.

④ Florian Trauner, *The Europeanization of the Western Balkan: EU Justice and Home Affairs in Croatia and Macedonia*, Manchester: Manchester University Press, 2011.

⑤ Arolda Elbasani ed. , *European Integration and Transformation in the Western Balkan: Europeanization or Business as Usual?* London and New York: Routledge, 2013.

型的作用。此外，有的著作还对欧盟/欧共体对西巴尔干政策的历史做了追踪，如理查德·卡普兰的《欧洲及其承认南斯拉夫新国家》①、索尼娅·卢卡莱利的《欧洲和南斯拉夫的分裂：一场政治失败的学术解释》②，将欧盟对西巴尔干政策的研究追溯到南联邦解体时期，详尽分析了欧盟/欧共体对分裂的南联邦及独立的克罗地亚、斯洛文尼亚等国的承认政策，其政策分析较具历史感。另有著作从安全战略角度阐释了欧盟对西巴尔干政策的演进，代表著作是艾米丽安·卡瓦斯基的《扩展欧洲安全共同体：构建巴尔干地区和平》③。

2. 欧盟对西巴尔干政策的比较研究

这种比较分为两个层面。第一个层面是对不同行为体在西巴尔干地区政策的比较，美国、欧盟和联合国都积极介入该地区，并采取了不同的政策，在政策层面存在差异。代表作品是罗莎·奥尔特曼、尤金·怀特洛克主编的《欧洲和美国在巴尔干的政策》④ 和詹姆斯·多宾斯主编的《欧洲在国家构建中的角色：从巴尔干到刚果》⑤，这两部书均认为，美国对西巴尔干的政策偏向于硬实力方面，而欧盟则倾向于软实力方面。第二个层面是对欧盟西巴尔干政策产生的不同后果进行比较研究，以保加利亚学者格加纳·努切娃的《欧洲的外交政策和巴尔干入盟的挑战》⑥ 为代表作，作者对西巴尔干国家塞尔维亚和黑山、波斯尼亚和黑塞哥维那以及中东欧国家保加利亚的入盟进程进行比较，得出因为国家制度层面存在差异导致各自入盟进展不一的结论；亚当姆·法甘的著作《欧洲的巴尔干困境》⑦，通过对

---

① Richard Caplan, *Europe and the Recognition of New States in Yugoslavia*, Cambridge：Cambridge University Press, 2007.

② Sonia Lucarelli, *Europe and the Breakup of Yugoslavia：A Political Failure in Search of a Scholarly Explanation*, Kluwer Law International, 2000.

③ Emilian Kavalski, *Extending the European Security Community：Constructing Peace in the Balkans*, Tauris Academic Studies, 2008.

④ Franz Lothar Altmann, Eugene Whitlock eds., *European and US Policies in the Balkans*, German Institute for International and Security Affairs, July 2004.

⑤ James Dobbins et al., *Europe's Role in Nation – Building：From Balkan to Congo*, California：Rand Corporation, 2008.

⑥ Gergana Noutcheva, *European Foreign Policy and the Challenges of Balkan Accession：Conditionality, Legitimacy and Compliance*, Routledge：Taylor & Francis Group, 2012.

⑦ Adam Fagan, *Europe's Balkan Dilemma：Path to Civil Society or State – Building*, I. B. Tauris, 2010.

欧盟在波黑、塞尔维亚和科索沃的政策比较也得出了相似的结论。

3. 欧盟对西巴尔干政策内在机制的研究

这里主要对西巴尔干的欧洲化及其条件限制等问题进行了深入探讨，详细考察了西巴尔干国家争取入盟进程中，不同机制所起到的作用，这也是西巴尔干问题研究的热点。比较著名的研究是由布鲁诺·库彼特、米歇尔·海瑟恩、塔马拉·克孜莱德、米歇尔·艾默森、格加纳·努切娃、纳塔莉·拓琦所从事的研究项目——"作为冲突调解工具的欧盟制度模式在欧盟周边分裂国家政策的比较研究"，项目成果为《欧洲化和冲突解决：周边冲突解决的案例研究》[1]。这些学者认为，欧盟是通过给予相关西巴尔干国家欧盟成员国资格来实施条件限制，此外还在西巴尔干引入了社会学习等过程。通过这些方式，欧盟推动西巴尔干国家在民主、法治和人权领域的改革。在此进程中，欧盟明确规定了首要的战略目标以及政治和经济标准，相关标准在有关国家被授予欧盟成员国资格前被用来评估其改革进展情况。其他的代表著作有奥桑·阿娜斯塔斯基的《巴尔干的欧洲化》[2]和罗伊·基恩的《伙伴关系和条件限制双重办法在西巴尔干的实施》[3]。在此研究基础上，有关条件限制机制在西巴尔干国家入盟进程中作用的文章，也有比较多的产出[4]。

4. 欧盟对西巴尔干国家的国别案例研究

目前西方学界对西巴尔干研究的主流趋势是立足于区域研究，同时兼顾国别研究。但鲜有学者运用某种研究方法对西巴尔干每个国家分别进行系统研究，而不同学者针对不同西巴尔干国家的案例研究则比较多。代表著作有：米莱拉·博格达尼和约翰·卢福林的《阿尔巴尼亚和欧盟：融入欧盟的混乱

---

[1]　Bruno Coppieters and Michael Emerson etc. , *Europeanization and Conflict Resolution*, *Case Studies from the European Periphery*, Gent: Academia Press, 2004.

[2]　Othon Anastasakis, the Europeanization of the Balkans, *Brown Journal of World Affairs*, Fall, 2005.

[3]　Rory Keane, "The Partnership – Conditionality Binary in the Western Balkans: Promoting Local Ownership for Sustainable Democratic Transition", *Cambridge Review of International Affairs*, Volume 18, Number 2, July 2005.

[4]　Othon Anastasakis and Dimitar Bechev, "EU Conditionality in South East Europe: Bringing Commitment to the Process," April 2003; Gergana Noutcheva, "EU Conditionality, State Sovereignty and the Compliance Patterns of Balkan States," Paper prepared for the 3rd Pan – European Conference on EU Politics European Consortium for Political Research, Bilgi University, Istanbul 21 – 23 September 2006.

之旅》①，詹姆斯 – 凯尔·林德赛的《科索沃：巴尔干充满争议的国家性建设之路》②，鲍里斯·波哥维奇的《塞尔维亚转型的四年》③，以及克里斯托弗·索利兹的《战后波斯尼亚的转折点：本土化进程和欧洲一体化》④ 等。

尽管西方现有的研究成果为本书的最终形成奠定了重要基础，但这些成果也存在较多不足，主要体现在两个方面：一是缺乏运用科学的视角对西巴尔干每个国家进行全面、细致的案例分析，并在此基础上总结出西巴尔干国家各自存在的问题；二是目前西方出版的能基本体现欧盟西巴尔干政策研究最高水平的成果，均是多人合作的，如埃尔巴萨尼主编的《欧洲一体化和西巴尔干的转型》，布鲁诺·库彼特等主编的《欧洲化和冲突解决：周边冲突解决的案例研究》，詹姆斯·多宾斯主编的《欧洲在国家构建中的角色：从巴尔干到刚果》等。多人合作的优势和缺点均比较明显：优势在于能集思广益，很快形成成果；缺点在于，课题策划者的初衷和目标可能是非常明确的，但在实际操作中，原有的设想有时候难以完全贯彻，不得不迁就不同经历、水平和学科背景的作者的个人偏好，导致一本著作"拼合"的色彩明显，形式虽统一，但研究的观点和方法则多元，事实上很难形成明确的结论，最多只能算是一种共识。

从国内学术界的研究状况看，中国学者对西巴尔干问题的研究有一定的产出，论文主要集中在对西巴尔干入盟进程的分析上。主要作品有：刘作奎的《欧盟对巴尔干的冲突调解政策——一种新制度主义的分析》（周弘、贝娅特·科勒－科赫主编《欧盟治理模式》，社会科学文献出版社，2008），扈大威的《欧盟对西巴尔干地区政策评析》（《国际问题研究》2006年第3期），柯静的《西巴尔干入欧盟前景分析》（《国际论坛》2007年第11期），朱晓中的《欧洲一体化与巴尔干的欧洲化》（《欧洲研究》2006年第4期）和孔田平的《对东南欧"巴尔干化"的历史解读》（《欧洲研究》

---

① Mirela Bogdani and John Loughlin, *Albania and the European Union: The Tumultuous Journey Towards Integration and Accession*, IB Tauris and Co LTD, 2009.

② James – Ker Lindsay, *Kosovo: The Path to Contested Statehood in the Balkans*, IB Tauris and Co LTD, 2011.

③ Boris Begovic, *Four Years of Transition in Serbia*, Baden – Baden: Nomos, 2005.

④ Christophe Solioz, *Turning – Points in Post – War Bosnia, Ownership Process and European Integration*, Baden – Baden: Nomos, 2005.

2006 年第 4 期）等。中国社会科学院研究生院张鹏的博士论文《对外援助的欧洲模式》，对欧盟的西巴尔干援助政策做了专题研究（2010 年完成），该论文目前已经正式出版。

需要说明的是，笔者对西巴尔干国家进行了较为系统的案例研究，同时也对欧盟的条件限制机制进行了专门研究。案例研究主要成果包括：《欧盟对塞尔维亚和黑山政策评析》（《欧洲研究》2007 年第 3 期）、《欧盟对科索沃政策评析——欧盟扩大进程中的例外》（《欧洲研究》2008 年第 2 期）、《国家构建的欧洲方式——欧盟对波黑政策实证分析》（《欧洲研究》2009 年第 4 期）、《从"疑欧主义"到"融入欧盟"：克罗地亚的转型进程》（周弘主编《欧洲发展报告（2013~2014）》，社会科学文献出版社，2014）。在对欧盟条件限制机制研究上，笔者与西方学者进行了对话，发表了相关的英文成果——《欧盟条件限制和西巴尔干的入盟之路》①。笔者在此文中集中分析了欧盟对西巴尔干实施条件限制的几种模式，以及这几种模式的效果差异和对其采取的修正措施，并将这些条件限制的分析运用到西巴尔干国家的具体入盟进程上。

三　本书的创新性

首先，本书致力于对欧盟在西巴尔干的冲突调解和国家构建政策的来龙去脉做深入分析，不只是局限于欧盟对西巴尔干整个区域政策的一般性阐述上，而是从多视角透视和分析欧盟对该区域所实行的政策。具体表现为，将欧共体/欧盟对西巴尔干冲突调解和国家构建的历史追溯到 20 世纪 90 年代初南斯拉夫的解体危机，阐释欧共体/欧盟对南斯拉夫问题的战略思考、工具使用以及政策选择，确保对欧共体/欧盟的国家构建政策（从 1991 年到现在）有长时段的、全面的了解。本著作还避免了目前欧洲化研究文献只注重对欧盟政策的分析以及欧盟政策对西巴尔干国家政治、经济等影响的分析，即所谓的"自上而下"（Top - Down Approach）的分析视角，而是更加突出了欧盟政策吸收者西巴尔干的反应，即所谓的"自下而上"

---

① Liu Zuokui, "EU's Conditionality and Western Balkans' Accession Roads," *Academic Journal of European Perspective*, No. 2, April, 2010.

（Bottom – Up Approach）的分析视角。① 总之，该书更加注重从欧盟与西巴尔干国家双向互动的角度来分析欧盟的冲突调解和国家构建政策的进程及效果。

其次，本书对欧盟西巴尔干政策的探讨以案例研究为基础和支撑，不流于对西巴尔干整体入盟进程的泛泛研究和论述。笔者认为，梳理西巴尔干入盟的主线仍要仰赖于对该区域每个国家的具体国情的分析，在不忽视差异性的前提下把西巴尔干作为一个整体纳入研究分析框架中。总之，只有在弄清楚每个国家的具体状况后，才能提升对这个区域的整体性认识。只有对这些差异性进行比较分析，才能为综合分析和评估欧盟西巴尔干政策的效果提出全面而有价值的研究发现。

再次，科学研究的价值在于突出某种研究方法的解释力，进而能够增强对某一事物和研究目标更为科学的认知。经过几年来对西巴尔干问题的研究，笔者总结认为，“国家性”是构成欧盟对西巴尔干政策的核心影响要素。这一研究角度国内学者迄今没有太多涉及，而国际学者虽有阐述，但并不深入和系统。笔者在本书中创新性解释“国家性”这一概念，并且对这一问题的阐释不完全遵循西方的理念和解释路径，而是依据中国学者自身对这一问题的理解展开评述，突出创新性。

最后，笔者还加入了对西巴尔干地区发展动态的最新分析，确保成果的现实性与及时性。本书的写作历时多年，在写作过程中，西巴尔干地区和国家也发生了重要的变化。如西巴尔干深受欧洲主权债务危机的冲击，2013 年克罗地亚加入欧盟，近几年来政治选举频繁导致部分西巴尔干国家政策发生变化和调整等，这些新变化都将在本书中有所体现。

四　重要概念界定

1. “国家性”（Statehood）和“国家构建”

“国家性”是本书立论的核心。国家性泛指一个国家得以存在的一些基

---

① Arolda Elbasani ed. , *European Integration and Transformation in the Western Balkans*：*Europanization or Business as Usual?* Routledge：Taylor and Francis Group，2013，p. 7.

本要素，主要包括稳定的政治制度，拥有固定的领土、人口、军队，确保经济和社会正常运行的制度和传统，维持必要国际交往的国家功能等。这些必要的条件是确保一个国家统治制度能够正常运作的前提。但很多时候，国家性的确切含义有些模糊，难以做出界定。笔者在本书第一章对此问题进行了探讨，并对国家性概念做出界定。

为了让西巴尔干的弱功能性国家和功能性国家变成完全功能性国家，包括欧盟在内的国际行为体采取了一系列的措施，积极进行"国家构建"，主要办法是从制度设计上改变这些国家宪法的特性，推动这些国家按照欧盟标准进行改革，最终为入盟奠定基础。关于"国家构建"问题，笔者在第二章做了专题论述。

2. 条件限制（Conditionality）

条件限制是欧盟对西巴尔干政策的一个重要机制，条件限制执行的效果如何直接决定了欧盟对西巴尔干政策的成败。

条件限制一般而言是指欧盟对申请入盟的西巴尔干国家设定入盟标准（包括"哥本哈根标准"[①] 和欧盟的既有法律成果等），通过入盟吸引和援助，鼓励西巴尔干国家按照欧盟设定的具体条件进行改革。对于积极实行改革的国家给予持续的资助和奖励，对于不认真甚至没有进行改革的国家给予惩罚甚至终止资助乃至取消入盟申请。正因为上述特点，条件限制机制有时候又被形象地称为"胡萝卜加大棒"政策。关于这一问题，笔者在本书第三章做了专题论述。

3. 政策工具

简单地说，政策工具就是达成政策目标的手段。政策工具既可以界定为一种"客体"（object），也可以界定为一种活动（activity）。例如，在法律文献中，人们往往将法律和行政命令称为工具；另一方面，有学者将政策工具定义为"一系列显示出相似特征的活动或行为"。[②]

---

① 哥本哈根标准本是用来衡量某个国家是否有资格加入欧盟的一系列标准。它是由欧洲理事会于1993年6月在丹麦首都哥本哈根制定的。政治方面，它要求候选国有稳定的民主制、尊重人权、法治和保护宗教少数、民族少数；经济方面，它要求候选国实行市场经济；法律方面，要求候选国接受欧盟法律体系中的公共法、规则和政策等。

② F. Pearl Eliadis, Margaret M. Hill, Michael Howlett eds., *Designing Government: From Instruments to Governance.* Quebec: McGill – Queen's University Press, 2005.

在针对西巴尔干入盟问题上，欧盟出台了很多政策工具，有经济的、政治的、军事的。扩大政策、邻国政策等都是欧盟常用的政策工具。一般而言，政策工具包含了不同的类型和范围。就欧盟来说，每项大的政策领域都是重要政策工具，如扩大政策、区域政策、邻国政策、东部伙伴关系政策、移民政策、共同外交与安全政策等。但每项政策领域下面，又包含相应的政策工具。如区域政策包含的政策工具就有结构基金、聚合基金、预加入工具、共同体倡议和欧洲投资银行贷款等。在这些政策工具下面又可分为不同的工具类别。如区域政策中的结构基金就包括欧洲地区发展基金、欧洲社会基金、欧洲农业保证与指导基金、渔业指导融资工具等。卡伦·史密斯在其著作《变化世界中的欧盟外交政策》中①，较早地对欧盟政策工具做了细致的分类，但未对工具属性做出具体说明。这很大程度上源自于中西方理解的差异，西方想当然地认为欧盟实施的很多政策内容是一种政策工具，而在中国的研究语境中，有些内容未必能被称作政策工具，或者一般不称作政策工具。

依据笔者的理解，西方学者在提到政策工具时，往往出于“去政治化”考虑，而把政策的执行看作一种技术性工作，执行政策工具的官僚也自然而然地被称为技术官僚，决策的过程也就是选择决策工具以实现最优效果的过程。

4. 中东欧国家

本书中提到的中东欧国家专指中东欧 16 国，它们分别是：波兰、匈牙利、捷克、斯洛伐克、斯洛文尼亚、爱沙尼亚、拉脱维亚、立陶宛、保加利亚、罗马尼亚、塞尔维亚、黑山、克罗地亚、马其顿、波斯尼亚与黑塞哥维那、阿尔巴尼亚。

5. 其他专业术语

对于欧盟一些专门术语的解释，欧盟官方网站专门开辟了一个栏目，叫作“欧盟术语解释”（EU Terminology Explained），列举了一些容易引起模糊和误解的专业术语。② 如“欧盟既有法律成果”（Acquis Communautaire，法语的意思是“得到一致同意的东西”）、“哥本哈根标准”（Copenhagen Criteria）等，读者可做参考。

---

① Karen Elizabeth Smith, *European Union Foreign Policy in a Changing World*, Cambridge：Polity Press, 2003.

② http：//europa. eu/abc/eurojargon/index_ en. htm.

第一章
西巴尔干国家性问题研究

一 国家性问题探讨

1. 国家性的含义

国家性的英文拼写为 statehood，《英汉大词典》（陆谷孙主编）的释义为：①国家的地位以及②（美国）州的地位、（印度）邦的地位。① 牛津高阶英语词典（Oxford Advanced Learner's Dictionary）（第七版）的解释更明确一些：①作为一个独立国家的状况以及一个国家拥有的权利和力量的状况（the fact of being an independent country and of having the rights and powers of a country）；②用以表示美国、澳大利亚等国家州的状况。② 事实上，牛津词典大致让我们知道国家性是用来描述一个国家存在的状况，如主权、领土、人口、民族、政府等基本情况，不过它仍未深入细致剖析这些要素赖以存在的特点是什么。

那么，正式的国际法和其他相关法律是怎么解释国家性的呢？1933 年的《国家权利和义务公约》，也就是著名的《蒙德维地亚公约》，在关于国家性标准释义上是最被广泛引用的。公约指出，一个实体必须具备下列条件才能形成必要的国家性："（1）有长久居住的人口；（2）明确划定的领土；（3）政府；（4）与其他国家交往的能力。"③ 尽管从现时的标准看，这

---

① 陆谷孙主编《英汉大词典》（The English – Chinese Dictionary），上海译文出版社，1993，第 1833 页。
② Albert Sydney Hornby and Sally Wehmeier, *Oxford Advanced Learner's Dictionary* (7th edition), Oxford：Oxford University Press, 2007.
③ Convention on Rights and Duties of States, Article 1. League of Nations Treaty Series, Vol. 165, No. 3802（1936），p. 25.

些列举出的条件并不完整，但可以从中判断国家性的一些基本事实基础，也就是在固有的领土上存在合理和稳定的政治共同体，来有效控制该领土和国民，并掌控必要的施政权力。

不过这一概念用现代国家的标准来看，仍有不全面的地方。正如美国学者罗伯特·卡普兰所说，就像国际法和国际机构对国家的定义没有一致的看法一样，它们对国家性确切含义的认识也不统一。[①] 梵蒂冈拥有约 1000 名常住人口，居住在 0.44 平方公里的土地上，需要依靠意大利警务力量的保护，但却是一个国家。[②] 历史上非洲的罗得西亚由少数白人统治，并不被认为是一个国家，而津巴布韦与罗得西亚的统治模式相同，却被认为是一个国家。如今的孟加拉国东西两部分曾分别由印度和巴基斯坦占领，1971年印度干预巴基斯坦内战，从而成立了孟加拉人民共和国，1972年，其国家地位得到国际承认。与此相对应，塞浦路斯岛有南北两个共和国，分别由希腊和土耳其人控制，北塞浦路斯土耳其共和国因为土耳其的干预而于1974年建立共和国，但迄今为止仍是一个未得到国际承认的政治实体。从这些案例来看，长久以来国家性得以存在的背景和条件非常复杂，难以用统一的标准来框定。

美国国际法专家詹姆斯·克劳福德认为："并不存在普遍被接受的和令人满意的关于国家性的法律定义。"[③] 原因很清楚：在多元的国际体系当中，国家性的复杂政治、文化或社会基础不可能得到广泛的国际认同。

由此可以看出，《蒙德维地亚公约》所确定的国家性条件是有局限性的，与此同时，随着国际形势的变化，国家性不断被赋予新的内涵。对此，《蒙德维地亚公约》也在一定程度上承认了国家性是一个比较复杂的概念。比如，领土是国家性的主要条件之一，但明确界定的边界则不是。[④] 西巴尔

---

① Richard Caplan, *Europe and the Recognition of New States in Yugoslavia*, Cambridge：Cambrideg university Press, 2007, p. 50.

② M. H. Mendelson, "Diminutive States in the United Nations", *International and Comparative Law Quarterly*, 21, 1972, pp. 609–630.

③ James Crawford, *The Creation of States in International Law*, Oxford：Clarendon Press, 1979, pp. 31, 119.

④ *Annual Digest of Public International Law Cases*, London：Longmans, Green & Co., 1935, vol. (1929–30), case no. 5 (c), p. 15.

干的阿尔巴尼亚尽管缺乏明确的边界，但在 1913 年就被许多国家所承认；以色列 1948 年就被联合国承认，但它的边界直至现在仍存在争议。① 美国为证明以色列在国际事务中的投票具有合法性，就公开宣称，"历史证明，领土的概念并不必然包括准确划分的边界"，只需要有居民居住以及政府在该地有效行使主权就可以了。② 更有甚者，一些案例表明，即使政府对所在领土无法实施有效控制也可被承认为独立主权国家。刚果于 1960 年就获得独立并得到联合国的承认，但当时的刚果政府明显无法有效控制其整个领土。③

　　对国家性的上述分析表明，这一概念在不同国家和不同地区存在不同标准，而且随着不同行为体判断标准的不同而具有不同的含义。

　　因为上述问题的存在，西方学者很多时候把国家性作为学术界认可但难以明确解释的术语加以使用，对其理解只能依据读者的学识和对实际问题的认知来分析。如丹麦学者索伦森所著的《国家性的变迁》（Changes in Statehood），书中并没有对国家性加以概念化。④ 而保加利亚女学者格加纳·努切娃在分析西巴尔干国家性时，同样没有对这个词给出明确定义。⑤ 美国学者弗朗西斯·福山也十分关注国家性问题，但同样未给国家性做定义，而只是泛泛地把存在国家性问题的国家称为"失败国家"或"治理失败国家"。⑥ 欧洲学者则明确把西巴尔干存在国家性问题的国家称为"弱国家性国家"或者"弱功能性国家"。⑦

------

① James Crawford, *The Creation of States in International Law*, Oxford: Clarendon Press, 1979, p. 75.

② UN Security Council, Official Records, 383rd meeting, 2 December 1948, p. 11.

③ Frederic L. Kirgis, "The Degrees of Self - Determination in the United Nations Era", *American Journal of International Law*, 88, 1994, pp. 304 - 10. See also Robert H. Jackson, *Quasi - states: Sovereignty, International Relations and the Third World*, Cambridge: Cambridge University Press, 1990.

④ Georg Sorensen, *Changes in Statehood: The Transformation of International Relations*, Macmillan: Palgrave, 2001.

⑤ Gergana Noutcheva, *EU Conditionality and Balkan Compliance: Does Sovereignty Matter?* unpublished doctoral dissertation of Pittsburg University, 2005.

⑥ 〔美〕弗朗西斯·福山：《国家构建：21 世纪的国家治理与世界秩序》，黄胜强、许铭原译，中国社会科学出版社，2007。

⑦ Nathalie Tocci, *The EU and Conflict Resolution*, *Promoting Peace in the Backyard*, London and New York: Routledge, 2008, pp. 78 - 99.

然而，不得不承认的一个事实是，对西巴尔干国家性定义的话语权掌握在欧盟手中。即欧盟对西巴尔干国家性的认定以及标准设定主宰着国际社会对此问题的认识。更为重要的是，目前西巴尔干国家的重大内政和外交政策主要内容就是根据欧盟所构建的制度模式来进行改革。因此，这种控制与依附关系变成了一种自愿行为。这种状况基本确保了欧盟的国家性标准在此地落地生根，成为对西巴尔干国家性界定的合法"代言人"。这一界定标准主要体现在欧盟的"哥本哈根标准"中对政治、经济、法律等标准的具体的规定上。

2. 对国家性的定义

目前，中国学者对国家性这个舶来品少有问津，也没有深入的研究。然而，这一术语是在西巴尔干问题研究中能够获得突破的一个创新性词语，没有它就不足以解释该区域的复杂特点以及影响这些国家转型和入盟的决定变量是什么。就如学界引入理性选择、无政府状态等词语而改变了对一些经济学、政治学现象的根本认识一样，引入国家性也能从根本上改变对西巴尔干这一特殊区域国家的认识，有利于我们开辟新的分析视野。

结合一些法律字典提供的释义和欧盟文献对此概念的界定，加上对西巴尔干问题的长期研究分析，笔者对国家性做出如下理解：一个国家除了要包含该国独立存在必备的特性，即拥有固定的领土、居民、政府以及具有与国际社会打交道的能力外，在新的国际环境下，还要关注政府内部和外部的各种功能是否完备。内部功能包括国家统治集团能否形成一个稳定和权威的核心，是否拥有完备的国家立法、行政、司法等制度和经济领域统一的货币、关税制度，是否有能力整合所有必要的国家资源来制定、实施维持国家运行的重大决策；外部功能主要包括是否得到国际社会广泛的认可，以及是否有能力开展各种国际合作。具备上述能力或功能的国家，可以称之为具有完整的国家性。但在实践中，绝大多数国家是存在国家性问题的。因此国家性这一说法就成为一种研究参照，即国家性问题有哪些，强弱程度如何。

依此概念，笔者把西巴尔干不同国家的国家性做出了区分，主要包括：功能性国家、弱功能性国家、较弱的功能性国家和无功能性国家。功能性国家表示，这个国家有统一的权力核心，统治集团具有合法性和权威性，具备完善的国家政治和经济制度，对外能够有效行使主权并展开国际交往。弱功能性国家是指，由于民族对立或利益纷争等问题，使国家无法形成单一的统治中心，或没者虽存在中心却被架空，统治集团没有权威性，无法整合相关国家资源来控制国家运行，或没有统一和完善的国家政治经济制度，或对外无法有效行使主权和开展国际交往。无功能性国家在这里特指科索沃，它内部存在严重的民族问题，从外部维度看，其作为主权国家尚未得到国际社会普遍承认。西巴尔干事实上还存在"较弱的功能性国家"，这里是指塞尔维亚和黑山（已解体）、波斯尼亚和黑塞哥维那。①因为转型进程的持续，一些较弱的功能性国家如克罗地亚、马其顿、阿尔巴尼亚逐渐巩固了国家功能，克罗地亚通过成功加入欧盟，在某种程度上完成了功能性国家的构建，而马其顿和阿尔巴尼亚通过改革完善了一些较弱的功能，因此被视为是弱功能性国家。较弱的功能性国家比弱功能性国家缺乏更多的国家功能。比如塞黑和波黑，因民族对立程度较高，国家功能被削弱，而克罗地亚、马其顿和阿尔巴尼亚则不存在严重的民族对立，国家功能相对未被削弱。按照欧盟的标准，功能性国家同样也存在一些治理问题，并不是说它就十全十美了，比如说克罗地亚，虽然已加入欧盟，仍需在一些重要的领域（如司法）坚持进行改革。

二　西巴尔干国家性问题的由来

一般而言，民族国家大都经过了较长历史阶段的整合，逐渐形成稳固的领土、居民、宗教信仰和成熟的政府，掌握了丰富的对外交往经验和能力等，这些条件能够保证平稳地维持国家—政府—社会之间良性的关系。但是，南斯拉夫解体后新独立的国家大都难以完全具备上述条件，从而导致国家性问题的产生。其根源在于南斯拉夫内部固有的民族对立和矛盾。

---

① 刘作奎：《欧盟对科索沃政策评析——欧盟扩大进程中的例外》，《欧洲研究》2008 年第 2期。

对于南斯拉夫内部民族矛盾问题，无论国内还是国外都有大量的研究和分析。[①] 学者关注的着眼点在于，民族矛盾是如何促成南斯拉夫解体的。[②] 在这些研究中，主要存在两种分析思路。第一种是以民族认同的差异为着眼点。美国政治学家、历史学家迈克尔·布朗根据冷战后全球范围内出现的民族分离主义和民族冲突，提出引发民族分离主义和民族冲突的 4 组共 12 种基本因素：结构因素包括国家实力孱弱、国内安全形势严峻、民族分布复杂；政治因素包括带有歧视性的政治制度、排外的民族思想、集团政治和精英政治极端化；经济（社会）因素包括带歧视性的经济制度、经济发展与国际发展主流趋势脱节；文化因素包括文化歧视、集体身份不确定等。[③] 他认为民族冲突乃至国家解体是许多民族和宗教集团彼此之间的宿怨所驱动的结果。这些根深蒂固的仇恨被统治集团压制多年，一旦旧有权力体制崩溃，这些积压已久的对抗就会得以释放，并逐步升级为武装冲突。[④] 事实上，上述分析部分诠释了这样的观点，即由于历史、宗教和文化发展轨迹的不同，南斯拉夫人民有着不同的民族性，形成了不同的民族认同，这为国家解体埋下了祸根。第二种是以外部影响作为分析的着眼点。理查德·韦斯特认为，斯洛文尼亚与克罗地亚两个共和国与意大利、奥地利在地理位置上较为接近，并且采取开放政策，正是外部力量的影响加剧了南联邦内部的民族矛盾。"从地缘层面上来说，斯洛文尼亚和克罗地亚与西方国家直接接壤，与南联邦其他共和国相比，它们从外部交往中获得的收益明显较高。"这不仅使得斯洛文尼亚和克罗地亚两个共和国因开放旅游业而获得不菲收入，而且在产业结构和经济发展水平方面更加接近西方，经济发展较快，由此而时常抱怨"自己被南联邦内其他贫困地区所拖累"，进而

① 当代学者在该领域的代表性著作包括：Milton J. Esman, *Ethnic Politics*, Ithaca, NY: Cornell University Press, 1994；Ted Robert Gurr and Barbara Harff, *Ethnic Conflict in World Politics*, Boulder, CO: Westview Press, 1994；Donald L. Horowitz, *Ethnic Groups in Conflict*, Berkeley: University of California Press, 1985。

② Ivo Banac, *The National Question in Yugoslavia: Origins, History, Politics*, Cornell: Cornell University Press, 1984.

③ Michael Brown, *Nationalism and Ethnic Conflict, An International Security Reader*, The MIT Press, 1997, p. 3.

④ Michael Brown, *Nationalism and Ethnic Conflict, An International Security Reader*, The MIT Press, 1997, p. 3.

强化了这两个共和国内部民族主义势力的抬头以及独立倾向。[①]

对于因民族矛盾所产生的国家性问题，尽管国内外学者并没有做出明确的解释，但既有的研究成果事实上是以两者存在"逻辑桥"的关系为前提的，即民族矛盾→国家分裂→国家性产生。民族矛盾是推动南联邦分裂的直接因素，而国家分裂又直接催生了国家性问题（独立出来的国家大多难以作为一个正常国家而生存）。

三　西巴尔干国家性的分类

总体来看，西巴尔干目前包含了笔者提到的所有国家性类型。功能性国家以克罗地亚为代表；弱功能性国家以阿尔巴尼亚和马其顿为代表，它们尽管具备了一般的国家功能，但存在一系列治理困境，如政治和经济转型不彻底、选举存在弊端、市场经济不完善以及腐败和有组织犯罪高发等，仍需要国际援助来加以改造，国家功能并不稳固；较弱的弱功能性国家以塞尔维亚和黑山以及波斯尼亚和黑塞哥维那为代表。[②] 它们是最典型的弱功能性国家，两国的统治集团均由两个或两个以上独立性很强的实体构成，各个实体都具备独立国家所拥有的功能，这实际上架空了中央政府的权力和功能，导致国家权力因"双头"或"多头政治"而难以有效运行。对这一类型国家来说，国家构建是最为紧迫的任务；还有一种特殊类型就是从形式上看其在履行一个国家的功能，在实际上并不具备国家存在的条件，要依赖国际社会的整体承认和相关行为体的支持才能存在。这类行为体被称为无国家性或完全无功能性国家（或实体），科索沃是典型代表。这类行为体的国家构建任务更为艰巨，因为内部存在民族分裂问题，并且国家尚未得到国际社会普遍承认，国家和政府的功能面临重大

---

① Richard West, *Tito and the Rise and Fall of Yugoslavia*, London: Sinclair - Stevenson, 1994, pp. 289 - 290.

② 刘作奎：《欧盟对塞尔维亚和黑山政策评析——从"联盟"到"双轨"》，《欧洲研究》2007 年第 3 期；刘作奎：《国家构建的欧洲方式——欧盟对波黑政策评析》，《欧洲研究》2009 年第 4 期。

挑战。①

根据上述分析，笔者对西巴尔干国家性做出进一步的详细分类，分类标准依据国家性由强到弱渐次展开：A 类，国家功能完备，不存在明显的国家性问题，但还不能完全满足联系机构（如欧盟）所规定的国家性的全部标准；B 类，国家内部治理能力缺乏，并且导致外向型功能受到一定的影响；C 类，国家外向型功能缺乏，并且导致内部自我治理功能受到一定的影响；D 类，不具备功能性国家基本要素，未获得国际社会广泛承认，只能暂时作为一个实体存在。

表 1－1　西巴尔干国家性"强弱"的分类

国家或实体	国家性类型	说　　明
科索沃	B、C、D	无国家性
波斯尼亚和黑塞哥维那	B、C	较弱功能性国家
塞尔维亚和黑山	B、C	较弱功能性国家
马其顿	B	弱功能性国家
阿尔巴尼亚	B	弱功能性国家
克罗地亚	A	功能性国家

资料来源：作者自制。

从国家内部功能上看，选项越多的，内部治理越混乱，政府的功能越弱，很难承担得起维持国家正常运行的重任，"有国家、无政府"的状况就越严重。科索沃自不必言，其尚无法作为一个国家存在。波黑的"多头政治"治理格局也使得中央政府很难形成一致的重大决策，而解体前的塞尔维亚和黑山同样存在这个问题。马其顿和阿尔巴尼亚这两个国家同样存在选举制度不完善、高层腐败和有组织犯罪频发等内部治理问题，民主体制需要巩固，经济需要发展，否则难以避免国内持续的动荡。克罗地亚治理能力比马其顿、阿尔巴尼亚好，入盟已经取得实质性进展，于 2013 年加入欧盟，但也存在功能性问题，具体表现在：民主化历时较短，尚需要一定时间来稳固政治和经济转型的成果。从国家外部功能上看，选项越多的国家外部功能越差，如科索沃，外向型功能缺失，离开外部支持将无法生存。波黑

---

① 刘作奎：《欧盟对科索沃政策评析——欧盟扩大进程中的例外》，《欧洲研究》2008 年第 2 期。

和塞黑同样如此，但波黑对外部依赖更重一些，需要外部行为体的持续指导才能走向正轨。马其顿和阿尔巴尼亚对外部的依赖要比前者轻，具备发展对外关系的基本能力，它们需要的是外部支持来满足国家发展和稳定所必不可少的一些特殊需求。克罗地亚依赖外部的因素相对较少。

对于国家构建来说，内部问题越多，外部依赖越强，需要动用的工具越多，功能性国家的建设过程就越复杂和漫长。从区域视角来看，那些内部问题很多、外部依赖强烈的国家成为区域发展的短板，必须集中更多的人力和物力来做好落后国家的治理。诸如科索沃和波黑恰恰也是全球治理最为关注的对象。

西巴尔干国家的复杂性还表现在作为一个整体区域的治理失效，也就是西巴尔干不但是由部分功能性不强的国家构成，而且是整体存在问题的一个区域。国家之间的政治、民族、宗教等问题彼此牵连，任何一个国家的问题都有可能在整个西巴尔干区域层面显现出来，并形成互相依赖的关系。因此，欧盟或其他国际行为体必须通盘考虑整个区域的特点，把该区域作为一个整体来实施国家构建战略，最终采取区域政策和国别政策并举的办法。

目前，西巴尔干国家的目标是加入欧盟。欧盟尽量做到将区域政策与国别政策相结合：一方面修补部分存在"短板"的国家，否则会导致"落后者"牵连"先进者"，导致整个区域的一体化进程都受到拖累，科索沃和波黑是欧盟需要重点关注的对象；另一方面，做好对"表现良好"国家的支持工作，争取使其成为区域发展的"样板"，从而推动整个区域发展和入盟。国别发展的典型是克罗地亚，它的入盟极大地提振了西巴尔干国家入盟的信心。

四　西巴尔干弱国家性问题的危害

弱国家性通常会对一个国家的政治、经济、社会和对外关系等几个方面产生负面影响。

首先，从政治层面看，弱国家性会使政局动荡，政府缺乏合法性，权威性不足。西巴尔干国家联合政府内部的政党通常具有不同的民族背景，这就导致将冲突时期的民族对立部分地带到了新的民主制度框架之中。各民族党派都积极维护本民族利益，导致政府内部党派矛盾重重，难以有效颁布国家重大战略和改革计划，使国家核心领导层被架空，政治转型和入盟前景经常会被统治集团的 "内耗" 所侵害。波斯尼亚和黑塞哥维那即是典型例证，三大主体民族——塞族、穆族（也称波族）和克族——在国家政治体制中的矛盾不断，使得宪法改革，尤其是少数民族在国家体制内的代表性问题迟迟得不到突破，入盟进程受到严重影响。塞尔维亚和黑山内部由于塞族政党和黑山族政党之间的矛盾使得国家中央权力被架空，决策效率低下，最终以黑山独立告终。

弱国家性还会侵蚀政府存在的合法性。如一些西巴尔干国家仍受到战争中军事和安全因素的干扰。脱离南斯拉夫而新成立的一些共和国，打着保护国家独立和主权的旗号，大力兴建军队，而经费主要是通过走私活动获得。在政党领导人、军队高层以及国家情报机构的庇护下，严密的走私体系得以建立，造成腐败和有组织犯罪猖獗。反过来，有组织犯罪集团和政界以及军队相互勾结，更加助长了走私活动。在新国家成立过程中，政党和有组织犯罪之间这种临时的共生关系导致国家利益流失，并形成一个腐败、暗箱操作的政治和社会体制。在利益的驱使下，腐败迅速渗透国家的政治高层以及执法部门。有组织犯罪集团实质上成为一个 "半官方" 的组织，这些集团的成员大多与上层领导有密切联系，其中很多成员甚至来自政府高层。走私渠道因庇护关系的存在而不断扩展：从毒品、偷盗的车辆、香烟、酒类到其他贸易产品。西巴尔干人口贩卖问题同样也始于南斯拉夫解体时期。当时大量的难民被迫从战火纷飞的家园逃离到安全地区，而这却被犯罪集团所利用，成为它们赚钱的工具。2003 年 3 月，塞尔维亚总理佐兰·金季奇（Zoran Djindjic）被刺杀的惨剧说明，新的民主精英想要解决战争遗留问题会遭到军方集团的可怕报复。① 曾任波兰总统的莱赫·瓦文萨（Lech Walesa）向西方人解释说，从社会主义转型到民主资本主义就像把鱼汤里的鱼变成鱼缸里的活鱼一样。对许多西巴尔干国家来说，鱼缸

---

① 美国《华盛顿邮报》2003 年 11 月披露，黑帮势力为了避免自己的犯罪行为被揭露和被打击，同秘密警察和政府官员相互勾结，一手造成了金季奇的被杀。前塞尔维亚总统斯坦博维奇的被杀也是黑帮勾结政府所为。

已经被破坏，鱼在战争期间已经腐烂了。① 2004 年相关机构对塞尔维亚进行的民意调查显示：当问到塞尔维亚经济为什么一直落后时，大多数被调查者的回答是：政治不稳定和政党间缺乏一致、腐败和法律制度的脆弱是首要原因，随后是人为的"因素"——懒惰、无组织和坏习惯。②

弱国家性产生的另一个后患是政府对战争风险的管控能力不足，民族间的冲突和矛盾在国家层面无法调和，得不到制度性的约束和管控，很容易爆发新的冲突甚至战争。在一定时期内，战争的阴影始终笼罩着这个多灾的区域。

其次，从经济和社会层面看，弱国家性造成的直接后果是国家经济增长不可持续，经济转型缓慢，市场经济建设遥遥无期。弱国家性导致统治集团无法始终如一地贯彻经济发展和改革战略，且不同利益集团争权夺利、互相掣肘导致决策执行效率低下。这里以塞尔维亚和黑山的改革为例，弱国家性导致市场经济紊乱，经济混乱助推了黑市交易。西巴尔干大部分国家的私有化成为与统治精英有密切关系的权势个体迅速聚敛财富的机会，这一点要比中欧国家严重得多。在中欧国家私有化过程中，内部腐败和有组织犯罪受到严格的法律和制度审查。西巴尔干国家因弱国家性产生的"腐败"和"有组织犯罪"则成了它们的新标签。

社会问题同样较为严重。大量的国内移民流向国外破坏了新的民主精英确立执政合法性的能力，影响了他们实行必要改革的信心。社会分裂成小规模非正式的"网络"，信仰分散，社会规则缺失。"市民社会"的确存在，但主要分布在城市，并且依赖国外"民主促进"基金的援助，这使得市民社会并不具有广泛的群众基础。

最后，发展对外关系能力不足，无法获取必要的国际资源来维持自主发展。在国际社会，弱国家性国家因为自身的国家性问题而无法积极参与国际事务，发出自身声音，成为国际社会所忽视的弱势群体。

弱国家性还对国际社会协调处理国家构建问题造成障碍。欧盟与其他国际行为体对西巴尔干国家构建的进程受到不同国家性的影响，国家性越强，欧盟与各国际行为体与其的配合就容易，国家性问题越容易得到解决；

---

① Judy Batt ed. , "The Western Balkans: Moving On", *Chaillot Papers*, Institute for Security Studies of European Union October 2004, p. 18.

② Marten Board International, July 2004. http: //www. marten - board. co. yu.

国家性越弱,欧盟与其他国际行为体合作解决此问题的难度就越大,受到的阻力也较多。如在解决克罗地亚、马其顿、阿尔巴尼亚国家性问题上,欧盟不仅与国际社会其他行为体做了很好的协调配合,而且展示了自身的价值。而在处理塞尔维亚和黑山的国家性问题上,欧盟就遭遇了不少障碍,难以协调,最终不得不承认塞尔维亚和黑山的分离,国家构建失败。在处理波黑问题上,欧盟与其他国际行为体的合作存在较大问题,难以克服国家统治机构间的对立。波黑塞族共和国甚至不断要求撤掉负责国家构建的国际社会高级代表办公室。而欧盟对科索沃的国家构建,尤其是在派遣法治使团执行法治建设任务时也遭遇了重重困难。

第二章

欧盟对西巴尔干
国家构建的目的和内容

南斯拉夫联邦各共和国分离之后，由于均存在本书提到的国家性问题，因此它们面临的首要任务是进行国家构建以消除由于国家性不足所产生的问题。由于独立后各共和国面临的问题不同，因此，国家构建的具体内容也有很大差异。但总体而言，大部分国家均面临着国家政治体制不稳固、民族矛盾不断、社会和经济发展迟缓等一系列挑战。对此，作为周边重要利益攸关者之一的欧盟承担了主要的西巴尔干国家构建者角色。本书首先分析解释一下何为"国家构建"。

一 对国家构建的两种解释

笔者认为，目前大致存在两种对国家构建的解读角度。一种是从国家自主发展和自身建设的角度来看，国家构建就是国家通过制度化建设调整国家与市场、国家与社会以及社会与市场的三重关系，使之有利于自身存在、维持和强大的过程。德国社会学家马克斯·韦伯是这一派的代表，他认为，"理性化"和"合理性"应该居于国家构建的核心位置。① 另一种是以弗朗西斯·福山为代表，他更多的是从国际秩序、全球治理以及国际关

① 马克斯·韦伯:《经济与社会》下卷，商务印书馆，1998。

系角度来看待国家构建问题，这也是时下最为流行的观点。该派观点认为，国家构建是当今国际社会最重要的命题之一，"软弱无能国家"或"失败国家"是当今世界许多严重问题（从贫困、艾滋病、毒品到恐怖主义）的根源。① 福山认为，贫困国家缺乏国家治理能力已经直接影响到发达国家。冷战结束后，巴尔干半岛、高加索地区、中东、中亚和南亚等地区产生了许多失败的、软弱无能的国家。20世纪90年代，在索马里、海地、柬埔寨、波斯尼亚、科索沃和东帝汶，国家的崩溃或弱化，引发了骇人听闻的人道主义灾难。② 福山所理解的需要进行国家构建的国家是那些因为存在民族、宗教或者经济等问题，导致国家功能的衰弱或者混乱，或引起国内政治、经济和社会动荡并向国际社会外溢的国家。

无论从哪种角度出发③，上述学者无疑都把国家构建作为研究相关对象的核心理论和基本出发点，并充分认识到国家构建对国家自主发展、国际秩序和平与稳定具有关键性作用。由于探讨的对象不同，针对的角度也不同，笔者在本书中事实上关注的是第二种观点，并重点关注国际社会（尤其是欧盟）在对弱功能性国家进行国家构建时所扮演的角色及其政策特点。

综合上述观点，本书对国家构建的定义就是：一国或国际社会对某国缺乏的国家性进行建设和完善，并将国家性诸要素之间的分工协调逐步合理化，旨在使国家能力逐步增强直至完善。

二 国家构建的全球性意义

国家构建时下被某些学者认为是全球安全面临的最急迫的任务。许多

---

① [美]弗朗西斯·福山：《国家构建：21世纪的国家治理与世界秩序》，黄胜强、许铭原译，中国社会科学出版社，2007。
② [美]弗朗西斯·福山：《国家构建：21世纪的国家治理与世界秩序》，黄胜强、许铭原译，中国社会科学出版社，2007。
③ 当然这种分法只是笔者的一家之言，一些学者还提出了其他的分析角度，但与本书所讨论的核心内容不直接相关，参见慕良泽、高秉雄《现代国家构建：多维视角的述评》，《南京社会科学》2007年第1期。

学者从全球治理和国家安全的角度论述了国家构建这一战略的重要意义。福山说，"国家构建是国际社会最重要的问题之一"，而且今天"已经上升到全球日程的首位"。① 哈佛大学教授罗伯特·洛特伯格（Robert Rotberg）认为，国家构建已经"变成我们这个时代关键性的耗费巨大的战略和道德必需品之一"。② 正如 2002 年《美国国家安全战略报告》中陈述的：对美国来说，"失败国家"比被征服的国家威胁更大。处理"失败国家"的首要办法就是寻找合适的国家构建方法。美国决策部门认为，如果不把国家构建作为一个关键内容和目标的话，我们任何一项国家政策或战略文件都注定是不完整的。③

　　鉴于国家构建的重要性，2004 年 8 月，美国政府建立了一个国家构建部门：重建和稳定协调局。④ 2005 年 2 月，英国政府在其战略报告《投资防卫——应对不稳定的危机和提高危机应对能力》中，把国家构建视作"稳定的伙伴关系"日程的关键部分。⑤ 2005 年 3 月，经济合作与发展组织（OECD）在巴黎召开会议，各国的国家发展部部长同意了一系列"优化对破碎国家增强国际参与的原则"，把"国家构建作为中心目标"。⑥ 同月，经济合作与发展组织在其有关非洲发展的报告中指出这样的事实：在对非洲的非双边援助中超过 1/4 的援助主要针对的是国家能力建设。⑦

　　国家构建概念的出现更多的是对国家主权概念的重新理解，它极大地

---

① Francis Fukuyama, *State - Building*: *Governance and World Order in the 21st Century*, Cornell: Cornell University Press, 2004, pp. 9 – 10.

② Robert I. Rotberg, "The Failure and Collapse of Nation - States: Breakdown, Prevention and Repair", in Robert Rotberg ed. , *When States Fail*: *Causes and Consequences*, Princeton: Princeton University Press, 2004, p. 42.

③ The National Security Strategy of the United States of America, 2002, Section I. Available at: http://www. whitehouse. gov/nsc/nssall. html.

④ http://www. state. gov/documents/organization/43429. pdf.

⑤ UK Prime Minister's Strategy Unit Report, "Investing in Prevention – An International Strategy to Manage Risks of Instability and Improve Crisis Response," February 2005, available at: http://www. strategy. gov. uk/downloads/work_ areas/countries_ at_ risk/report/index. htm.

⑥ OECD Principles for Good International Engagement in Fragile States. OECD document DCD (2005) 11/REV2, p. 8, Available at : http://www. commissionforafrica. org/english/report/introduction. html.

⑦ Our Common Interest, Commission for Africa, 11 March 2005, p. 136, Available at: http://www. commissionforafrica. org/english/report/introduction. html.

推动了国际关系中对双边关系准则的重新界定，尤其是对欧盟扩大政策这样的新现象赋予新的内涵。20世纪90年代以前，国际社会大多严格奉行国际关系中的不干预原则，即强调政府自治。《联合国宪章》对此也做了明确的规定（第1.2条），如成员国主权平等（第2.1条）和不干预原则——尤其是反对公然动用武力威胁他国（第2.4条）。① 整个冷战期间，国际法庭的几个判例均坚持政府自治的权利，否认外部干预的任何合法理由，即使是基于"人道"或是"人权"的理由。② 但冷战结束后，国际社会开始关注国家能力和制度的不健全可能对人类社会造成的危害。于是，国际社会开始向干预主义转变，对国家主权不干预原则的解释也经历了新的阶段。那就是，冷战后国际社会逐渐转向强调个人权利，国家不再被视为是主要的安全参数，并且国家主权不再被视为是外部干预的绝对障碍。1991年的海湾战争对伊拉克干预的合法性来自保护库尔德人和阿拉伯人，对索马里的人道主义援助（1992~1993）和波斯尼亚干预行动（1993~1995）也都是打着保护少数民族的旗号，而1999年北约对科索沃的干预关注的也是人而不是国家。进入21世纪以后，国家再度成为关注的重心，尤其是那些被世界经济边缘化或被冲突冲击的国家再度成为焦点。"9·11"事件后，阿富汗对边界失去控制，从而为基地组织的行动开了一条新路，国家的作用受到挑战。国际机构和主要西方国家也纷纷关注类似的国家，向其提供减贫、能力建设、民主化和善治等方面的援助，这也使得国家构建再度成为一个热点话题。

对主权和国家作用的不同理解，反映了国际社会对国家能力的认识随着时代的发展而逐渐变化。20世纪90年代以前，人们几乎不关注国家能力，而是强调存在即是合理的———一旦认定一个国家存在，它在功能和能力上就不存在问题。此后，随着传统的安全危机主要来自国内而不是国际社会，人们开始对国家的作用和能力有了新的认识，逐渐认识到国内治理失败已经越来越成为国际冲突和动荡的主要原因之一，于是国家的作用又得到重视，对有"问题"的国家重新进行构建成为国际社会关注的焦点。

---

① 详见《联合国宪章》。
② D. Chandler, *From Kosovo to Kabul*：*Human Rights and International Intervention*，London：Pluto Press，2002，pp. 157 – 166.

这里不得不强调的一个事实是，对国家能力建设的投入包含着许多复杂的动机，绝不是简单地为了恢复国家能力和维护地区或世界和平。国家能力强弱的标准基本上是由以美国为首的西方国家设定的。于是，凡是不符合美欧民主和价值观、不符合美欧治理方式的，都可能被贴上"失败国家"的标签，从而为它们干涉这些国家提供了借口。比如，2011 年对利比亚政权的武力干预，是典型的按照西方标准来实施的。利比亚国家制度比较完备，政治相对稳定，但卡扎菲的"极权"统治不符合西方的标准，一旦其内部发生摩擦，西方就主动出击，彻底颠覆现有的统治制度，而如今留给国际社会的是一个被战争破坏的动荡不安的国家。

国家构建这一概念本身没有什么问题，但对国家能力强弱的判断一定要在公正、合理、科学的基础上做出。首先是这个国家的能力是否真的有问题，能否补救；其次是国家能力建设的解决方案必须是以联合国为平台进行有效的多边协商，其中也应包括该国执政当局在内的相关各方；最后是慎用武力，武力打击对任何一个国家来说都是灾难，必然是"猛药酿成新疾"，于该国家的和平发展无益。在这方面，欧盟对西巴尔干国家的国家构建方式值得关注，它要求能力欠缺的国家主动融入西方社会，对申请入盟者进行严格、科学的审查并给予积极的财政援助和支持，实现了"欧洲方式"的干预主义，为西巴尔干国家构建以及和平发展注入了一定的动力。

三　欧盟对西巴尔干国家构建的主要目的

当然，决不能把欧盟对西巴尔干的国家构建看成一种"大公无私"的行为，事实上欧盟的行为具有很强的利己动机。

1. 寻求安全与经济利益

首先，西巴尔干地区的稳定、和平与发展对欧盟来说利益攸关。西巴尔干的不稳定会在非法活动、有组织犯罪、难民潮和移民等方面对日益扩大的欧盟造成危险的溢出效应，会对一个和平与安全的欧洲共同体造成较大威胁。

西巴尔干贩卖毒品、走私、非法移民等现象猖獗，由此带来的非传统安全问题一直困扰着欧洲。该地区一直以来都是亚洲毒品进入欧洲的最重要入口，多年来，它同时发展为南美洲可卡因的主要集散地。此外，该地区也是成千上万亚洲非法移民进入欧洲各国最重要的陆路通道，并且是贩卖从事色情行业的妇女和儿童的转移点甚至集散地。西巴尔干也是欧洲香烟走私链条中一个相当重要的中转站。① 欧盟只有治理好西巴尔干，才能有效防止各类不法活动进入欧盟，从而确保欧盟内部的稳定与安全。

其次，欧盟可以从西巴尔干获得较大的经济收益。欧盟把西巴尔干看成能带来经济利益的地区，因为它是货物、服务和廉价劳动力、高质量专业人员和移民工人的潜在市场，它可以解决西欧劳动力短缺和巴尔干劳动人口过剩的双重问题。因此，这一欧洲东南部"被边缘化的、麻烦不断的贫民区"的发展，不但对本地区而且对欧盟都十分重要。西巴尔干国家还为欧盟提供了进行经济扩张的机会。西巴尔干六国人口长期以来维持在 2000 万以上，是一个尚未完全开发的潜在市场，一旦该地区局势实现长期稳定，欧洲各国对其贸易和投资总量都将会有明显增长。2003 年，欧盟在巴尔干地区的进口和出口贸易伙伴中均居首位。巴尔干地区进口的 71.9% 和出口的 70.6% 都是与欧盟国家进行的。② 2010 年，欧盟出口到西巴尔干的商品价值总额为 264.9 亿欧元，从西巴尔干进口的总额达到 140.3 亿欧元。③ 而且，西巴尔干素有欧洲粮仓之称，其农副产品一直是欧盟的主要进口来源。④

2. 追求同质化和欧洲化

欧盟寻求西巴尔干稳定、转轨和入盟的过程，就是将该区域与欧洲同质化和一体化的过程，即通过消除各种壁垒，设定区域的发展目标，成功实现不同区域之间的融合。

自 2007 年保加利亚和罗马尼亚加入欧盟后，西巴尔干已经与欧盟国家接壤了。因此，正如巴尔干国际委员会所指出的，把该区域从保护国和弱国家性阶段转到入盟阶段是阻止西巴尔干变成欧洲边界"黑洞"的唯一解

---

① 吴薇：《东南欧有组织犯罪研究》，《法制与经济》2007 年第 2 期。

② http://europa.eu.int/comm/trade/issues/bilateral/regions/balkans.

③ 见欧盟委员会官网，http://ec.europa.eu/trade/creating - opportunities/bilateral - relations/regions/balkans/。

④ http://trade.ec.europa.eu/doclib/docs/2006/september/tradoc_ 113477.pdf.

决办法。① 否则，它将变成日益一体化的欧洲大陆上的一座孤岛，"签证墙"的限制，阻止了那些不满现状的人追求在欧洲地区更好工作和生活的机会。"申根墙"是"想象的"，也是把巴尔干从欧洲分开的最后一道墙。如果欧盟无法在未来 10 年内把所有巴尔干国家明确纳入入盟的战略当中，它将陷入泥潭而只能成为在科索沃、波黑和马其顿的"新殖民主义大国"②。由此可见，把西巴尔干变成主流的、平等的一员来打造全欧洲范围内的利益和价值共同体，是欧盟无法回避的战略目标。

3. 展示欧盟特性和方式，扩大欧盟影响

欧盟一直试图推广其冲突调解经验，并以此检验自身的对外行动能力。欧共体/欧盟的发展本身就是冲突调解的样板，因此，欧盟认为有必要把有关经验运用到其他冲突区域。此外，持续扩大后的欧共体/欧盟的外交能力在南斯拉夫解体和西巴尔干国家构建过程中获得了一次不错的尝试机会。如果尝试获得成功，不但能够扩展以欧盟为核心的欧洲和平区，而且可以提升欧盟自身的形象和国际影响力。

欧盟的特性之一就是尊重规范和制度的作用，并借助自身在制定规范和制度上的优势，积极输出自身规范和制度，以此改变第三方的制度和行为方式，从而在国际社会扮演转型性力量的角色。③ 欧盟重塑其外交和安全政策，加强欧洲模式和规范的输出，尤其是突出对危机的民事调解能力，构成了欧盟对西巴尔干国家构建"欧洲方式"主要特色之一。规范输出既有必要性，也有紧迫性，用欧盟扩大事务专员雷恩的话说："在 20 世纪 90 年代巴尔干战火燃烧的时候，欧盟在太多的时候表现得碌碌无为，我们千万不能让这种事情再次发生了。对许多人来说，在西巴尔干的成功可以被视为是欧盟外交政策具有公信力的基石。"④

---

① ICB – International Commission on the Balkans, 2005, *The Balkans in Europe's Future*, http：//www. balkan – commission. org/activities/report. pdf.

② ICB – International Commission on the Balkans, 2005, *The Balkans in Europe's Future*, http：//www. balkan – commission. org/activities/report. pdf.

③ Audie Klotz, *Norms in International Relations：The Struggle Against Apartheid*, Ithaca, NY：Cornell University Press, 1995, p. 14.

④ Olli Rehn, "Brussels must offer the Balkans a credible future", *Financial Times* (*London*), April 3, 2006.

4. 把西巴尔干作为军事演练场，培植共同防务工具

欧盟对西巴尔干事务的干预经历了较大的波折，但其对外行动能力也在这种波折中不断发展。

1991 年，当南联邦陷入内战的时候，欧盟成员国外交部门或者欧盟机构很少有人关注巴尔干。欧洲国家在应对危机的立场上发生分裂。德国和奥地利支持斯洛文尼亚和克罗地亚从南联邦独立，而希腊、法国等支持统一的南斯拉夫。欧盟内部意见不一致使它无法处理问题，不得不依靠美国的干预来解决问题，1995 年，具有重要意义的《代顿协议》不是在西欧而是在美国俄亥俄州的代顿市签署的。然而，到 20 世纪 90 年代末，这种情况发生了改变，美国的关注点从此地转移到世界其他地方，而对欧盟来说，是"应该打扫自己房间的时候了"。因此，20 世纪 90 年代末，北约在西巴尔干国家的军队逐渐被欧盟所取代。目前，欧盟及其成员国几乎一半的兵力都部署在西巴尔干，西巴尔干已经成为名副其实的欧洲军事行动演练场，成为培植共同安全和防务政策的基地。欧盟在西巴尔干的军事部署情况详见表 2 - 1。

表 2 - 1 国际社会在西巴尔干从事的活动情况（截止时间为 2014 年）

行为体	受援国	开始时间	结束时间	使命名称	结束标志
美国	波黑	1995/12/14	2004/12/2	IFOR/SFOR/UNMIBH	EUFOR 接管
美国	科索沃	1999/6/3	正在进行	UN Mission in Kosovo（UNMIK），NATO Kosovo Force（KFOR）	欧盟部分参与了 UNMIK 和 KFOR
欧盟	科索沃	2008/2/7	正在进行	EU Rule of Law Mission（EULEX）	尚未结束
欧盟（洲）	阿尔巴尼亚	1997/4/15	1997/8/12	Operation Alba	Operation Alba 结束
欧盟（洲）	马其顿	2001/8/22	2005/12/15	Operation Essential Harvest, Operation Amber Fox, EU Concordia, EU Police Mission Proxima	EU Police Mission Proxima 结束
欧盟（洲）	波黑	2004/12/2	正在进行	EUFOR/Operation Althea	尚未结束

资料来源：University of Maryland and George Mason University, State Failure: Internal Wars and Failures of Governance database, 1955 - 2005；Center for International Development and Conflict Management, University of Maryland, Polity IV Project: Political Regime Characteristics and Transitions, 1800 - 2004。笔者根据自己查找的资料，对表格中部分内容做了调整。

从表 2-1 可以看出，从 1995 年到 1999 年，美国在西巴尔干维持和平行动中占据主导地位，但随后欧盟的地位开始上升，逐渐成为西巴尔干和平构建行动的主导者之一。

表 2-2　国际社会在西巴尔干派出军队的情况

行为体	受援国	军队数量（人）	高峰年	高峰年人口（万人）	军人数量/千人居民（人）	其他军队
美国	波黑	6 万(美国领导)	1995	340	17.5	包含欧洲人
美国	科索沃	4.5 万(美国领导)	2000	230	19.3	包含欧洲人
欧盟(洲)	阿尔巴尼亚	7024	1997	310	2.3	欧洲人为主
欧盟(洲)	马其顿	4800	2001	200	2.4	欧洲人为主
欧盟(洲)	波黑(Ⅱ)	5700	2005	390	1.5	欧洲人为主

资料来源：University of Maryland and George Mason University, State Failure: Internal Wars and Failures of Governance database, 1955－2005；Center for International Development and Conflict Management, University of Maryland, Polity Ⅳ Project: Political Regime Characteristics and Transitions, 1800－2004。笔者根据自己查找的资料，对表格中部分内容做了调整。

从派遣的军事人员数量来看，欧盟占据了很大的比例。即使在波黑和科索沃的行动是由美国领导的，仍有很多欧洲军人的参与，而在阿尔巴尼亚、马其顿更是以欧洲人为主。

表 2-3　国际社会在西巴尔干派出民事警察的情况

行为体	受援国	民事警察数量（人）	高峰年	高峰年人口（万人）	民事警察数/1000 名居民（人）	民事警察数/1000 名军人（人）
美国	波黑	2047 人（美国领导）	1997	350	0.59	34
美国	科索沃	4731 人（美国领导）	2002	200	2.38	108
欧盟（洲）	阿尔巴尼亚	241 人	1997	310	0.08	34
欧盟（洲）	马其顿	410 人	2002	200	0.20	85
欧盟（洲）	波黑（Ⅱ）	1133 人	2005	390	0.66	199

资料来源：University of Maryland and George Mason University, State Failure: Internal Wars and Failures of Governance database, 1955－2005；Center for International Development and Conflict Management, University of Maryland, Polity Ⅳ Project: Political Regime Characteristics and Transitions, 1800－2004。笔者根据自己查找的资料，对表格中部分内容做了调整。

从派遣的民事警察数量来看，欧洲人也占据很大的比例，在波黑，欧盟逐渐取代美国的领导角色，而在阿尔巴尼亚和马其顿，欧盟则一直扮演着主导者角色。

5. 增强西巴尔干诸国的战争风险管控能力

增强西巴尔干诸国的战争风险管控能力是欧盟在西巴尔干进行国家构建的根本目标之一。国家治理能力孱弱是冲突发生并且外溢的根源之一，欧盟通过加强对西巴尔干诸国的国家构建，增强其国家性，提升其统治和治理国家的能力，从制度上阻止不同民族间发生暴力和冲突的可能性。

提升战争风险管控能力的根本途径是改革西巴尔干国家的宪法制度，确保各民族间平等地和睦共处，从制度上解除民族冲突的根源。与此同时，确保西巴尔干各国经济发展和社会稳定也构成国家构建的基本内容。因此，欧盟强调对这些国家市场和社会进行改造，使之融入与欧盟相似的发展轨迹，包括融入欧盟大市场和民主制度框架内。

四 欧盟对西巴尔干国家构建的主要内容

1. 国家构建的基本内容

欧盟对西巴尔干的国家构建主要围绕着制度建设展开，重点集中在宏观和微观两个层面。宏观层面主要是围绕着宪法改革展开，力求使修改后的宪法符合欧盟"哥本哈根标准"所规定的内容。南斯拉夫解体之后，欧盟推动西巴尔干国家宪法改革的大幕随即拉开。在明显存在国家性问题的国家，欧盟积极推动宪法改革，如 2001 年 8 月 13 日为马其顿制定宪法改革方案——《奥赫里德框架协议》；2002 年 3 月 14 日为塞尔维亚和黑山共和国出台宪法改革方案——《贝尔格莱德协定》；2002 年 3 月 27 日在《代顿协议》的基础上，在波斯尼亚和黑塞哥维那推行宪法改革修正案——《莫拉克维卡—萨拉热窝协议》（Mrakovica – Sarajevo Agreement）等。欧盟通过在宪法中设定新的制度框架，保证该国不同民族的利益在制度层面都能得到充分的体现，并实行分权化和权力共享等一系列措施，试图消除民族对立和矛盾。而对克罗地亚、阿尔巴尼亚等国在制度层面进行宪法改革的力度相对缓和一些，没有出台相应的宪法改革方案，主要是由于这两个国家在宏观制度层面上不存在明显的国家性问题，欧盟主要通过扩大进程来修补它们国家性的不足。而对科索沃这一特殊实体的国家构建则在联合国框架下予以实施。

微观层面则主要围绕具体的机制建设展开，这些机制建设被纳入《稳定和联系协议》框架下，其具体指标要符合欧盟的既有法律成果（Acquis Communautaire）中规定的内容。具体到西巴尔干国家来说，主要分为 35 个章节，分别是：货物自由流动、工人自由流动、自由提供劳务、资本自由流动、公共采购、公司法、知识产权、竞争政策、财政服务、信息社会和媒体、农业和农村开发、食品安全（蔬菜检验检疫）、渔业、运输政策、能源、税收、经济和货币政策、统计、社会政策和就业、企业和产业政策、跨欧洲网络、区域政策、司法和基本人权、公正自由和安全、科学和研究、教育和文化、环境、消费者和健康保护、关税同盟、对外关系、外交与安全和防卫政策、财政控制、财政和预算安排、机构建设、其他问题。欧盟对这 35 项内容都确立了明确的标准，各国只有达到欧盟认可的标准才能被视为完成相关的改革和制度建设。为实现上述目标，欧盟提供各种援助，使用各种监测手段来加以推进。

欧盟对西巴尔干的国家构建还集中体现在安全和信心建设上。欧盟主要动用的是军事和安全工具，进行民事和军事危机管理，实现安全重建。具体表现为委派特别代表来协助推动上述目标的实现。其中，欧盟在波黑、马其顿、科索沃都派有特别代表来专门执行和监督国家构建的相关使命。[1] 欧盟还派遣为数众多的特别部队和任务使团（mission）来执行某些具体任务。比如欧盟派遣到波黑的就有欧盟驻波黑部队（EUFOR）[2]、欧盟驻波黑警务使团（EUPM）[3]。2004 年，欧盟驻波黑部队开展了欧盟建立以来最大的军事行动——"木槿花行动"（EUFOR Althea），主要目的是维稳，通过巡逻、监督当地情况、没收隐藏的武器等方式提供安全环境，协助前南斯拉夫问题国际刑事法庭逮捕战犯，培养警察打击有组织犯罪的能力。在马

---

① http：//en. wikipedia. org/wiki/European_ Union_ Special_ Representative.

② http：//www. euforbih. org/eufor/index. php? option = com_ content&task = view&id = 12&Itemid = 28.

③ http：//www. eupm. org/OurMandate. aspx，http：//www. eupm. org/OurObjectives. aspx.

其顿，欧盟部分成员国参与了北约实施的"收获行动"（Operation Essential Harvest），主要任务是解除阿尔巴尼亚族武装人员的军备并销毁他们的武器。随后欧盟参与了北约部署的另一个小规模任务使团 Amber Fox，主要任务是为国际监察员提供保护并监督实施和平使命。2002 年，另一个过渡性行动 Allied Harmony 取代了 Amber Fox。2003 年，欧盟领导的"和谐使命"（Concordia Mission）正式取代了 Allied Harmony。2003 年年底，欧盟的专职使团——欧盟警务使团（EUPOL Proxima）又取代了"和谐使命"，它主要的工作是监督马其顿警察执行社会治安等任务。在阿尔巴尼亚，由意大利领导的、多个欧洲国家参与的"阿尔巴行动"，其主要任务是恢复公共秩序，组织并监督选举活动等。在科索沃，1999 年 6 月科索沃战争结束后，欧盟组建了一个欧盟委员会特遣部队（ECTAFKO），参与科索沃的重建工作。欧盟还成立了欧盟人道主义援助办公室和欧盟重建办事处来投入科索沃重建工作。[①] 2008 年 2 月 4 日，欧洲理事会提出的针对科索沃的联合行动计划中，启动了一项名为欧盟驻科索沃法治使团（EU-LEX）行动。该使团的主要目的是协助科索沃司法部门和其他法律执行机构提高科索沃可持续发展和承担相关社会责任的能力，并发展和增强独立的多民族司法、警务体系和关税制度，确保这些机构不受政治干预并坚持国际通用的法律标准。

欧盟对西巴尔干的国家构建政策还有一个具体指向，就是推动区域合作，力图把西巴尔干打造成一个稳定与和平的区域。该地区民族矛盾错综复杂，一个国家内部的民族矛盾会牵涉该区域其他国家，如大塞尔维亚族主义和大阿尔巴尼亚族主义就是影响该区域稳定的主要民族思潮，加强区域内国家间合作是消除矛盾的重要途径。因此，欧盟在对西巴尔干进行国家构建时，区域政策也成为主要的政策工具，欧盟出台的地区立场（Regional Approach）、稳定和联系进程及《稳定和联系协议》《东南欧稳定公约》等均把区域建设和区域合作列为主要目标之一。欧盟把区域合作视为西巴尔干国家加入欧盟的前提条件，这一点不同于对

---

① European Union Factsheet（2008）EUSR in Kosovo，http：//www.consilium.europa.eu/ueDocs/cms_ Data/docs/pressData/en/info/docs/LexUriserv – EULEX – EN. pdf.

中欧国家入盟的要求。在中欧国家入盟进程中，区域合作受到鼓励，但不是加入欧盟的前提条件。① 区域合作内容也集中体现在欧盟的既有法律成果当中，主要是发展睦邻友好合作关系，实现区域经济和贸易自由化与一体化，如货物自由流动、工人自由流动、提供劳务的自由、资本自由流动等。另外区域合作内容还集中体现在跨区域政府间司法合作上，在同前南斯拉夫问题国际刑事法庭合作逮捕前南嫌犯，打击跨国有组织犯罪和腐败等问题上，西巴尔干国家需要展开有效合作。在欧盟的推动下，西巴尔干各种形式的地区合作行动纷纷开展起来。先行入盟的西巴尔干国家斯洛文尼亚，也积极与西巴尔干未入盟国家展开合作交流，将入盟经验介绍给该区域国家。

2. 欧盟国家构建的主要政策工具

欧盟在西巴尔干的国家构建政策工具主要包括：欧盟共同外交与安全政策、欧盟扩大政策。不同政策对西巴尔干的关注点不同，而且实施的风格也有差异。

欧盟共同外交与安全政策主要致力于维持西巴尔干的和平与稳定，确保西巴尔干国家间关系的正常化与稳定化。欧盟派遣的各种民事和军事使团，大多由共同外交与安全政策主导和推动。欧盟扩大政策主要推动西巴尔干的欧洲化，促进经济和政治转型，维持社会稳定和善治，为最终加入欧盟创造条件。扩大政策经常使用的机制是条件限制（conditionality）。扩大政策还包括很多推动入盟的具体工具，如稳定和联系进程及《稳定和联系协议》等。很多时候，欧盟将共同外交与安全政策同扩大政策工具结合使用，互补长短。

总之，从南斯拉夫解体至今，西巴尔干经历了和平构建（Peace Building）、制度构建（Institution Building）和国家构建（State Building）三个主要阶段。和平构建主要由高级代表和欧洲理事会负责，致力于维持西巴尔干的和平，这一问题目前已经基本得到解决。制度构建则主要掌握在欧盟委员会手中，欧盟确立了一套机制来推动西巴尔干各国制度与"哥本哈根

---

① Dimitar Bechev, "Carrots, Sicks and Norms: the EU and Regional Cooperation in Southeast Europe", *Journal of Southern Europe and the Balkans*, vol. 8, no. 1, April 2006, p. 30.

标准"及欧盟既有法律成果的要求趋同。而国家构建则是一个相对复杂的过程，不仅仅需要共同外交与安全政策的参与，而且需要欧委会利用扩大政策来全面推动。它对欧盟政策工具的要求较高也较多。[1]

---

① Dimitar Bechev and Svetlozar Andreev, "Social Capital and the EU Institution – Building Strategies for the Western Balkans," unpublished working paper, Integrating the Balkans in the EU (IBEU) project, May 2004; See also Blue Bird Agenda for Civil Society in South East Europe, *In Search of Responsive Government: State Building and Economic Growth in the Balkans*, Budapest: Center for Policy Studies, Central European University, 2003, pp. 46 – 53.

第三章

欧盟对西巴尔干国家构建
政策的主要运行机制

如前所述，欧盟对西巴尔干形成了一套整体战略，这种战略经历了一定的历史演进，形成了带有欧洲特色的危机管理和国家构建方式。这套危机管理和国家构建方式存在核心的运作机制，主要包括入盟机制、条件限制机制等，本书将对这两种机制进行研究和分析。

一　欧盟的入盟机制及其特点

（一）入盟的一般程序

入盟机制经历了多次变化，是欧盟不断积累经验所形成的一套紧密的逻辑体系，这些经验来自欧盟历史上的几次扩大。这几次扩大分别发生在1973 年（英国、丹麦、爱尔兰），1981 年（希腊），1986 年（葡萄牙、西班牙），1995 年（奥地利、瑞典、芬兰），2004 年（马耳他、塞浦路斯、波兰、匈牙利、捷克、斯洛伐克、斯洛文尼亚、爱沙尼亚、拉脱维亚和立陶宛），2007 年（保加利亚和罗马尼亚）以及 2013 年（克罗地亚），其中2007 年的扩大更多被看作是对 2004 年扩大的补充。

总的来说，在 2004 年中东欧入盟之前的几次扩大，欧共体/欧盟均是用一些相对简单的规则来指导申请国的入盟进程，原因是在 2004 年的扩大之前，多数入盟申请国都是相对发达的国家，都已经建立了民主制度。尽管西班牙、葡萄牙和希腊这三个地中海国家并不一直都实行自由民主制度，但它们长时间实行市场经济，融入西方体系时间相对较长，故经历的入盟过程也相对简单，遇到的困难相对小些。

针对中东欧国家，欧盟并没有采用传统的入盟办法。这些国家经历了从社会主义制度到资本主义制度的转型（借此来满足欧盟的标准）。因此，欧盟对入盟申请国出台了一套新标准，这就是"哥本哈根标准"，它成为中东欧和其他国家（如马耳他、塞浦路斯、土耳其）入盟的基本指导原则。

总结起来，中东欧国家入盟包括下列几个主要步骤。

第一步：入盟前进程（Pre - Accession Process），包括欧盟与中东欧国家确立经贸合作关系、欧盟提供经济援助并与中东欧国家签署联系协议。入盟前进程由欧洲理事会在1994年埃森会议上通过，主要是帮助入盟申请国进行申请工作。申请国在这一阶段完成后被赋予"申请国/潜在候选国①"地位。

第二步：入盟进程（Accession Process），包括入盟申请国逐步执行"哥本哈根标准"。1997年，欧盟委员会发布"2000年议程"文件，借此开启了与中东欧国家入盟协商的大门。在这一阶段完成后，入盟申请国家被赋予"候选国"地位。

第三步：成为欧盟成员国（EU Membership），在达到"哥本哈根标准"等必要条件后，入盟申请国最终加入欧盟。申请国在这一阶段获得"成员国"地位。

西巴尔干国家也大致遵循上述步骤。像其他中东欧国家一样，西巴尔干国家在处理半个多世纪的社会主义体制遗产以及采取大范围改革方面取得了进步。然而，对它们来说，入盟的前景更加漫长和富有挑战性，它们基本都存在国家功能不完备或治理能力缺失、战争和民族冲突持续等问题。因此，针对西巴尔干国家的入盟问题，欧盟又增加了一个新的程序，也是一种区域性的新战略——稳定和联系进程，这一方法是在2000年11月的

---

① "潜在候选国"地位只在西巴尔干提交入盟申请时才使用。

萨格勒布峰会上通过，稳定和联系进程主要包含两个部分内容。一是《稳定和联系协议》的谈判和签署工作——这是一种契约关系的达成过程，主要分四个阶段：第一阶段是《稳定和联系协议》的准备；第二阶段是《稳定和联系协议》的协商；第三阶段是申请国与欧盟及其每个成员国签署协议；第四阶段是《稳定和联系协议》的实施。《稳定和联系协议》是欧盟扩大的新举措，它使西巴尔干国家的入盟进程比中东欧八国在程序上更为复杂。在某种意义上，《稳定和联系协议》是《欧洲协定》的继承品，《欧洲协定》只对中东欧国家实施，且只包含"联系"的成分，而《稳定和联系协议》则包含两个部分："稳定"和"联系"。二是共同体援助重建、发展和稳定计划（CARDS），主要对西巴尔干国家的改革和转型提供各种援助。

如果实施《稳定和联系协议》获得成功，那么将进入入盟的最后阶段：

（1）入盟申请国申请欧盟成员国资格；

（2）入盟谈判，需要对欧盟既有法律成果的35个章节逐一谈判；

（3）达成协议，完成对所有章节的协商，欧盟委员会就申请国入盟问题向理事会提出建议，并得到欧洲理事会批准；

（4）申请国入盟问题得到欧洲议会批准（需要绝对多数）；

（5）所有成员国政府和申请国签署入盟协议，并经成员国议会批准；

（6）申请国与欧盟正式签署入盟条约。

2004年欧盟东扩后，欧盟成员国达到25个，很多国家与西巴尔干国家存在一定的矛盾，如希腊与马其顿的"国名"纷争，斯洛文尼亚和克罗地亚的边界纠纷等。由于入盟进程关键阶段采取政府间主义决策方式，这就为欧盟成员国向西巴尔干国家提高要价提供了机会。而且西巴尔干入盟正赶上欧盟"扩大疲乏症"持续发酵时期，随后还受到欧债危机等因素的干扰，可谓"生不逢时"、命运多舛。

（二）入盟机制的特点

1. 入盟机制强调了双边关系的不对称性，但入盟申请是一种自愿行为

欧盟在入盟机制上更多强调的是一种软实力的投放——通过长期的欧洲化，让西巴尔干国家逐渐适应欧洲方式。欧盟在确定入盟议程时，刻意强调入盟关系的不对称性,即入盟申请是自愿行为,但一旦申请程序启动了,申请国就必须无条件遵守欧盟的规章。由此,欧盟设定的入盟条件就具有了正当性和合法性。事实上,"入盟对大多数申请国来说都有吸引力,它们都遵循惯例申请。如果申请国符合成员国资格标准,就会被允许加入,如果无法达到,入盟大门就有被关闭的危险。"[1]

2. 入盟机制的程序化

与此同时,鉴于欧盟扩大面临巨大挑战,欧盟必须精心设计好每一个步骤,才能确保入盟进程有条不紊,防止出现倒退,为此欧盟还提供各种辅助措施来确保转型和改革走向正轨并最终成功。巴尔干问题研究专家朱迪·巴特(Judy Batt)指出:"回归欧洲"从乌托邦转向实践并成为拥有巨大雄心的计划……但要想达到目标,希望成为欧盟一员的国家必须遵循某种路径,这对某些国家来说将是漫长的、困难的和艰苦的工作。[2]

程序化的目的是确保入盟过程的透明性和公正性,旨在阐明欧盟在每一个阶段的政策目标。同时,程序化的目的不是对西巴尔干国家的退步进行否决,即使在入盟进程的某一阶段没有取得进展,也并不意味着西巴尔干国家失去入盟资格,它们还可以通过不断努力来进行弥补。程序化有利于在西巴尔干入盟国之间展开比赛,形成连带效应,或者用欧盟的话说是"赛舟效应"。

3. 对入盟前提条件进行严格界定,尤其是把欧洲价值观放在首位

欧盟首先是对申请国意识形态和制度的改造,其次是经济方面的改造,最后是对相关国家的国家性的改造。

"哥本哈根标准"由欧洲理事会在1993年制定,并在《欧洲联盟条约》第6条第1款以及第49条中确立下来。它提出的首要条件就是入盟候选国要确立维护民主、法治、人权和尊重及保护少数民族权利的稳定制度。

---

[1] J. Olsen, "The Many Faces of Europeanization", *Journal of Common Market Studies*, Vol. 40, No. 5, 2002, p. 927.

[2] Judy Batt and K. Wolczuk, *Region, State and Identity in Central and Eastern Europe*, London: Frank Cass, 2002, p. 9.

它充分体现了意识形态改造的优先地位，这其中首先将价值观改造放在突出的、首要的位置，成为申请国制度建设的前提标准。其次是实现经济上的接轨，包括制度对接，要求申请国建设功能性市场经济。最后是国家性的塑造，欧盟确保申请国具有正常的国家功能，来执行必要的政治、经济等改革计划。

4. 入盟机制强调契约关系以及突出技术化和项目化特色

包括稳定和联系进程及《稳定和联系协议》在内的针对西巴尔干国家入盟的重要工具，体现了相对先进的欧盟与相对落后的转型国家之间的一种契约性关系。"它不是旧式的双边协议，或者19世纪的王朝联姻。它也不能被看作政治领导人之间基于个人友谊和不透明交易所达成的私人交易。它不是贩卖欧盟的豪华合同，也不是冷战式的战略平衡工具。"① 相反，《稳定和联系协议》是一份透明的契约，它强化了准备入盟国家和欧盟成员国之间的政治和经济联系。

在入盟计划实际执行过程中，欧盟圈定了一些具体的标准，并将这些标准技术化，使得执行的进程更具科学性和严谨性，提升了入盟政策的透明度。这些标准集中体现在欧盟既有法律成果的35个章节约400多项具体的技术规定。

扩大进程中的项目化特色同样较为浓厚。欧盟的援助项目、扩大项目、军事建设项目，派遣的各种任务使团，都具有项目化色彩。在项目执行过程中有明确的标准和条件限制，另外，项目执行中和执行后有明确的评估机制。欧盟的技术援助，如结对项目（twinning），就严格实行项目化操作，并设定严格的评估程序。

入盟过程的技术化和项目化，确保欧盟不论在意识形态色彩浓厚的民主推进方面，还是在价值观导向明显的市场经济建设方面都蒙上了温和的面纱，并提升了政策实施的透明度和公平性。这也给旁观者留下这样的印象，欧盟对西巴尔干的国家建构本质上是一种功能或者能力建设，而不是强迫其进行以西方价值观为导向的政治和经济改革。

---

① D. Landsman, "EU and Albania: Euromyths and Eurorealities" in Debating Integration, *AIIS*, 2003, p. 27.

5. 入盟机制随着形势变化不断调整

欧盟扩大的具体方式和方法与时俱进，根据形势需要不断进行调整。受 2004 年爆炸式扩大所产生的"扩大疲乏症"的影响，欧盟对扩大开始实行从严从缓策略。在西巴尔干入盟问题上，采取从严标准，除了增加入盟条件外，在与部分国家如黑山和马其顿等的入盟谈判时采取了"基本原则第一"（Fundamental First）的方式，即谈判不再从最容易的方面开始，而是从这些国家面临的最大挑战——人权、自由、法治和腐败等章节开始，贯穿谈判始终，直到这些方面达到欧盟标准。欧盟欲借此表明，"保持（欧盟）列车运行正常、安全和舒适比快速更重要"。① 与 2004 年吸纳第一批中东欧成员时相比，欧盟对罗马尼亚和保加利亚两国的入盟要求更为严格。欧盟虽同意罗、保如期于 2007 年年初入盟，但预设了严格的附加条款，要求两国入盟后，必须在反腐、司法等领域继续改革，否则，欧盟将停止对两国发放农业和地区发展补贴。克罗地亚在 2013 年 7 月 1 日入盟后也遭遇了同等待遇，即必须在反腐等领域取得实质进展才能完全享受欧盟成员国的权益。这种"事后追溯"的原则彻底打消了西巴尔干国家在改革上走捷径或"蒙混过关"的想法，在某种程度上提升了它们在入盟过程中政策执行的质量。

（三）入盟评估机制及其作用

欧盟对西巴尔干扩大战略出台后，积极开展对各国入盟进展的评估工作。评估遵循的原则是"区别对待"。尽管稳定和联系进程是一项区域政策，但这并不意味着所有的西巴尔干国家都将在同一时间加入欧盟。只有在这些国家准备好入盟的情况下，欧盟才敞开大门，入盟的先后有赖于每个国家执行"哥本哈根标准"所取得的进展或改革的速度。因此，欧盟官员和政治家很少讨论入盟时间表，这意味着每个国家都有自己的入盟步调，可以根据自身的特色和优势来选择入盟时机。它们的进展速度很大程度上取决于评估结果，由此使得评估的作用变得重要起来。

---

① European Commission, *Five Years of an Enlarged EU——Economic Achievements and Challenges*, January 2009, http://ec.europa.eu/econom/-finance/publications/publication/4078-en.pdf.

1. 评估团队

欧盟的评估团队由专家组成，由欧盟委员会执行，但专家人选必须征得欧洲理事会和欧洲议会的批准和同意，评估主要负责方为欧盟委员会扩大总司。欧盟的评估活动从 1998 年开始，当时主要针对的是中欧国家。2001 年 4 月，为建立一个系统和连续地监督东南欧国家经济和政治状况的审查框架，欧洲理事会正式批准设立了专业审查机制。[①] 这一专业审查机制主要参照欧盟稳定和联系进程规定的各种条件，根据每个申请国在这一进程中所取得的进展进行年度评估。欧洲理事会对扩大政策的最终决策，主要根据欧盟委员会针对每个入盟申请国撰写的稳定和联系进展报告，而欧盟委员会的评估主要依据自己的专业代表获取的信息以及欧盟成员国大使馆在该地区获得的信息，另外还参考其他国际组织（如欧洲委员会、欧洲安全与合作组织、国际金融机构）的报告以及一些独立机构的报告。

2. 评估内容

欧盟针对西巴尔干的入盟评估设立了一整套的规范，主要包括民主与法治、人权与保护少数民族权、区域问题与国际义务、货物自由流动、关税和税收、公共采购、知识产权法、就业和社会政策、教育和研究、工业、农业、渔业、环境、运输政策、能源、信息社会和媒体、财政控制、统计问题、司法以及自由和安全、签证及边界以及难民和移民问题、洗钱、警务、打击有组织犯罪和恐怖主义、保护个人数据等。而针对西巴尔干国家的入盟还随时会增加一些新的评估内容，如入盟申请国是否与前南斯拉夫问题国际刑事法庭充分合作等。

3. 评估时间

通常来说，欧盟委员会每年发布一次评估报告，发布时间大致在每年的 10 月或 11 月。每年报告的名称大致相同，但也有一定的变化。其基本形式是一个扩大文件包（enlargement package），文件包中包含扩大战略文件（enlargement strategic document）、进展报告（progress report）、常规报告

---

① General Affairs Council, Conclusion on the Western Balkans, Council Meeting, Luxembourg, 9 April 2001, EU Doc. 7833/01（Press 141）.

（regular report）、评议（opinions）、分析报告（analysis report）等内容，其中进展报告占据核心位置。该报告内容包括每个候选国和潜在候选国在过去一年取得的进展情况。如果把进展报告出版年份统计到 2014 年，欧盟已经从事了 16 年这样的工作。之所以在每年的 10 月或 11 月出台报告，是因为欧盟每年 12 月要召开峰会，它正好为欧洲理事会的决策提供参考，以便让理事会做出合理的决定。

4. 评估的作用

评估既可以对欧盟自身政策做出总结，也可以对入盟申请国进行提醒、鼓励、刺激，甚至警告。但是，欧盟委员会提供的评估报告并不是终极结论，它只是向欧洲理事会和欧洲议会提交建议，这些建议能否被采纳，取决于欧洲理事会和欧洲议会内部讨论的结果。比如，欧盟委员会曾多次建议授予阿尔巴尼亚欧盟候选国资格，但欧洲理事会和欧洲议会均没有批准，将此问题一再搁置。2011 年，欧盟委员会在年度进展报告中也曾建议授予塞尔维亚欧盟候选国地位，但是当年 12 月召开的欧洲理事会会议却拒绝了欧委会的提议。当然，在很多时候，欧盟委员会的评估结果和建议会被欧洲理事会和欧洲议会所采纳。

欧洲理事会相关文件明确规定，如果其对一个具体案例的评估是否定性的，那么欧盟有权根据贸易自主措施，共同体援助重建、发展和稳定计划①的规章或者《稳定和联系协议》所提供的内容来实施相关的惩戒措施，包括推迟相关的合作倡议，或者终止稳定和联系进程中正在进行的某些合作。但是，事实上，当涉及执行时，欧盟的惩戒办法并不是在相关国家实际发生了违反相关政治和法律等标准后采取否决措施，而是通过评估结果的预期效应并结合案例所能提供的正面意义来提前进行规罚和劝诫。②

---

① 欧盟于 2000 年 7 月 12 日正式创设的针对西巴尔干和土耳其的援助工具，该援助工具的全称为"共同体援助重建、发展和稳定"计划（Community Assistance for Reconstruction, Development and Stabilisation, CARDS）。

② 有关政治条件限制背景下的"期望中的效果"（预期效应）的重要性，也请参考 G. Pentassuglia, "The EU and the Protection of Minorities: The Case of Eastern Europe," *European Journal of International Law*, pp. 33 - 38, No. 12, 2001。

二　欧盟对西巴尔干国家入盟的条件限制机制及其特点

条件限制是欧盟用来推动入盟申请国基于欧盟要求的改革来做出利益选择的一种主要机制。[①] 欧盟条件限制机制发挥作用的基本推力是根据利益核算的理性选择逻辑，受援国根据欧盟提供的物质和社会利益等做出内部变革回应。[②] 它是目前欧盟官方和学术界比较公认的范式。[③] 欧盟通过给予西巴尔干国家欧盟成员国资格来施加条件限制。西巴尔干国家认识到成为欧盟成员国能获得特别的"好处"，解决欧盟要求的动机和动力增强，进而促进了欧盟和西巴尔干申请国的联动与互动。欧盟为候选国设置了一种受自己主导的相对封闭的改革环境，让候选国的基本国策和主要国家机器都围绕着欧盟的标准迈进，直至达到欧盟的标准。欧盟的条件限制机制主要包括下列三个基本的模式。

1. **肯定性条件限制与否定性条件限制模式**（pattern of positive and negative conditionality）

肯定性条件限制与否定性条件限制是欧盟扩大政策，尤其是对西巴尔干政策中惯用的模式。它奉行的逻辑是当受益国不履行条件时惩罚它甚至收回利益供给，如果遵守则继续给予其援助或好处。[④] 这种模式在非正式场合也被称为"胡萝卜加大棒"（carrot and stick）政策，在某些情况下也被称

---

① Milada Anna Vachudova, "The Leverage of International Institutions on Democratizing States: Eastern Europe and the European Union", *EUI Working Papers*, RSC, N2001/33（2001）.

② Frank Schimmelfennig et al. , "Costs, Commitment and Compliance, the Impact of the EU on Democracy and Human Rights in European Non - Member States", *EUI Working Paper*, RSC, 2002/29（2002）.

③ See Bruno Coppieters and Michael Emerson etc. , *Europeanization and Conflict Resolution*, *Case Studies from the European Periphery*, Gent: Academia Press, 2004.

④ 多数学术著作都采取相类似的表述，见 Carol Cosgrove - Sacks and Carla Santos, *Europe, Diplomacy, and Development: New Issues in EU Relations with Developing Countries*, New York: Palgrave, 2001, p. 79; Christian Pippan, "The Rocky Road to Europe: The EU's Stabilisation and Association Process for the Western Balkans and the Principle of Conditionality", *European Foreign Affairs Review*, 2004, no. 9, p. 244; Nathalie Tocci, *The EU and Conflict Resolution: Promoting Peace in the Backyard*, London and New York: Taylor and Trancis Group, 2008, Chapter 5。

为"前置性条件限制和后置性条件限制"（ex – ante conditionality and ex – post conditionality）。

此种模式的出台与欧盟的支柱化结构密切相关。20 世纪 90 年代，当巴尔干冲突爆发时，欧盟出台了一系列冲突调解的办法。但在总体的冲突调解层面，欧盟没有一套工具和制度来执行，执行的权力由共同体支柱和共同外交与安全政策支柱共同承担。两个支柱都通过给予巴尔干国家未来欧盟成员国资格以及其他援助来施加条件限制，也就是说，如果某个国家接受了欧盟给予的未来成员国资格，它就必须按照欧盟的要求办事。由于两个支柱所承担的使命和执行的机制不同，因而在冲突调解中表现出的特点也不同。第一支柱主要体现了欧盟的软实力，强调长期的、非武力的、经济和文化领域的影响，而第二支柱体现的是武力和强制性的影响。在某种程度上，共同体支柱采取的是肯定性条件限制，更多使用能够产生长期影响的工具，如经济援助、贸易特惠、政治对话等。而共同外交与安全政策支柱施加的是否定性条件限制①，更注重实用性并且使用能够产生短期效果和影响的工具，如派遣快速反应部队和维和部队来干预冲突、维持和平，力图在短时间内恢复和平，以及对候选国出台相关的制裁和反制措施等。欧盟之所以采取这种双管齐下的办法，除了欧盟结构性原因外（《马斯特里赫特条约》确定了欧盟支柱结构），还因为一方面，欧盟想以缓慢的方式逐渐培育西巴尔干国家的改革气氛，而另一方面，由于这种制度模式有空降式的强制性色彩，因此欧盟又必须采取某种硬的强制性办法。②

肯定性条件限制和否定性条件限制这一机制在中东欧国家改革过程中发挥了很大的作用，有力促进了这些国家的民主改革、市场经济的建立和规范的法律制度的形成。从理论上讲，通过赋予未来成员资格，的确可以激发相关欧盟候选国改革的动力。欧盟通过否定和肯定两种方式施加压力，候选国家在欧盟编织的罗网下选择的余地很小，欧盟也有意创造这样一种

---

① 否定性条件限制并不都是指欧盟采取否定性措施，在某种程度上还指欧盟执行条件限制的一种指向，这种指向是相对于肯定性条件限制来说的，因此叫否定性条件限制。

② See Liu Zuokui, "EU's Conflict Resolution Policy in the Balkans—A Neo – Institutionalist Approach", *Working Paper Series on European Studies*, Vol. 1, No. 6, 2007, pp. 8 – 9.

环境来促使候选国加速走上欧盟设想的轨道。

条件限制的理想模型是不错的，但它的最大缺陷在于：当任何一个环节出现漏洞时，会导致封闭性丧失而使受益国看到"围墙"之外更好的选择。最为明显的问题是由于两种条件限制从手段到内容的不同，导致配合出现漏洞，在它们之间无法形成有效的衔接，从而直接造成条件限制在运用过程中的失败。尤其是在西巴尔干国家，鉴于这些国家情况复杂，简单的非此即彼的办法有时候并不能起到应有的作用，这就使得条件限制工具的缺憾暴露无遗，这一点在塞尔维亚和黑山体现得较为明显（详情见欧盟对塞尔维亚和黑山的国家构建政策章节）。

2. 条件 - 服从模式（pattern of conditionality - compliance）

条件 - 服从模式是欧盟扩大政策中另一个具有代表性的模式。它的运作逻辑是先赋予申请国未来成员国资格，然后让该申请国接受欧盟提出的最为关键的要求，比如进行政治、经济和法律改革等。在这一框架下，这些国家内部不同民族和派别要进行利益核算来确定是否进行下一步改革。如何量化这些国家是否真的按欧盟的要求做了呢？欧盟要根据相关指标来评估这些国家是否履行了条件，然后再确定是否让这些国家进行政策调整以使改革继续下去。

条件 - 服从模式在西巴尔干国家的应用比较具有代表性，大部分国家都具有共同的特点——国家性较弱，无法形成功能性国家所具备的相关要件。有的国家政权由两个或两个以上的民族共同体支配，民族共同体权力很大，无法形成一个权力核心，民族共同体在其内部各自实行重要的政治、经济政策，作为统一国家的权力核心能力很弱或者根本就不存在。如果保持这种多民族并立的状态，原有的民族矛盾随时可能爆发；如果任由治理能力差的国家发展下去，必然导致政局不稳定。因此，欧盟的调解目标是设立功能性的单一国家框架，让不同民族统一在一个国家权力核心之下，加快功能性国家构建，缓解民族对立，加速这些国家进入欧盟的步伐。这一模式的关键环节在受益国的利益核算上，让受益国成为政策选择的主人。欧盟成员国资格从长远看，会带来经济和政治收益，但从近期看，会造成受益国为此而付出实质性的权力和利益，因此就会产生服从条件的成本。如果欧盟成员国资格带来的长期收益大于服从条件的成本，该国就会选择接受欧盟的条件。如果长期收益小于服从成本,该国则会倾向于拒绝欧盟的条件。如果长远收益等于服从成本,或短时间内难以核算,该国会选择接受这些条件但不会取得大的进展,这种情况也被称为假服从。[①]

比起第一种模式,这种政策模式具有很大的灵活性,操作手段更加具有可测定性和可调整性。欧盟可以根据相关国家的进展情况进行年度测评,进而做出政策调整。在过去几年,西方学术界涌现出一大批尝试以这种模式分析欧盟国家构建的成果。[②]

这种模式是欧盟站在受益国的立场进行换位思考的一种尝试,虽然理论上讲这种办法是可行的,但实际情况是否如此只能由实践来检验。更为重要的是,欧盟看到弱功能性国家会因为欧盟给予它们好处而核算进行合作的前景,但对国家统治集团内部群体对立的严重程度则未做深入探讨。事实证明,这是欧盟政策能否在西巴尔干取得成功的关键变量。在那些民族和利益集团对立程度不是很严重的国家(如克罗地亚),这一模式的确发挥了成效,国家的改革和建设进展很快。而对于那些民族或利益集团对立程度非常严重的国家,欧盟提供的优惠条件不足以吸引对立的不同群体,因为欧盟的条件限制从根本上损害了它们在旧制度框架下的既有利益,它们干脆放弃这种好处而选择原来的路径,这一点在塞尔维亚和黑山体现得比较明显,欧盟先期付出了很大的成本却收获了失败,不得不重新调整政策。还存在另外一种情况,就是服从欧盟条件的所得和所失在短时间内无法核算,比如在波黑,欧盟提供的制度安排就使统治机构中的各方产生了

---

① Gergana Noutcheva, "EU Conditionality and Balkan Compliance: Does Sovereignty Matter?" University of Pittsbur, unpublished doctoral dissertation 2005, p. 8.

② See Farimah Daftary and Stefan Troebst eds., *Radical Ethnic Movements in Contemporary Europe*, New York and Oxford, Berghahn Books, 2003; Jean – Michel Josselin and Alain Marciano eds., *Democracy, Freedom and Coercion: A Law and Economics Approach*, Cheltenham Glos: Edward Elgar, 2007; Thomas Plumper, "The Demand – Side Politics of EU Enlargement – Democracy and the Application for EU Membership", *Journal of European Public Policy*, 9, August 2002, pp. 550 –574; Bernard Steunenberg and Antoaneta Dimitrova, "Compliance in the EU Enlargement Process: Institutional Reform and the Limits of Conditionality", see in Jean – Michel Josselin and Alain Marciano eds., *Democracy, Freedom and Coercion: A Law and Economics Approach*, Cheltenham Glos: Edward Elgar, 2005.

利益核算困难，只能采取"走走瞧瞧"的态度。此外，在马其顿、阿尔巴尼亚等治理能力弱的国家，则面临着执行能力不足的问题。保加利亚学者格加娜·努切娃总结了上述现象，她认为，欧盟的条件限制政策随着不同国家和对不同制度背景嵌入的程度不同而变化，政策也会产生不同的结果。① 也就是说，欧盟在实行这一模式时，并不能保证对所有西巴尔干国家都是有效的。

3. 技术性条件限制模式 （pattern of technical conditionality）②

技术性条件限制③的形成主要来自欧洲一体化的功能主义前提假设，即"形式随功能而定"④，欧盟的政策依据不同的国家功能性建设要求而有所调整，以此来抵消因过多提出政治性标准而造成欧盟候选国的抵触。功能主义学派创始人米特兰尼认为，由于合作是以专业领域为取向，技术专家便起到重要作用。应当由技术专家而不是外交家或者政治家去解决问题，这样需要解决的专业事务被"非政治化"了。

欧盟对西巴尔干国家广泛运用技术性条件限制政策，它既可以直接、明确地施加影响，保证欧盟政策的透明度和公平性，又可以使要成为欧盟成员国的国家更容易理解和操作欧盟的条件限制，不会因为条件限制的宽泛和模糊而造成决策错误。从欧盟治理的角度来看，目前欧盟被认为具有

---

① 这里需要说明，谈到技术性条件限制时，还存在着另外一种模式，弹性条件限制（flexible conditionality）。由于两者在实施过程中有时候难以区分，笔者在这里将它们统一归结为技术性条件限制模式。弹性条件限制最明显的例子是欧盟在不同的时间段、不同的背景下对同一个国家和地区采取不同的标准。

② 有关"技术性条件限制"以及欧盟政策"技术性"问题，迄今为止中国学者还没有做出明确的定义，国外学者虽然提的比较多，但也很少给出明确定义。对此，笔者根据对欧盟相关政策的理解做出了阐述。另外，笔者还专门采访了该领域的专家、意大利国际事务研究所的纳塔利·拓琦（Nathalie Tocci），她曾在比利时的欧洲政策研究中心工作过一段时间，对此问题也做过深入研究。她认为应该从两方面来解释技术性条件限制。一方面技术性条件限制专指既有法律成果（Acquis Communautaire）中规定的相关规则和规定；另一方面，是与政治性条件限制相比较而言的，就是更加强调向第三国施加条件限制的方式。换句话说，为了提升其合法性和不给人以干预他国政治事务的感觉，欧盟用技术性和客观性的语言来提出它的条件，包括政治性条件。由此看来，技术性条件限制也包含政治性的条件限制，两者并不是对立的或者相互排斥的。

③ Ben Rosamond, *Theories of European Integration*, New York: St. Martin Press, 2000, p. 34.

④ David Mitrany, *A Working Peace System: An Argument for the Functional Development of International Organization*, London: Oxford University Press, 1944, pp. 31 - 35.

"一套独特的、多层次的、非等级的规制体系"[1]，它强调的是规制的主导地位[2]，规制的特点就是强调条例的具体和明确，有法可依，因此政策执行起来就具有技术性色彩。

欧洲理事会在与西巴尔干国家进行入盟协商时一直坚持强调条件限制的客观性，对所有国家都平等适用，它为此而出台了一系列规章和原则。欧盟委员会很多时候被称为技术性官僚机构，坚持用"客观性"和"非政治"标准来执行条件限制的任务，积极监督服从条件的情况，客观评估受援国的表现。[3]欧盟这种做法受到西巴尔干国家的广泛欢迎，它们需要一种技术性和客观性的气氛，这种技术性和客观性有助于在西巴尔干国家和欧盟之间进行一场相互信任和彼此可寄托厚望的游戏。

技术性条件限制存在的问题是过于强调技术性原则而忽视政治因素的特殊性和复杂性。这种政治因素或者说"不客观"性在一定程度上是欧盟成员国利益博弈所造成的结果。欧盟政治体制的特殊性也为欧盟内部不同行为体之间采取不同的政治立场提供了空间。法国、奥地利、希腊等国对西巴尔干入盟有不同的看法和战略考虑。德国早期备受争议地支持斯洛文尼亚和克罗地亚独立就是成员国在该地区有不同利益考虑的证明。巴尔干的稳定与希腊的利益直接相关，因此希腊是欧盟成员国中处理好欧盟与西巴尔干关系的坚定支持者，它在 2003 年担任欧盟轮值主席国期间积极推动西巴尔干的入盟谈判；奥地利和克罗地亚存在着紧密的贸易关系，这促使奥地利在 2006 年担任欧盟轮值主席国期间也加速推动与克罗地亚的入盟谈判；意大利由于在地缘上比较接近西巴尔干，也成为该地区改革和稳定的坚定支持者。这些国家认为应该放松条件限制，使西巴尔干国家加速入盟。而欧盟的发动机法国则是欧盟快速东南扩的反对者，主张延缓西巴尔干国家入盟，强化条件限制。英国出于预算的考虑，不愿给予西巴尔干国家更多的援助。2005 年，法国和荷兰宪法公投失败使欧盟放缓了对西巴尔干入

---

[1] S. Hix, "The Study of the European Union II: The 'New Governance' Agenda and its Rivals", *Journal of European Public Policy*, no. 5, 1998, p. 39.

[2] R. Eising and B. Kohler - Koch, *Governance in the European Union: A Comparative Assessment*, London: Routledge, 1999, p. 6.

[3] Nathalie Tocci, "Conditionality, Impact and Prejudice in EU - Turkey Relations", *IAI - TEPAV Report*, Istituto Affair Internazionali, No. 9, July 2007, preface.

盟议程的讨论，2006 年欧盟峰会对扩大欧盟的讨论进一步促使一些成员国强化和增多了对西巴尔干入盟条件的限制。这就导致技术性条件限制逐渐渗透进越来越多的政治因素而失去了客观性。

尽管欧盟一直坚持条件限制机制的客观色彩，但它仍是欧盟追求其政策目标，尤其是促进和平、民主和人权等"规范性"内容的手段。纵观欧盟扩大的历史，条件限制机制无法保证完全客观，欧盟对候选国的入盟评估充满了"区别对待"。从 1997 年"卢森堡小组"决议案（只对中东欧国家中欧盟认定的六个先进国家进行具体谈判，而不是统一标准地与欧盟认定为后进的六个中东欧国家进行认真谈判，因而引起后者的不满）到 2000 年"赫尔辛基小组"决议案（欧盟又开始展开与东南欧国家的入盟谈判，这引起了中东欧后进六国的不满，在压力下欧盟于 2000 年 2 月开始与中东欧后进六国谈判，谈判刚一启动又引起"卢森堡小组"中东欧先进六国的抗议和不满），这就是欧盟标准不够统一和客观而造成的问题。[①]

条件限制机制的政治化是欧盟成员国国家利益博弈不可避免的结果，也是欧盟复杂的决策机制造成的。可以想见，申请国国内问题越多，欧盟所设置的政治化条件就越多，也因此产生入盟国对欧盟弹性要求增多的不满。因此，欧盟试图以技术性条件为主导的过程逐渐演变为以政治性条件为主导的过程，引起政策的异化，形成了不同的标准，导致政策连续性和稳定性差，也使入盟国感到入盟是存在政治风险的。这一点在土耳其入盟问题上表现得比较明显。

4. 条件限制机制的特点

第一，理性选择是条件限制机制的内核。

欧盟通过给予未来成员国资格以及各种援助来使西巴尔干国家走上欧盟设定的轨道（这种轨道相对来说是封闭的），让这些国家认识到选择接受欧盟条件的好处，促使它们通过详细的利益核算来决定是否接受欧盟提供的益处。其中第二种模式对理性选择运用得最为充分，它充分考虑到政

---

① Lykke Friis and Anna Murphy, "Contribution to the Forum Enlargement of the European Union: Impacts on the EU, the Candidates and the 'Next Neighhours'", the ECSA Review, 14 (1), 2001, pp. 4 – 5. Carole Andrews, *EU Enlargement: From Luxembourg to Helsinki and Beyond*, London: House of Commons, 2000, p. 62.

策实施后接受方和实施方所能产生的互动,思路明晰。第一种和第三种模式能够实行也是以入盟申请国的理性选择作为前提的。这种理论范式虽然具有很强的解释力,但缺陷同样也很明显。欧盟为了能够提供一个让理性选择发挥最佳作用的条件,在不同程度上都强调了条件限制的封闭性。当一个环节出现问题时,它的自我补救能力相对较弱。比如,第一种模式的两种条件限制的局限性造成欧盟在塞黑问题决策上的失败;第二种模式没有认真考虑民族对立严重程度这一重要变量,造成不同国家在进行利益核算后采取不同的政策;第三种模式是当技术条件限制卷入越来越多的政治条件时,政策的公正性也丧失了,结果政策实施出现挫折甚至是失败。

第二,三种条件限制模式都包含强制性色彩,即服从条件则给予优惠和好处,不服从条件则中止或收回好处。

这是欧盟早期便已形成的政策风格,至今这种带有"强权"色彩的办法一直延续下来。由于具有强制改造的成分,因此其遭到越来越多的关于政治合法性和对他国主权干预的质疑。在政治合法性方面,诸如欧盟怎么判定候选国的行为是否违背条件限制机制?候选国怎么做才算服从了欧盟的标准,这里存在标准吗?实际上,这些本来应该客观化的大问题,欧盟并没有提供可信的数据来证明它的评估方法是合理的,做出的很多结论仅仅是印象性的(impressionistic)。① 条件限制机制另一个严重的问题是对国家主权的干预。比如对西巴尔干很多国家,欧盟直接要求它们改变国家的宪法、政府制度框架、立法基础等。欧盟为什么有这么大的权威来干预这些国家的内部事务呢?虽然这是西巴尔干各国政府自愿让渡的权力,但它还需要获得更多西巴尔干民众的认同。

针对这三种模式的缺陷,欧盟在扩大进程中不断地修改和完善条件限制机制。解决的办法是加强自身的制度建设,面对冲突频发的西巴尔干地区,建立一种一致和一体的冲突调解机制,并根据形势需要采取更加务实的外交政策。欧盟新版宪法条约草案针对这一问题提出了一个新的解决框架,即在欧盟对外行动署的总体框架下,整合不同支柱间的机制和工具来

---

① Karen Smith, "The Use of Political Conditionality in the EU's Relations with Third Countries: How Effective?", *European Foreign Affairs Review*, No. 3 (1998), p. 266.

形成一个单一的欧盟对外冲突调解机制。① 虽然，法国和荷兰否决了宪法草案，但简化的欧盟宪法条约（《里斯本条约》）的通过，使该问题已经在制度上得到部分解决。可以想见，条件限制机制在西巴尔干各国未来的入盟过程中仍将发挥主导作用，它将是入盟的关键性机制之一，并且会得到不断完善。

---

① Catriona Gourlay, Damien Helly etc. , "Civilian Crisis Management: the EU Way", *Chaillot Paper*, no. 90, June 2006, p. 11.

第四章
南斯拉夫解体危机中欧共体/欧盟的冲突干预政策

欧共体/欧盟对西巴尔干的战略构想、冲突调解工具的使用源自于 20 世纪 90 年代南斯拉夫解体危机。国际社会现有的处理和应对西巴尔干冲突的大格局基本上也是在南斯拉夫解体危机中奠定的。现有的中外研究成果大多忽视这段历史，使得欧共体/欧盟对西巴尔干政策的来龙去脉并未得到清晰呈现，不利于完整、透彻地了解欧共体/欧盟对该区域政策的延续性。笔者在本书中将国际社会干预南斯拉夫解体危机分为三个阶段，即从 1991 年 6 月到 1992 年 1 月、从 1992 年 1 月到 1994 年 4 月、从 1994 年 4 月到 1995 年 11 月，借此分析欧共体/欧盟在不同阶段中的角色变化，以及其干预工具的使用和应对危机的方式，分析并总结欧共体/欧盟作为危机干预行为体的特点、政策工具的选择偏好以及行为方式特点等。

一 欧共体/欧盟在南斯拉夫解体危机中的角色变化

事实上，在南斯拉夫解体危机中，欧共体/欧盟自始至终都积极参与，其参与进程大致分为三个阶段，每个阶段欧共体/欧盟执行的政策和发挥的作用是不同的。

第一阶段从 1991 年 6 月至 1992 年 1 月，这一阶段被称为"欧洲时刻"，欧共体/欧盟作为主导者积极参与冲突的协调，并试图达成和平解决冲突的政治安排，但没有成功。

1991 年 6 月 25 日，南斯拉夫联邦共和国境内的斯洛文尼亚和克罗地亚宣布独立，南斯拉夫内战爆发。联合国和美国因第二次海湾战争的影响，对干预南斯拉夫危机缺乏兴趣。联合国秘书长佩雷兹·德奎利亚尔表示："斯洛文尼亚并不是联合国成员国……联合国在南斯拉夫不会扮演（干预者）角色。"① 美国驻联合国代表做出了类似回应。美国的态度正如一位重要官员所说的："毕竟，它不是我们的问题，它是欧洲的一个问题。"② 联合国和美国的表态，无疑使欧共体成为危机调解的不二人选。

1991 年 6 月 27 日，奥地利根据巴黎宪章第 17 条，建议通过欧洲安全与合作会议③冲突预防中心（CSCE Conflict Prevention Centre）④ 发起针对南斯拉夫的冲突调解行动。6 月 28 日，欧共体理事会支持奥地利的建议，决定派遣三驾马车（意大利、卢森堡、荷兰）⑤ 作为冲突调解使团赴南斯拉夫。7 月 3 日，欧洲安全与合作会议成员国建议设立一个欧共体观察员使团（也涉及其他欧洲安全与合作会议成员国）来监督停火。

7 月 5 日，因欧共体轮值主席国轮换，欧共体 12 国又改派了新的三驾马车（卢森堡、荷兰、葡萄牙）使团。7 月 7 日，欧共体使团与冲突各方协商达成了《布里欧尼协定》（Brioni Agreement），根据该协定，塞尔维亚、斯洛文尼亚和克罗地亚三方签署《关于和平解决南斯拉夫危机的共同宣言》。斯洛文尼亚和克罗地亚同意将宣布独立推迟到三个月之后，同时所有各方承诺不采取单边行动。

在欧共体的斡旋下，斯洛文尼亚战争虽然结束，克罗地亚的战争事态却

---

① J. B. Steinberg, "The Response of International Institutions to the Yugoslavia Conflict: Implications and Lessons," in S. F. Labarree ed., *Europe's Volatile Powderkeg: Balkan Security After the Cold War*, Washington DC: The American University Press, 1994.

② *Financial Times*, June 29 – 30, 1991.

③ 欧洲安全与合作会议是欧洲国家及北大西洋公约组织非欧洲成员国讨论欧洲安全与合作问题的国际会议，简称欧安会。1973 年 7 月在芬兰首都赫尔辛基首次召开会议，参加会议的有 33 个欧洲国家以及美国和加拿大。阿尔巴尼亚拒绝参加会议。1994 年 12 月，欧安会在匈牙利首都布达佩斯举行的首脑会议上，会议组织者认为欧洲安全与合作会议的工作已经远远超过"一个会议"，决定从 1995 年 1 月 1 日起，将该组织更名为"欧洲安全与合作组织"。欧安组织现有成员国 57 个（2012 年 11 月），总部设在奥地利的维也纳，每两年举行一次首脑会议，每年举行一次外长会议。

④ 关于在欧洲安全与合作会议框架下建立冲突预防机制可行性的首次讨论在 1989 年 3 月进行，是在维也纳召开的信心和安全构建措施（Confidence and Security Building Measures）协商会议上提出的。会议最终决定建立冲突预防中心。1990 年 11 月，欧洲安全与合作会议巴黎峰会通过了这一决定。

⑤ 欧共体三驾马车是由前位、现位、后一位三国外长组成。一国主持完之后另一国接替（按照字母顺序每六个月进行轮换）。7 月 1 日，"意大利 - 卢森堡 - 荷兰"被"卢森堡 - 荷兰 - 葡萄牙"新三驾马车所替代，并由荷兰人担任轮值主席。

在持续扩大。7月27日,欧共体12国决定将欧共体观察使团增派到克罗地亚,并建议在克罗地亚展开混合巡逻(联邦军队加克罗地亚警察)以推动停火,但未能阻止事态的恶化。于是,法德两国建议根据联合国宪章第39条对冲突进行干预。8月6日,欧共体各国外交部部长在海牙开会讨论法德两国的建议。最终,欧共体成员国决定成立一个"仲裁委员会"来提升协调的效率,仲裁委员会由五位专家组成(两位由南斯拉夫提名、三位由欧共体提名),该委员会由巴丁纳(Robert Badinter)法官主持。同时,由于俄罗斯和中国不同意让联合国直接干预南斯拉夫冲突,欧共体12国经过协商达成关于组织"伦敦会议"来解决冲突的共识,[①] 并由前北约秘书长彼得·卡灵顿爵士担任会议主席,同时邀请南斯拉夫各个共和国代表和欧洲相关协调者参加。欧共体12国还决定,如果南联邦自9月1日开始不在停火问题上保持合作将对其进行制裁。

但是,欧共体的干预没有阻止克罗地亚冲突的扩大,反而有进一步波及波黑、科索沃、伏伊伏丁那和马其顿(所有上述地区都要求获得独立)的态势。武装冲突还逐渐扩散到欧共体成员国(意大利、希腊)的边界,一些欧洲国家要求联合国进行干预。

9月17日,联合国安理会临时成员国奥地利要求联合国派遣维和部队进行干预。法国当时正担任联合国安理会轮值主席,建议实行武器禁运以及根据联合国宪章第7条组建联合国应急部队。[②] 9月25日,联合国安理会通过713号决议,开始正式参与对南斯拉夫冲突的干预。决议肯定了欧共体进行冲突协调的努力,并建议由联合国秘书长与南斯拉夫政府协商解决冲突。为了实施713号决议,1991年10月,联合国秘书长德奎利亚尔任命美国前国务卿万斯为解决南斯拉夫问题特使。不过,联合国此时的介入并不意味着它成为这一时期冲突管理的主导者,欧共体仍扮演主要角色。

南斯拉夫联邦总统坚持动用一切办法来维护1972年南斯拉夫宪法第316条

---

① 早先英国等欧共体国家坚持在欧洲安全与合作会议的框架下采取行动,但由于南斯拉夫的否决而没有成功,欧洲安全与合作会议只能协商新的解决办法。在此背景下,欧共体成员国决定召开一次在欧洲安全与合作会议框架外的、有助于欧共体干预努力的会议,借此避免欧洲安全与合作会议的许多制度性障碍并推动欧共体作为一个国际行为体进行干预,由此,"伦敦会议"方案浮出水面。

② Sonia Lucarelli, *Europe and the Breakup of Yugoslavia: A Political Failure in Search of a Scholarly Explanation*, Kluwer Law International, 2000, p. 23.

和 317 条所确定的国家统一框架。由于南联邦迟迟不肯就和平解决冲突进行妥协，欧共体各国在 12 月 16 日的布鲁塞尔部长理事会会议上拟订了两个文本：一个是关于承认东欧和苏联新国家的总体原则，一个是承认南斯拉夫新国家的总体原则，宣布承认两个独立的共和国。1992 年 1 月 15 日，原则正式生效。

至此，欧共体对南斯拉夫解体危机的冲突干预，通过欧共体、欧洲安全与合作会议、伦敦会议、联合国等各种平台来执行。欧共体各国通过磋商达成共识，以承认独立共和国而告一段落。

第二阶段从 1992 年 1 月至 1994 年 4 月，这一阶段欧共体/欧盟与联合国携手共同处理危机。随着南斯拉夫危机的扩大，欧盟已经难以单独应对，开始求助国际社会，联合国作为传统的解决地区冲突的国际组织开始深度介入冲突调解。

以欧共体为主导的冲突干预努力并没有产生预期的效果。1991 年 12 月中旬，一架载有五名观察员（四名意大利人和一名法国人）的欧共体直升机被南斯拉夫人民军击落，导致欧共体与南联邦对立升级，欧共体不得不终止派遣观察员到南斯拉夫。同时，联合国在该地区部署维和部队的计划因为克拉伊纳（Krajina）①

---

① 1990 年，克罗地亚的塞尔维亚裔居民公投决定，在克国境内塞裔人数较多（但是并非都占绝对多数）的地区，建立三个塞尔维亚人自治区，脱离克国自治，并且自行负责治安。这三个自治区由西到东为克拉伊纳自治区，西斯拉夫尼亚自治区，以及克国东部接近塞尔维亚的东斯拉夫尼亚、巴拉尼亚与西斯雷姆自治区。1991 年，克罗地亚宣布脱离南斯拉夫独立，境内的克拉伊纳自治区则赶在克罗地亚宣布独立前一天宣布脱离克罗地亚独立，并成立塞族人主导的塞尔维亚克拉伊纳共和国，控制克罗地亚与波黑边境的塞族地区，该共和国占克罗地亚三分之一的领土。它同时提出要与波黑境内的塞尔维亚族控制区和塞尔维亚共和国实现"统一"。克罗地亚政府坚持要对克拉伊纳塞控区恢复行使主权，而塞族则坚决要独立。随着和平谈判的破裂，克罗地亚共和国政府加紧谋划以武力收复克拉伊纳行动。1995 年 5 月，克罗地亚出动近 10 万军队，以及飞机、坦克和火炮，发动闪电行动（Operation Flash）夺回西斯拉夫尼亚。8 月，克罗地亚发动风暴行动（Operation Storm）攻占克拉伊纳全境，该共和国仅剩东边与塞尔维亚邻近的地区，此两项行动并没有遭到克罗地亚塞裔很大的抵抗。同年 12 月，冲突各方签署《代顿协议》，冲突正式结束，塞尔维亚克拉伊纳共和国不复存在。1996 年，依据克罗地亚与这一地区塞裔签订的《伊尔杜协议》（Erdut Agreement），在原塞尔维亚克拉伊纳共和国东部地区设立"联合国东斯拉夫尼亚、巴拉尼亚与西斯雷姆过渡机构（United Nations Transitional Administration for Eastern Slavonia, Baranja and Western Sirmium, UNTAES）"，协助该地区并回克罗地亚。1998 年，所有塞族地区重归克罗地亚。塞尔维亚克拉伊纳共和国共有三任总统，分别是米兰·巴比奇（Milan Babić, 1990~1992）、戈兰·哈季奇（Goran Hadžić, 1992~1994）、米兰·马尔蒂奇（Milan Martić, 1994~1995）。这三个人全部被前南斯拉夫问题国际刑事法庭指控犯有"战争罪行"。巴比奇承认自己犯有反人类罪，被判处 13 年监禁，后自杀；马尔蒂奇被判处 35 年监禁；哈季奇于 2011 年 7 月被捕。

塞族领导人米兰·巴比奇拒绝和平计划而被拖延。不过,1992 年 2 月 17 日,巴比奇宣布愿意接受联合国的计划,同意克拉伊纳成为冲突管理的一部分。2 月 21 日,联合国安理会通过 743 号决议,确定在一年的时间里,正式部署联合国保护部队(UNPROFOR)到冲突地区。至此,联合国开始在南斯拉夫解体危机中施展手脚。

1992 年 3 月 1 日,波黑举行全民公决,决定是否独立,公决尽管受到波黑塞族的抵制,但支持独立的一方轻松获胜,波黑内部不同民族间的对立升级。3 月 23 日,暴力冲突首先发生在波黑塞族和穆族之间,随后在波黑塞族和克族之间爆发。冲突发生后,尽管国际社会做出了各种努力,包括 4 月 7 日美国和欧共体等承认波黑独立,但仍未能阻止冲突。波黑冲突的恶化程度远超过欧共体所能控制的范围。塞族军队在波黑造成的伤亡日益增多。问题的严重性促使联合国安理会在 1992 年 4 月 7 日通过 749 号决议,继续向波黑增派联合国保护部队。

随着冲突的升级,联合国对背后支持波黑塞族的南联盟采取制裁措施,以期南联盟能够对波黑塞族施加足够的压力来缓解冲突。1992 年 5 月 30 日,联合国通过 757 号决议,要求对南联盟实行除医疗用品和食品外的所有贸易产品禁运,并实施禁飞,解除与塞尔维亚和黑山两个共和国的体育、文化以及科技合作。757 号决议还认定南联盟对波黑发生的惨烈事态承担主要责任。

在这一阶段,尽管联合国扮演了主要角色,但在面对冲突时是采取军事干预还是人道主义援助问题上,联合国内部的美国、欧共体成员国和俄罗斯各方意见相左,导致联合国在是否动用武力上举棋不定,最终只能更倾向于采取人道主义援助这种温和的办法。

从 1992 年 6 月开始,联合国开始增派保护部队到冲突地区来保护人道主义援助的投递工作。而欧共体则尝试以联合国为平台召开和平解决南斯拉夫问题的国际会议。在各方协调下,英国首相梅杰宣布解决南斯拉夫冲突的国际会议于 1992 年 8 月 26 ~ 28 日在伦敦(即"伦敦会议")召开。在此期间,媒体不断披露战争期间在波黑存在的集中营问题以及种族清洗问题。

1992 年 8 月 26 日,欧共体和联合国联合主持的南斯拉夫问题伦敦会议正式召开。原属南斯拉夫的各个共和国的总统和南联盟总理均参加了会议，波黑塞族共和国代表、波斯尼亚克族和科索沃阿尔巴尼亚族的代表以及伏伊伏丁那匈牙利族人的代表作为观察员参加了会议。美国、俄罗斯、日本、中国、土耳其、加拿大、瑞士和南斯拉夫邻国的外长，以及来自欧共体委员会、欧洲安全与合作会议、国际红十字委员会的代表参加了会议。

会议由约翰·梅杰代表欧共体，布特罗斯·加利代表联合国共同主持。后又更换新的协调者，即英国前外交大臣、社会民主党领导人戴维·欧文以及联合国代表——美国前国务卿、联合国驻南斯拉夫特使万斯。会议确定在9月3日之前召开日内瓦会议进行最终协商，在此之前交战各方签署停战协定。9月12日，战争双方签署协定，波黑塞族开始将重型武器置于联合国保护部队控制之下。然而，9月中旬，萨拉热窝爆发新的战斗，为日内瓦谈判蒙上阴影。

面对波黑持续的冲突，欧共体各国外交部部长在9月12日宣布支持法国提出的在波黑建立空中禁飞区的建议，并要求联合国将南斯拉夫联盟共和国从联合国各机构中驱逐。[①] 9月16日，欧洲议会通过修正案，支持动用武力来保护特使，并且如果有必要，将收缴塞族武器。

1992年5月19日，波黑克族和穆族签署协议组成一个克族波斯尼亚邦联。6月17日，波斯尼亚和克族当局签署成立军事联盟。但对于波黑的未来制度设计，两个民族采取了不同的立场，导致该联盟解体，克族遂提出分裂波斯尼亚的要求。1992年7月3日，波黑克罗地亚共同体宣布在波黑控制的25%的领土上独立，莫斯塔尔（Mostar）是其首都，博班（Mate Boban）是其领导人。波斯尼亚政府宣布这一行动非法，而波黑塞族领导人卡拉季奇欢迎这个新国家。波斯尼亚内部冲突持续发酵。

1992年10月2日，美国总统布什宣布美国准备派遣军队建立波黑空中禁飞区。10月9日，联合国安理会实施781号决议，对波斯尼亚实行空中禁飞。

10月27日，万斯和欧文提出一个和平建议（万斯－欧文计划），在单

---

① 1992年9月22日，南斯拉夫被从所有联合国机构中驱逐，12月14日，它被终止国际货币基金组织成员资格，3个月后被驱逐出国际复兴开发银行。同时，五个前南斯拉夫共和国被邀请加入国际货币基金组织和世界银行。

一波黑国家框架下建立 7 ~ 10 个自治省，旨在确保波斯尼亚和黑塞哥维那的主权（穆族的要求），同时确保各地方政府广泛自治（满足塞族和克族的要求）。计划也规定该国应在其边界内实行分权化，但自治的省份没有立法资格；它的划分主要依据民族、地理、历史、交通、经济活力和其他因素；宪法将对三个主体民族以及其他族群予以承认。① 波黑塞族领导人卡拉季奇拒绝该计划，并建议将成立波斯尼亚邦联作为替代选择，邦联由承认塞族利益的三个民族国家构成。

在 1992 年 12 月 14 日召开的欧洲安全与合作会议上，法国进一步要求联合国安理会授权更严格地执行禁飞区的决定。在 1993 年 1 月 4 日重启的日内瓦谈判上，只有克族同意签署万斯 - 欧文计划。穆族担心停火意味着同意地面的军事占领状况，使得塞族处于明显优势，而塞族拒绝单一国家的原则，要求波黑分成三个独立国家。1 月 10 日，万斯和欧文致信波黑塞族领导人卡拉季奇，要求他在 1 月 12 日之前接受和平计划。1 月 12 日，在米洛舍维奇和南联盟总统科西奇（Cosic）的压力下，卡拉季奇表示同意，但条件是万斯 - 欧文计划要得到波黑塞族议会的通过。

1 月 13 日，欧共体各国外长在巴黎会晤并宣布，如果波黑塞族在六天内不能无条件地接受万斯 - 欧文计划，欧共体及其成员国将采取所有必要的措施来完全孤立塞尔维亚和黑山。此外，联合国也将采取必要的措施来推进 781 号决议的实施以及对波黑实行禁飞，然而，法国、美国、英国和西班牙在是否对禁飞区采取军事行动方面意见不一。1 月 20 日，波黑塞族共和国议会拒绝万斯 - 欧文计划，卡拉季奇有保留地接受和平计划，波黑克

---

① 计划的最初版本所设计的波黑政府结构，包括两院制议会，在不同民族间实行轮值总统制，政府在民族平衡的基础上构成。根据波黑宪法草案，议会是由根据人口比例选出的下院和省区政府任命的上院组成。总理由下院选举产生，他在议会主席的同意下任命各部部长。考虑到族群平衡，要确保外交和国防部的部长来自不同族群。宪法也包括一系列州/省权限的规定，并明确规定尊重少数民族权利。该计划立刻受到许多西方观察家的批评，认为根据民族原则对国家治理结构进行划分暗含着种族清洗的成分。在这些批评当中，著名国际非政府组织"赫尔辛基观察"的代表于 1993 年 1 月提交给国际协调员的文件值得关注。文件认为这一计划承认了战争和种族清洗的结果，波黑划分为 10 个省区很有可能导致"种族上纯粹"的"迷你"国家（小型国家）的产生，却没有关注到省间的少数民族。而且无形之中赋予一些"战争贩子"，如卡拉季奇、博班、米洛舍维奇和图季曼等法律权力和公信力。这个方案也令克族、塞族不满，因为它有可能加快穆斯林的整合并在伊斯兰世界的支持下在欧洲的心脏地区组成一个伊斯兰国家。

族领导人博班接受全部内容。2月15日，美国克林顿政府也批准万斯－欧文计划。

3月3日，欧共体及其成员国发表声明，谴责塞尔维亚军队的屠杀行为，但没有提出进行军事干预。随着塞族重申对万斯－欧文计划的保留态度，欧共体威胁如果塞族拒绝接受这一计划，将彻底孤立塞尔维亚和黑山。但塞族议会以计划中划归给塞族的领土和塞族军队实际占领的领土（70%）并不一致为由，拒绝了万斯－欧文计划。

4月12日，来自美国、法国、荷兰、英国、土耳其的北约军事力量（名为Operation Deny Flight）开始在波黑部署。然而，西方对是否武力干预波黑仍争执不下。4月17日，随着形势的恶化，联合国安理会被迫考虑加强对南联盟的制裁（联合国820号决议，俄罗斯弃权）。同时，在波黑实施的禁飞命令屡次被违反。3月31日，联合国安理会通过816号决议，允许北约军队击落违反禁令的飞机。

4月24日，欧共体各国外长在哥本哈根会晤，并发表声明，如果塞族继续拒绝和平计划，他们将动用武力。然而，由于塞族议会继续拒绝万斯－欧文计划，欧共体根据联合国820号决议对南联盟实施进一步制裁。① 美国政府宣布冻结所有美在南斯拉夫的业务以及冻结所有南斯拉夫在美的资产。然而，美国政府对参与军事干预的可能性表述模糊。一方面，美国推动欧洲人进行有选择的空袭；另一方面，克林顿又声明军事手段不能解决所有问题。美国国会则支持解除联合国对波黑穆族的武器禁运。然而在欧洲，只有德国支持解除武器禁运，其他欧共体成员国反对重新武装穆斯林。

整个4月，日内瓦密集的外交活动旨在推动南联盟总统米洛舍维奇向波黑塞族施压来促使其接受万斯－欧文计划，但1993年5月5日塞族议会再次拒绝了和平计划。

在西方犹豫不决的反应面前，卡拉季奇呼吁克族和穆族就波黑分成三个独立国家的计划展开谈判。事实上，卡拉季奇的部分目标已经得到所谓

---

①　这些制裁措施包括：除联合国批准的人道主义援助外，禁止运送货物；南斯拉夫的海事运输工具在多瑙河和亚得里亚海以及领土外水域禁行；冻结南斯拉夫海外资产等。

的《华盛顿协议》①（5月22日由法国、美国、俄罗斯、西班牙和英国达成）的支持。但该计划本身受到西方分析家的严厉批评，认为这事实上是承认塞族和克族在战场上所取得的成果，以牺牲穆族人利益为代价。该计划受到批评也因为其是对万斯-欧文计划的明确放弃。

1993年8月16日，日内瓦会谈重启，波黑三方领导人同意萨拉热窝应该非军事化并置于联合国控制下两年，联合国秘书长指定一名行政管理者，该管理者将得到多民族顾问委员会的支持。然而，各方对领土划分问题仍存在严重的分歧。在协议达成前夕，欧文和斯托尔滕贝格（联合国新任命的取代万斯的协调员）为波黑提出一个新的和平计划，建议以民族社区为基础三分该国。② 塞族议会接受了三个共和国联盟计划（55票对14票）。克族也接受该计划，但附加了条件——其他两个民族必须接受该计划。波斯尼亚理事会在这个问题上发生分裂，结果这个计划只是有条件地被接受。条件之一是美国和北约应对协议做出担保，因为战争各方，尤其是穆族已经对欧盟（1993年11月1日，欧盟正式诞生）成员国不再信任。不幸的是，对特殊区域的争论再次导致协商失败。欧盟随后同意法德两国的建议，作为对波黑塞族退让领土（也就是把3%～4%的领土给穆族）的回报，有条件地解除对南联盟的制裁。1993年12月11日，米洛舍维奇和克罗地亚总统图季曼同意让出更多领土给穆族，波黑总统阿利雅·伊泽特贝科维奇则拒绝这种交易。

---

① 《华盛顿协议》包括下列几点：维持联合国对南联盟的经济制裁，直到满足必要的条件，包括波黑塞族军队撤退；部署监督员（包括空中巡查）并提供技术援助来划定塞尔维亚和波黑边界并确保波黑塞族遵守国际和平进程；扩大"安全区"并尽可能将俄罗斯军队包含在联合国保护部队中；维持禁飞区；尽快建立前南斯拉夫问题国际刑事法庭；阻止克罗地亚帮助波黑克族军队同穆族的战斗；增加在马其顿监督员的数量以及在塞尔维亚的科索沃的监督员数量等。

② 事实上，该计划源于欧文、斯托尔滕贝格和南联盟领导人在1993年6月协商的结果。欧文通过三项计划来奠定波黑共和国的基础：三个共和国联盟计划（1993年夏天）、欧共体行动计划（1993年11月）、联络小组计划（1994年7月）。所有上述计划都提到在波黑区域内建立一个塞族共和国而给予塞族自己的共同区域。在领土问题上，所谓的"三个共和国联盟计划"给予穆族30%的领土（穆族占波黑总人口的44%），其中包括通过走廊连接的四块土地，连同控制布尔奇科一部分以确保萨瓦河水域的通道，计划建议莫斯塔尔由欧共体来管理。塞族（仅占30%的人口，但在内战期间控制波黑70%的土地）将得到52.5%的领土，克族（最初占17%的领土）将控制17.5%的领土。

12月20日，联合国大会一致通过决议，敦促联合国安理会解除对波黑政府的武器禁运并阻止南联盟武力支持波黑塞族。然而，国际社会干预政策的不连续性和明确不愿意动用武力使得战争双方不再理会任何威胁。1994年1月13日，伊泽特贝科维奇宣布在谈判桌上达成的给予穆族33.3%的领土对穆族来说是远远不够的。然而，即使战争在持续，包括美国和欧盟部分成员国在内的国家仍在是否使用武力上犹豫不决。

1994年2月3日，塞族轰炸萨拉热窝一家市场导致数十名平民死伤，这一事件震惊了国际社会，使得美国和俄罗斯的反应更加果断，决定完成对这个城市的包围。联合国秘书长加利随即呼吁北约立即实施对塞族炮兵部队（该部队对攻击萨拉热窝及其周围平民负有责任）进行空中打击。2月9日，北约同意加利的要求并向波黑塞族下达为期10天的最后通牒，要求其撤出萨拉热窝，或者在联合国监控下，将所有重型武器撤出萨拉热窝周围20公里区域。北约的最后通牒受到希腊、罗马尼亚和匈牙利的批评，俄罗斯则表示严重忧虑，而欧洲议会对北约的最后通牒表示支持。

北约下发最后通牒后，2月12日，萨拉热窝经历了22个月以来第一个无伤亡日。然而，最后通牒的实施令人迷惑，因为关于由谁负责接收塞族重型武器（北约还是联合国）分歧较多。2月17日，估计仅有约20%的塞族重型武器被联合国控制。此外，尽管俄罗斯驻联合国代表丘尔金同意采取空中打击，但2月18日，他又认为，空中打击将导致全面战争。同时，俄方明确反对欧盟国家不把俄罗斯纳入解决波黑问题的框架内。

联合国驻波黑司令米歇尔·罗斯（Michael Rose）随后要求将最后通牒扩展到其他冲突区域，诸如莫斯塔尔，或者如法国和英国所要求的重新启用图兹拉机场。美国和俄罗斯都对未来使用武力态度谨慎。然而，在2月22日波恩会议上，荷兰、丹麦和比利时建议将最后通牒扩展到塞族包围的所有城市，这一建议遭到俄罗斯反对，美国和法国则支持。英国外交大臣赫德认为，联合国应该对每个具体区域量身定做具体的计划。欧盟最终决定，欧盟要维持统一的战略，即仍坚持政治协调先于军事行动。

2月28日，北约击落一架违反波黑禁飞区规定的飞机。然而，这一行动并不表明西方在冲突管理方式上的分歧已经结束。最终，美国建议在波黑三个民族领导之间进行新一轮对话。3月1~3日，在华盛顿举行了为期三天的会议,克罗地亚克族领导人、波黑穆族领导人和波黑克族领导人宣布达成临时协定。3月4~12日会谈继续在维也纳举行。3月26日,上述各方签署了长达52页的宪法,并建议创立波斯尼亚穆斯林和克族联邦。

不幸的是,新协议未能促成停火。3月3日,联合国驻南斯拉夫特别代表明石康(Yasushi Akashi)提出要派遣10650名维和人员到波黑,英国政府则立刻派出另外900名士兵。

3月12日,塞族用重型武器轰炸法军阵地导致法国士兵死亡,促使法国在比哈奇穆斯林聚居区的维和人员要求空中支援。然而,三小时后空中救援仍无法实施,这使人们怀疑联合国向联合国保护部队提供空中支援的能力。的确,联合国联合指挥部行动迟缓,而且需要首先得到联合国驻波黑司令罗斯将军,然后是联合国驻南斯拉夫司令科特(Cot)将军,最后是明石康的批准。由于俄罗斯的干预,图兹拉机场在1992年被塞族关闭后首次开放,使得联合国救援飞机得以落地。

同时,波黑格拉日代联合国保护区又吸引了世界的目光。1994年4月1日,塞族进攻该城市并轰炸了10天,直到联合国保护部队司令罗斯将军命令北约部队进攻。4月10日,罗斯将军得到明石康的同意让北约部队轰炸塞族在格拉日代的阵地。然而,北约空中打击并没有立即阻止塞族的行动,塞族在格拉日代的军队掠走150名联合国人质,同时在北部发起对图兹拉的炮火袭击。4月15~16日,塞族发起了对这个城镇的最后进攻,罗斯要求北约"关闭空中支援",明石康驳回这个要求,随后由于俄罗斯的干预而取消了计划中的空中打击。

格拉日代的失败揭开了北约内部深刻的矛盾。在美国的压力下,加利要求北约动用空中力量来阻止塞族进一步的攻击,美国也要求采取空中打击,英国和法国因有地面部队在波黑存在而罕见地以共同立场反对美国。

4月18日,欧盟外交部长会议在卢森堡召开,继续协调行动。不过,欧洲人担心,如果美国和俄罗斯保持密切合作,他们有被全面卷入波黑冲突中的危险。早在3月15日,美国驻南斯拉夫特使雷德曼(Charles Redman)、(1993~1994)召集法国、英国和德国专家探讨穆克协商问题时,由于美国认为欧洲人一直没有做好武力干预的准备,美国政府决定另组武力干预集团。① 参与这一干预集团的包括英、法、德三国。之所以选择欧洲这三个国家是基于下列考虑：法国和英国在欧洲举足轻重，而且它们是联合国安理会常任理事国；德国对欧洲是非常重要的，并且在东欧和中欧颇具影响力。然而，这一临时的集团既不与欧盟三驾马车也不与联合国安理会常任理事国的地位相匹配。于是美国提出组建一个由美、俄及欧洲三国资深外交家组成的新的危机领导小组——联络小组（Contact Group）。

4月26日，联络小组在伦敦召开第一次会议。这标志着欧盟管理南斯拉夫冲突的终结以及联络小组接管其任务的开始。

第三阶段从1994年4月到1995年11月，北约、五国联络小组等机构负责处理危机，美国开始扮演领导者角色，欧盟的作用被弱化。

此前的1994年2月，北约对波黑的空中打击采取了更为灵活的办法，北约大西洋理事会将权力下放给南方总司令史密斯（Admiral Smith），由其根据情况自行决定。作为联合国一方，明石康确认仅有在联合国的指令下进行空中支援时，才可以要求北约和联合国采取空中打击。然而，双方均同意在采取此行动之前达成一致。这种"双钥匙体制"（dual-key system）事实上仍存在执行效率问题。

1994年7月5日，联络小组提出一项计划，把波黑51%的领土划给新成立的波黑穆克联邦，49%划给塞族。计划包括惩罚性条款，各方必须在15天内接受该计划，甚至塞尔维亚也威胁如果波黑塞族拒绝和平计划将对其采取进一步制裁或对穆族实施武器解禁。

然而，波黑帕莱（Pale）议会②拒绝了这项计划，南联盟贝尔格莱德当局谴责卡拉季奇滥用权力并宣布关闭与波黑的边界（封锁在8月4日生效）。联络小组则部署100名监督员到南联盟和波黑边界（从1994年9月开始）。根据10月监督员的第一份报告，安理会终止了对南联盟施加的部分制裁。

---

① David Owen, *Balkan Odyssey*, New York：Harcourt, Brace and Company, 1995, p. 276.
② 1991年10月7日，经过3个月冻结期后，斯洛文尼亚和克罗地亚宣告独立。波黑保持中立。10月15日，波黑议会宣布共和国成为主权国家。这时，波黑议会中的塞族议员反对议会的决定，主张建立塞尔维亚、黑山和波黑联邦。塞族议员脱离议会，在萨拉热窝附近的小镇帕莱设立自己的议会，议长为莫·克拉伊什尼克。

1994 年 10 月，美国克林顿政府进一步推进对穆族的武器解禁。11 月 11 日，尽管并没有实施武器解禁，但克林顿宣布，美国将单方面放弃对波黑政府武器禁运的监督。

1994 年 11 月中，波黑塞族在克罗地亚塞族和穆族反叛者的支持下，发起了攻势，阻止了穆族向比哈奇的推进，并包围了比哈奇。应联合国的要求，北约承诺在 11 月 21 日对克罗地亚的克拉伊纳地区实施空中打击。作为回应，波黑塞族让 50 名加拿大维和人质躺在空中打击区域，并绑架了另外 1000 名在比哈奇附近的蓝盔部队（联合国维持和平部队的别称）士兵。美国国会共和党人要求联合国保护部队完全撤出，以便允许北约自由行动，并得到美国舆论的支持。此外，克林顿赞同欧洲人坚持政治协调的作法遭到国内许多党派的激烈反对，而法国和英国则一直警告对比哈奇的军事干预将会使联合国与北约出现争执，如果出现这种情况，它们将支持联合国。

事实上，有关比哈奇的问题已经导致两个组织之间出现分歧。1994 年 12 月初，北约秘书长克雷斯（Willy Claes）证实，北约将不会参加未来在波黑的行动。结果，北约和联合国均被指责为无所作为。

12 月初，由于战斗的升级，法国和英国宣布它们有意维持在地面的部队。12 月 20 日，在波黑的各国部队指挥官同意增加蓝盔部队的数量并改善部队的装备。然而，到 1994 年年末，联络小组内部欧洲国家的立场也出现分歧，德国因担心恶化与美国的关系以及欧盟与美国的总体关系，转而支持美国的立场。①

1995 年 5 月初，波黑情况恶化，尽管联络小组内部分歧重重，但美国坚持实施空中打击的态度较为坚决。由于塞族继续炮轰萨拉热窝，5 月 25 日，北约南方司令史密斯将军向所有各方发出最后通牒，并最终要求空中打击。北约迅速做出应对，波斯尼亚塞族则以进攻萨拉热窝、图兹拉、斯布雷尼察和比哈奇作为回应。更有甚者，卡拉季奇让成百上千的联合国维和人员沦为人质，这是联合国自干预南斯拉夫危机以来面临的最深刻危机。法国批评北约空中打击准备不足，并威胁如果联合国保护部队不增强军力，

① David Owen, *Balkan Odyssey*, New York: Harcourt, Brace and Company, 1995, p.301.

法国军队将撤出，英国仍重申不同意采取空中打击，并宣布会派遣新的军事力量到波黑。①

由于在协调危机问题上没有进展，欧盟协调员戴维·欧文随后辞职。6月12日，卡尔·比尔特（Carl Bildt）替代其担任这一职务。到6月末，由于米洛舍维奇的协调和西方外交家的干预，所有人质均被释放。

1995年7月6日，塞族军队对斯布雷尼察防卫薄弱的地区发动大规模攻势，那里约有42000名波斯尼亚人——主要是穆族人。驻扎在该镇的荷兰维和人员不断要求给予空中支援，但联合国指挥官詹维尔（Janvier）拒绝了这一要求。在不到两天的时间里，塞族军队进入穆族聚居区，控制了32名荷兰人质并利用他们阻止北约的空中打击。当斯布雷尼察陷落时，联合国军队与许多穆斯林一起撤离。美国通过卫星巡航和采访难民，发现了塞族大规模屠杀和大规模滥用武力的证据（"赫尔辛基观察"对斯布雷尼察大屠杀做了档案记录②）。法国总统希拉克宣布，法国准备使用武力重新夺回斯布雷尼察，他认为阻止类似纳粹式的犯罪是西方的责任。英国和美国持更为谨慎的态度。7月25日，泽帕陷落，类似的灾难再次发生。在此情形下，国际社会加紧了武力打击的协调。

联络小组和联合国保护部队代表出席7月21日在伦敦召开的会议时，敦促加快修订"双钥匙体制"。7月25日，联合国秘书长同意解除他和明石康对实施空中打击的否决权，把权限完全让给联合国驻波黑指挥官。此外，北约也威胁将使用空中打击来保护余下的安全区。逐渐地，北约在南斯拉夫危机干预中的角色从联合国的一个"分包商"（subcontractor）转变为更积极的能够定义自身规则、目标和权限的参与者。美国助理国务卿霍尔布鲁克（Richard Holbrooke）根据联络小组的意见发起了新的和平计划，计划让塞族返回一些聚居区和穆族返回萨拉热窝周围区域，该计划获得了国际社会的支持。

1995年8月，联合国和北约实施了空中打击行动。9月，国际社会各方同意美国主导提出的和平方案（即解决波黑冲突的《代顿协议》），1995年

① David Owen, *Balkan Odyssey*, New York: Harcourt, Brale and Company, 1995, Chapter 8.

② Jan Wilem Honig and Norbert Both, *Srebrenica: Record of a War Crime*, Penguin, 1996.

11月21日，相关各方签属《代顿协议》，波黑战争结束。

1998年，南联盟政府指责科索沃阿尔巴尼亚族武装分子在科索沃多次发动暴力袭击，造成大量平民和警察伤亡，于是派遣军队进入科索沃。美国及其盟国指责南联盟在科索沃杀害了大批阿族居民，制造了人道主义灾难，同时恢复对南联盟的部分制裁。1999年，以南联盟政府拒绝执行西方国家主导的和平协议为由，美国领导的北约对南联盟实施了78天的空袭。6月，米洛舍维奇接受和平协议，联合国和北约接管科索沃。这一次，以美国为首、其他国际行为体积极参与的冲突调解框架再次发挥了作用。

从欧共体/欧盟不断变化的角色可以看出，欧盟新的安全框架浮出水面，即推动不同的国际组织或行为体发挥各自独立的作用并力主形成一种合作性的冲突调解框架。欧盟一方面在西巴尔干等爆发冲突的区域努力提高安全与防卫政策的效率；另一方面注重保持同诸如联合国、北约、欧洲安全与合作组织等行为体的密切合作。在合作过程中，多边主义是其显著特色，坚持联合国的合法性和权威性，在军事上则借重北约。当然，欧共体/欧盟在南斯拉夫冲突调解中角色的逐步弱化也表明了其在军事干预上存在短板，这为它以后更积极地发展共同安全与防卫政策埋下了伏笔。

二 欧共体/欧盟干预工具的变化

欧共体/欧盟所使用的冲突干预工具大致经历了下列变化，从最初采取制裁措施，到通过承认政策来避免危机扩散，到进一步采取贸易和其他制裁来惩戒"和平侵犯者"，再到实行人道主义干预直至最终采取武力干预，其政策经历了由软到硬的过程。

1. 第一阶段：从协调政策到承认政策（1991年6月至1992年1月）

在冲突爆发初期，欧共体动用三驾马车进行冲突协调，试图使冲突双方达成谅解，但由于冲突情况复杂，最终各方无法达成妥协。随后欧共体/欧盟尝试采取承认分离共和国的办法，将这些国家的独立诉求合法化和国际化，以此阻止南联邦对分离共和国采取武力行动。同时，对承认的这些国家施加了相应的条件限制，如保护少数民族权利等。由此可以看出，欧共体/

欧盟通过植入条件限制政策，试图根除引起冲突的潜在根源。然而，在陆续承认斯洛文尼亚、克罗地亚等国家独立后，欧盟结束冲突的愿望并没有实现。在南斯拉夫解体过程中，不同民族之间的冲突仍很严重，并有外溢的风险。

1991 年 10 月 18 日，范·登·布鲁克（欧共体主席）和卡灵顿爵士为南斯拉夫未来的制度形式设计了一个方案。它要求"在现存边界内"对所有共和国的独立予以承认的情况下，各拥有主权和独立的共和国自由结合。方案要求，每个独立的共和国必须保护人权以及少数民族的权利，建议以欧共体为模板设立一个共同的内部市场和货币体系，推进各独立共和国的外交和安全合作。除塞尔维亚和黑山外，其他共和国都接受了该建议。

作为对范·登·布鲁克和卡灵顿计划的反建议，南联邦建议创立一个"迷你南斯拉夫"，支持这一倡议的共和国可以加入，包括克罗地亚和波黑的塞族自治区。10 月 24 日，波黑塞族创建了自己的理事会并建议进行全民公决来确定波黑塞族人是否成为"迷你南斯拉夫"的一部分。10 月 15 日，波黑宣布独立，直接导致该共和国四个塞族聚居区有三个（Bosanska、Krajina 和 Herzegovina）与波黑中断了联系，并宣布接受南斯拉夫联邦法律框架的管辖。第四个塞族聚居区（Romanja）宣布它也将着手从波黑分离。波黑民族对立日益升级。

与此同时，欧共体就南联邦对克罗地亚采取武力行动进行制裁。10 月 28 日，欧共体宣布一系列贸易制裁立即生效并要求联合国对那些不接受方案者在 11 月 5 日之前实施石油禁运。

欧共体的威胁并未产生效果。几天后，塞尔维亚人民军发动了对克罗地亚武科瓦尔的攻势。欧共体理事会以实施经济制裁进行回应。制裁包括中止贸易和合作协议，限制南联邦纺织品出口，把南联邦从特惠国名单中删除，同时建议对那些服从的共和国给予补偿，欧共体重申要求联合国实施石油禁运。欧共体的制裁措施在 11 月 8 日罗马北约峰会上得到确认。由于禁运政策仍达不到预期的效果，欧共体于 1992 年 1 月 15 日采取承认斯洛文尼亚和克罗地亚两个共和国独立的办法来干预危机。

欧共体在这一阶段分别采用了设定和平框架、使用制裁、承认共和国独立等工具和手段来践行冲突调解。

2. 第二阶段：从承认政策到人道主义干预政策（1992 年 3 月至 1994 年 4 月）

1992 年 3 月，波黑举行独立公投引发暴力冲突。卡灵顿爵士建议紧急召开有关波黑独立的和平会议，3 月 30 日，会议在布鲁塞尔召开。卡灵顿爵士设计了波黑的制度改革方案，他建议创立两院制议会：包括一个公民众议院和一个由三个选区民族组成的具有平等代表性的参议院。不幸的是，上述努力失败了。

4 月 6 日，在斯洛文尼亚和欧洲议会的压力下，欧共体决定承认波黑。由于美国在 4 月 7 日承认波黑、斯洛文尼亚和克罗地亚独立，故欧共体将承认的日期又推迟了一天。然而，波黑的情况并不像斯洛文尼亚和克罗地亚那么简单。同一天，波黑塞族要求欧共体承认"波黑塞族共和国"以及批准其加入欧洲安全与合作会议。南斯拉夫联邦共和国则不得不在 4 月 27 日宣布接受国家分离的状况。塞尔维亚和黑山正式颁布了南斯拉夫联盟共和国（简称南联盟）宪法，该宪法只包括塞尔维亚和黑山两个共和国。

欧共体为南联盟设立最终期限（4 月 29 日）以终止其对波黑塞族民族主义者的支持。然而，这一期限不但被无视，5 月 2 日，塞族军队甚至绑架了波黑共和国总统伊泽特贝科维奇，并拘押了 24 小时。事实上，欧共体已经无法控制局势。依据法国外长杜马斯提出的建议，欧共体转而采取人道主义援助计划。计划要求通过萨拉热窝空中走廊提供人道主义援助，援助由德国、奥地利和意大利提供，并部署一个联合国观察使团到波黑，联合国军队则负责保护医院和其他人道主义设施。

欧洲的应对措施反映了欧共体在管理南斯拉夫冲突时的立场：一系列的口头威胁伴随着积极的人道主义援助。这些软弱无力的举措根本无法阻止冲突的蔓延。

5 月 14 日，萨拉热窝发生屠杀恐怖事件，迫使欧共体、红十字会和联合国先头部队离开萨拉热窝，联合国安理会则拒绝派遣维和部队到波黑。依据"赫尔辛基观察"的报道，塞族军队占领了大片领土，对非塞族区采取残酷的种族清洗，包括杀人、拘押、强迫非塞族居民迁移，遭到清洗的大多数是穆族人，少数是克族人，成千上万平民成为内战的牺牲品。然而，随着冲突的加剧，不仅只有塞族从事"屠杀行为"，所有冲突各方都设有集中营并实施种族清洗政策。① 在国际舆论压力下，联合国不得不加强了对波黑的军事干预力度。

1992 年 6 月末，联合国完成对波黑的军队部署。在塞族军队的同意下，萨拉热窝机场被置于联合国保护部队控制之下，用于人道主义援助。1992 年 6 月 8 日，安理会通过 758 号决议，联合国保护部队中的部分军队开始监督塞族重型军事设备撤出机场周围区域。6 月 29 日，联合国通过的 761 号决议又增加了联合国保护部队人员的数量。然而，联合国军队的军事卷入仅限于"监督协议执行和支持人道主义援助特使的行动"。

相反，波黑当局则一直要求武力干预。波黑总统伊泽特贝科维奇 1992 年 6 月 4 日请求西欧联盟、6 月 22 日请求联合国、7 月 10 日请求欧洲安全与合作会议军事干预波黑冲突。然而，1992 年 6 月 26 日，欧洲理事会里斯本峰会重申对萨拉热窝实施紧急人道主义援助，以及南联盟应对波黑冲突承担主要责任。

7 月初，西欧联盟外长会议决定，派遣海军到亚得里亚海监督联合国对南联盟的禁运，他们还决定采取措施开启到萨拉热窝的陆地联系线以便增加人道主义援助。此外，北约也同意加强与西欧联盟的协调，尤其是在加强军事物资投递方面。关于军事干预问题，欧共体内部仍然无法达成一致。在联合国内部，加利不同意让联合国安理会再花费过多的精力来关注欧洲问题，而应集中处理发展中国家如索马里问题等。②

从 7 月 29 日开始，联合国驻日内瓦高级难民署专员披露，南斯拉夫自战争开始已有约 230 万难民逃离家园，接受难民最多的德国已经要求其他欧洲国家接受南斯拉夫难民。法国和英国则担心会有大量难民涌入本国。战争难民问题严重困扰了欧洲各国政府。联合国安理会内部对军事干预的形式和范围分歧较大，美国建议进行大规模军事干预，而法国和英国认为应仅限于保护性的人道主义干预。针对上述分歧，联合国安理会于 8 月 13 日通过 770 号决议，决议要求采取所有必要措施确保联合国和人道主义组织能

---

① Vojin Dimitrijevic and Vojin – Jelena Pejic, "UN Sanctions against Yugoslavia: Two Years Later", in Dimitris Bourantonis and Jarrod Wiener eds., *The United Nations in the New World Order: The World Organization at Fifty*, London: Macmillan, 1995, pp. 124 – 153.

② New York Times, 24/7/1992 and 3/8/1992.

够向萨拉热窝和波黑其他地区提供人道主义援助。9月2日,安理会继续扩大人道主义援助的范围。

9月12日,欧共体决定加大对塞族的制裁力度,宣布在波黑建立空中禁飞区,并要求联合国将南联盟从其机构中驱逐出去。10月9日,联合国通过决议对波黑实施空中禁飞,美国则表示可以在必要时击落有敌意的飞机,英法则以波黑地面有其国家军队为由表示反对。

从1992年10月至1994年4月这一时间段里,尽管美国、欧共体/欧盟、联合国、北约互动频繁,但在是否采取军事打击的问题上,最大的阻力仍来自欧共体,主要源于欧共体内部各成员国存在难以调和的分歧。英国、法国、德国、荷兰、希腊等仍力主实施空中禁飞而反对进一步采取军事行动。

1994年4月18日,欧盟外长会议在卢森堡召开,会议通过了宣言,谴责塞族对格拉日代的入侵,并要求立即在该地区周围无条件停火。决议还要求欧盟、美国、俄罗斯和联合国在波黑冲突上相互协调并采取共同立场,即要求波黑保持领土完整,并重新划分领土——穆族占33%、克族占17%、塞族占有余下部分。在同一次会议上,欧盟建议欧文与美国、俄罗斯和联合国官员在此问题上进行接触。但这一系列措施只不过是重复了以前不动用武力的立场。

3. 第三阶段:从人道主义干预政策到武力干预政策(1994年4月到1995年11月)

鉴于在干预波黑冲突中国际社会的行动能力低下,分歧不断,1994年4月19日,欧文提出一个名为科鲁(COREU)的网络计划——它建义在欧盟建立一个沟通网络,使欧盟部长理事会、成员国、欧盟委员会之间能在外交政策领域进行沟通合作,以便在紧急的情况下做出快速决策。这一计划为建立国际联络小组奠定了基础。4月26日,国际联络小组正式成立并在伦敦召开第一次会议。至此,由美国、英国、法国、德国、俄罗斯等组成的国际协调网络取代了先前的伦敦会议,成为正式的解决南斯拉夫危机的主导机构。而美国在其中的主导作用日益凸显,欧盟的角色被弱化,这也意味着非武力干预政策在某种程度上的终结。

1994年7月5日,联络小组提出一项计划,把波黑51%的领土划给波黑穆克联邦,49%划给波黑塞族。相关各方必须在15天内接受该计划,否则将受到惩罚。但这一系列努力并没奏效，波黑塞族并未执行。在美国国会的强大压力下，美国总统克林顿8月15日宣布，如果波黑塞族到1994年10月15日仍不同意和平计划，美国将向穆族和克族解禁武器。法国和英国强烈反对美国这种做法。

1994年10月，美国的态度日益强硬，主导北约加快了对波黑塞族空中打击的部署。1995年5月，波黑冲突持续恶化。明石康拒绝北约空中打击萨拉热窝附近的塞族军队，联合国与北约发生争吵，法国和美国强烈谴责联合国秘书长的不作为，并要求他重新审视联合国在波黑的维和行动。5月31日，加利提出了四个行动选择建议：维持当前的行动（人道主义援助）、使用空中打击、撤出军队、按比例逐渐缩减驻扎在波黑的军队。法国和英国担心联合国撤出军队将使自己在波黑的地面部队面临更大的风险，美国则坚持有限使用更大规模的空中打击，以逼迫波黑塞族同意和平计划。

1995年6月3日，北约和西欧联盟同意创立一个为数1.4万人的快速反应部队，穿着各自国家的军服在联合国框架下行动，军队士兵主要由法国和英国提供。[①]

由于塞族军队持续对斯布雷尼察等地区发动进攻，并在斯布雷尼察、泽帕等地持续制造人道主义灾难，强制实施和平变得十分必要。法国和英国在动用空中力量上的立场变化使克林顿对波黑采取了更为强硬的立场。

8月28日，联合国和北约对波黑发动了大规模的军事行动，名为"慎重武力行动"（Operation Deliberate Force），空中和地面部队合作，对波黑塞族军队实施打击。1995年9月，国际社会接受了美国主导的波黑和平框架——《代顿协议》。

三　从干预方式的变化看欧共体/欧盟危机应对的特色

南斯拉夫解体危机发生后，虽然欧共体在第一时间进行了干预，但在

---

① 1995年6月16日联合国安理会998号决议授权。

不同阶段呈现出不同的方式特点，表明了欧共体/欧盟随着危机深入所形成的不同的战略思考和危机管理思路。

1. 第一阶段：欧共体的承认政策体现了危机应对的预防性（proactive）色彩

从 1991 年 6 月至 1992 年 1 月，欧共体采用了多种冲突干预政策，其中最主要的是对分离共和国的承认政策。承认政策充分体现了欧共体危机应对的预防性色彩。

在 1991 年 12 月，即南斯拉夫冲突爆发六个月后，欧共体部长理事会选择承认南斯拉夫（和苏联）内部寻求独立的共和国，但欧共体对此也施加了明确的条件限制——接受"赫尔辛基标准"，即新独立的国家必须建立在民主的基础上，接受联合国宪章、赫尔辛基最后文件和欧洲安全与合作会议（CSCE）巴黎宪章的规定，尤其是有关保障法治、民主和人权的内容；保障新国家少数民族的权利；在宪法和政治上保证不对"周边国家"提出领土要求。[①]

欧共体把承认政策作为危机应对的工具有三种目的。第一，承认独立被视为一种保护措施，其目标是阻止南联邦领导者用暴力反对分离的共和国。第二，承认政策将改变冲突的基本性质，它可以将内部纠纷转变成国家间战争，赋予抵抗者新的法律权利和义务，并为第三方干预创造新的机会；承认政策还可给予南联邦内寻求独立的几个共和国巩固国家性的机会——这就为永久解决冲突打下了基础。[②] 第三，承认政策将促使寻求独立的国家采取措施，尤其是在提高它们领土内少数民族地位问题上，可以消除或者至少缓解冲突。"对周边国家不提出领土要求"这一条件更是明确反对任何武力入侵周边他国的行为，可以提前预防独立后的国家进一步采取战争行为，这表现了欧共体的冲突预防的战略思维。这些前提条件在以后西巴尔干国家整体入盟和区域内合作中发挥了重要作用。

---

① "Declaration on the 'Guidelines on the Recognition of New States in Eastern Europe and in the Soviet Union' and 'Declaration on Yugoslavia'", Extraordinary EPC Ministerial Meeting (Brussels), EPC Press Releases P. 128/91 and P. 129/91, 16 December 1991.

② Richard Caplan and John Feffer eds., *Europe's New Nationalism: States and Minorities in Conflict*, New York: Oxford University Press, 1996, pp. 59 – 74.

2. 第二阶段：欧共体/欧盟的人道主义干预政策体现了危机应对的因应性（reactive）色彩

从 1992 年 1 月至 1994 年 4 月这段时间，欧共体/欧盟的危机应对明显体现出因应性色彩，解决危机手段乏力，在是否动用武力解决冲突问题上难以达成共识，导致危机持续扩大。人道主义干预作为一种冲突调解手段，只能说是一种中庸的做法，无法起到惩罚"侵略者"、救助"被侵略者"的目标，也无法达到维持和平的目的。

1992 年 3 月，波黑冲突爆发后，联合国开始部署联合国保护部队，对南联盟实施严厉的经济制裁。1992 年 5 月 30 日，联合国通过 757 号决议，要求对除医疗用品和食品外的所有物品实施贸易禁运，并实施禁飞，解除与塞黑两个共和国的体育、文化以及科技合作。从 1992 年 6 月开始，联合国承担了人道主义援助的主要角色，开始增派联合国保护部队到冲突区，而欧共体则在此过程中并无牵头之举。

在西方媒体披露战争导致大量难民问题和集中营问题后，8 月 26 日，欧共体与联合国联合主持伦敦和平会议，要求各方签署停战协定，9 月 12 日，欧共体宣布支持法国有关在波黑建立空中禁飞区的建议，并要求联合国将南斯拉夫联邦共和国从联合国各机构中驱逐。9 月 16 日，欧洲议会通过修正案，支持动用武力来保护人道主义援助特使，并且如果必要，将收缴塞族武器。在上述行动中，欧共体被动应对危机的色彩较为明显。

此后，联合国以及国际协调员万斯和欧文对波黑的国家组建方式提出了多种方案，但方案在探讨过程中波折不断，鲜有共识。12 月 11～12 日，欧共体 12 国在爱丁堡会晤，对塞尔维亚可能采取的行动表明了立场：政治而非军事手段解决冲突是欧共体政策的优先重点。

从 1993 年 1 月 13 日至 2 月 3 日，欧共体召开多次会议，讨论军事干预问题，均因内部意见不合而拿不出干预意见，只能维持人道主义干预。

5 月 24 日，在哥本哈根，欧共体三驾马车称，相关危机应对措施仅能基于挽救生命的考虑。然而，无论在欧洲理事会还是在北约大西洋理事会内部，荷兰、土耳其、德国和意大利代表对上述危机的应对措施均表示严重的怀疑。6月初，欧盟委员会宣布在人道主义援助领域采取新的措施，在法尔计划框架下给前南斯拉夫共和国马其顿提供2500万欧洲货币单位的援助。其中370万欧洲货币用于支持独立媒体，包括广播、杂志等。不幸的是，对自由媒体的支持虽受欢迎，但来得太晚了。作为阻止冲突的一揽子计划如果能够更早一点实施，本可以遏制极端民族主义和他们对媒体的控制，因而限制塞尔维亚和克罗地亚民族主义情绪的蔓延。因此，因应性危机应对方式一再显示出其弊端。

从5月开始，欧共体/欧盟和国际社会密集出台各种有关波黑民族冲突解决方案，试图拟定一个新的为各族都接受的宪法框架，主要是结束穆族、克族和塞族三方在领土划分上的冲突。不过，这些方案不是被交战双方拒绝，就是在欧共体/欧盟和国际社会内部无法达成一致。在无法对武力干预达成共识的情况下，软性协调办法——依靠缔结和平解决方案的方式就更难以见效了。

1994年3月，美国建议在波斯尼亚三个民族领导人间进行新一轮对话，但无果而终。美国的协调并没有促成立即停火，塞族军队继续其武力行动，造成包括法国维和人员在内的人员伤亡。1994年4月1日，塞族军队进攻格拉日代。

4月18日，欧盟外交部长会议在卢森堡召开，欧盟谴责塞族军队对格拉日代的入侵，并要求立即在该地区周围无条件停火。决议还要求欧盟、美国、俄罗斯和联合国在波斯尼亚冲突上相互协调并采取共同立场。不过，欧盟的外交行动无法确保自己的建议得到实施，最终，只得转换工作方式，成立国际联络小组来协调冲突。

3. 第三阶段：欧盟和其他行为体的武力干预体现了危机应对的阻止性（preventative）色彩

在冲突久拖不决的情况下，实行武力打击、惩罚"入侵者"成为阻止冲突的不二选择。在国际社会内部，对采取武力打击的办法在某种程度上存在共识，但在技术细节上仍有分歧，也就是北约和联合国执行空中打击需要授权的问题。1994年2月，为了增强空中打击的效率，北约大西洋理事会将这一权力下放给南方总司令史密斯。但在联合国方面，解决授权问题仍然阻力重重，明石康确认仅有在联合国的指令下才可以要求北约和联合国采取空中打击。

1995 年 7 月 6 日，塞族军队对斯布雷尼察防卫薄弱的地区发动大规模攻势，并造成了大量人员伤亡。正在该地区执行维和使命的荷兰部队要求空中支援，但联合国指挥官以无法得到联合国授权为由拒绝了这一要求。在不到两天的时间里，塞族军队进入穆族聚居区，控制了 32 名荷兰人质并利用他们阻止北约的空中打击。联合国如此低下的行动效率引发国际舆论对其严重不作为的愤慨。

7 月 21 日，联络小组和联合国保护部队代表出席伦敦会议。7 月 25 日，联合国秘书长同意解除自己和明石康对实施空中打击的否决权，把权力完全让给联合国驻波黑指挥官，北约也可以使用空中打击来保护余下的安全区。8 月 28 日，一发塞族迫击炮弹落到萨拉热窝一家市场，造成 37 人死亡，多人受伤。在此种情况下，联合国和北约坚决实施了空中打击行动并取得明显效果。1995 年 9 月，国际社会各方同意美国主导的和平方案，1995 年 11 月 21 日，相关各方达成《代顿协议》。

欧盟冲突干预在这一阶段的特点是，将主导权彻底让给北约和联合国，而事实上的领导者是国际联络小组，主要由美国、俄罗斯、英国、法国、德国等国代表组成。在采取预防性措施、因应性措施无法奏效的情况下，以武力为主要手段的阻止性冲突预防手段得到应用，最终为解决冲突铺平了道路。

四　欧共体/欧盟冲突调解政策总体特点分析

第一，就冲突干预制度平台建设情况来看，欧盟新的安全框架已浮出水面，即不同的国际组织或行为体发挥各自的作用，最终形成一种合作性的集体安全机制。①

在欧共体/欧盟干预危机过程中，它试图发挥欧洲安全秩序主导者的作

---

① Marc Weller, Denika Blacklock and Katherine Nobbs, *The Protection of Minorities in the Wider Europe*, Basingstoke: Palgrave, 2008.

用,但由于成员国之间的分歧以及自身应对冲突能力的欠缺,导致欧共体/欧盟不得不寻找联合国来共同应对冲突。然而由于联合国在和平构建上同样要仰赖各大国,尤其是要考虑美国、俄罗斯和中国等国家的意见,加上英、法两国在安全观念上的差异,联合国维和行动的能力也受到限制,美国和北约逐渐成为解决这场冲突的领导者。欧共体/欧盟在这场冲突中的作用逐渐被弱化,凸显了其共同外交与安全政策能力的不足,这也使其认识到,欧洲安全机制建设离不开欧安组织、北约和联合国等行为体的共同参与。欧共体/欧盟开始采取任务和责任分摊的办法,这种做法逐渐成为欧盟外交特色之一,在以后应对西巴尔干冲突乃至其他地区冲突时大都维持了这一特色。

第二,从干预工具的变化来看,慎用武力是欧共体/欧盟调解冲突的主要特色。而协调斡旋、达成和平安排、通过承认政策阻止冲突、实行经济制裁和人道主义援助等手段,都是欧共体/欧盟尝试和平解决冲突的工具。

然而,南斯拉夫冲突的高烈度表明,欧共体/欧盟的一系列工具已经达不到冲突调解的目标,美国和北约采取武力干预的手段,最终为解决危机创造了条件。欧共体/欧盟在南斯拉夫危机中的经历对其以后外交政策的制定产生了深远影响,除了把武力干预作为必要选项外,强化同北约、联合国等国际机构的合作,加强在冲突预防方面的分工协调也成为欧盟此后一段时间内重要政策选择。不过,随着后南斯拉夫时代地区冲突的逐渐缓解,强调利用外交手段而不是军事手段再次成为冲突调解的重要特征,这一点在欧盟外交政策的发展中也有所体现,即强调民事和规范性措施的影响力。

第三,强调了民事和军事工具的结合使用。

在南斯拉夫危机中的经历使欧共体/欧盟认识到,不能排除冲突调解手段的任何选项,决定因素仅存在于干预的时间段上。如果有足够的干预时间,则冲突预防的民事工具为主要选项,如果干预容留的时间非常短暂,而民事工具短时间难以取得效果,则武力干预成为必要的选择。毫无疑问,不采取单一的危机应对方式,而是将民事和军事手段相融合,并立足于长期的冲突阻止战略,是欧共体/欧盟自南斯拉夫危机之后对西巴尔干采取的主要冲突调解方式。

最后，坚持欧共体/欧盟成员国集体行动和个体行动相结合，并注重提升干预效率。

欧共体/欧盟在对南斯拉夫进行的冲突干预中，集体行动一直是其重要战略前提，然而，除了在承认政策上各成员国曾达成一致外，在随后冲突调解的关键时刻，成员国的不同战略考虑凸显出来，导致欧共体/欧盟共同外交和安全政策事实上陷入效率低下的境地。最终，在美国等行为体的介入下，冲突干预才产生效果。这种经历使得欧盟深刻认识到，"寻求最大共识就是没有共识"，必须加强机制化建设，推动欧盟形成更有效率、更灵活的冲突干预战略。此后，在历次欧盟内部和周边危机中，均可以看到欧盟干预决策机制的效率不断提升。同时，加强集体行动效率并不排斥危机干预行动中各成员国的作用，甚至可以让成员国挑头行动，欧盟则给予各种道义或物资支持。在干涉伊拉克、利比亚和叙利亚危机中，欧盟决策中"自由组合"和"灵活机动"的色彩更加明显，形成几个利益攸关的大国牵头行动，而欧盟外交随后"打圆场"的格局。

第五章

作为国家构建方式的西巴尔干
区域一体化政策

西巴尔干国家的入盟进程事实上分为两个组成部分：第一个组成部分是该区域国家各自的欧洲化，把欧洲化作为国家构建的一部分，根据入盟要求建立功能性的国家；第二个组成部分是整个区域的一体化和欧洲化，根据入盟要求，建立区域内共同的、功能性的市场和同质化的国家制度和治理体系，从而为入盟奠定基础。而区域一体化一开始就被欧盟赋予一种特殊的含义，它不是一种自发的行为，而是入盟的必要条件之一。从某种意义上讲，欧盟对西巴尔干实施的入盟办法要比对中东欧国家入盟办法复杂，除了要对每个国家进行改造外，还涉及对整个区域的改造。

那么缘何区域一体化政策在欧盟对西巴尔干进行国家构建时如此重要，而且成为入盟的必要条件之一呢？主要是因为西巴尔干国家中影响国家构建的区域内民族问题和矛盾广泛存在，互相纠缠，如果这些盘根错节的区域内民族问题和矛盾得不到解决，单个国家的国家构建就会成为一句空话。欧盟对每个西巴尔干国家的国家构建政策在随后几章中会进行具体的案例研究，本部分重点研究欧盟对西巴尔干的区域一体化政策。

一　临时性方法（1990～1995 年）

在南斯拉夫内战爆发初期，即斯洛文尼亚、克罗地亚等宣布独立之前，欧共体对该地区还没有形成明确的战略构想。不过，自 1974 年以来，南斯拉夫就一直从欧洲经济体给予它的贸易特惠条件中受益，并在1980年与欧共体缔结了贸易和合作协议。从1991年6月南斯拉夫危机爆发到1995年11月波黑战争结束，欧共体/欧盟和其他国家行为体一起，付出很大的努力来遏制并结束在西巴尔干的暴力冲突。欧共体/欧盟相继出台了很多针对南联邦或南联盟的惩罚性措施——取消贸易特惠、中止各类合作协议以及分步骤地对南联邦或南联盟实施严厉的外交、经济和财政制裁，但最终未能阻止冲突的蔓延。1990~1995年这段时期也是欧共体/欧盟对前南问题立场较为混乱的时期，始终没有拿出一个针对该地区的明确政策，因此，有学者称此段时间为欧共体/欧盟采取"临时性办法"（The Terra Incognita Approach）时期。① 欧共体/欧盟虽积极进行冲突干预，但具体目标就是让这个问题区域远离自己，尤其是作为欧共体/欧盟主要成员国的英、法等国，都表现出要远离这一是非之地的态度。②

不过，到1995年年末，欧盟还是出台了一项针对巴尔干地区的政策倡议。1995年12月13日，在时任欧盟轮值主席国法国的积极推动下，欧盟15个成员国、美国、俄罗斯、前南各共和国（克罗地亚、波黑、马其顿、南联盟）、阿尔巴尼亚、北约组织、欧安组织、欧洲委员会的代表在巴黎附近的鲁瓦蒙约集会，共同签署了《关于稳定进程和友好邻居关系的声明》，并由此启动了鲁瓦蒙约进程（Royamont Process）。它是欧盟形成的第一个旨在实现东南欧繁荣和稳定的共同政策倡议③，该倡议要求东南欧的市民社会进行密切的地区合作，支持《代顿协议》的实施，努力克服民族分裂和仇恨，逐步恢复地区对话和相互信任，实现基础设施重建和经济复苏，并期望以此唤醒该地区人们对睦邻友好关系的认同，最终实现东南欧的持久繁荣和稳定。但这项倡议并不具有法律约束力，而且它也没有明确用何种手段或工具来实现上述目标。④ 更重要的是，伴随此项倡议的援助政策难以落实到位。

---

① Dorian Jano, "EU – Western Balkan Relations: The Many EU Approaches", *Journal of the International University Institute of European Studies*, Volume 2, Issue 1, 2008.

② M. Smith, "Negotiating New Europes: The Roles of the European Union ", *Journal of European Public Policy*, no. 7, Vol. 5, 2000, p. 817.

③ Mustafa Türkes and Güksu Gökgöz, "The European Union's Strategy towards the Western Balkans: Exclusion or Integration？" *East European Politics and Societies*, Vol. 20, 2006, p. 676.

④ Steven Blockmans, *Tough Love: the European Union's Relations with the Western Balkans*, T. M. C. Asser Press, 2007, p. 243.

二 地区立场（1996～1999年）

自1995年之后，欧盟对西巴尔干形成了明确的地区立场。1995年，波黑战争结束后，欧盟对该区域关注的焦点尽管仍是维护稳定，但对西巴尔干的政策已然发生转变。欧盟开始更多地把巴尔干看作欧洲的一部分而不是远离家门口的区域。

1996年2月18日，欧洲理事会罗马会议提出了一个新的西巴尔干战略。[①] 这一战略连同促进东南欧稳定和睦邻友好的鲁瓦蒙约进程一并构成欧盟对这些国家的地区立场（Regional Approach）。主要对象国为波斯尼亚和黑塞哥维那、克罗地亚、马其顿和南联盟等。

在地区立场框架内，欧盟提供财政援助、贸易特惠，并与西巴尔干国家建立契约关系（即所谓的第一代协议，从本质上说是经济和贸易协定），并推动东南欧国家相互间重新确立经济合作关系。除阿尔巴尼亚外，没有一个国家与欧盟有重要的契约关系，因此欧盟希望通过合作协议使它们有更多的产品能够获得欧盟市场的准入，促进这些国家的经济改革和增加区域合作，从而为建立功能性国家奠定基础。[②] 然而，仅实行经济合作和发展密切的睦邻关系并不能满足欧盟对这些国家的要求，欧洲理事会提出的一些政治条件也构成地区立场的核心，想要确立契约关系还取决于相关国家是否愿意为巩固和平、尊重人权、尊重少数民族权利和民主原则而努力。此外，欧盟还要求参与前南暴力冲突的国家必须遵守《代顿协议》和《巴黎和平协定》。欧洲理事会警告说，任何一方不遵守协定，欧盟就将考虑采取具体的惩罚措施。[③]

---

① Council Conclusions and Declaration on Former Yugoslavia, 26 February 1996, Bull. EU 1/2 – 1996.

② O. Kovač, "Regional Approach of the European Union to Cooperation among Countries of the Former Yugoslavia," *Review of International Affairs*, Vol. 47, 1996, pp. 1 – 5.

③ European Commission, *Common Principles for Future Contractual Relations with Certain Countries in South – Eastern Europe*, COM（96）476 final, 2 October 1996.

1996 年 7 月，欧洲理事会决定援助波黑、克罗地亚、马其顿、南联盟，要求受援国必须尊重民主原则、法治、人权和基本自由，这就是奥布诺瓦计划（OBNOVA）①。该计划的主要目标是支持受援国冲突后的重建。奥布诺瓦计划的政治条件比之前欧共体/欧盟的规章和国际协定的规定更进了一步，它规定，除了尊重民主、法治和人权外，欧洲理事会对原南斯拉夫国家限定的"具体条件"也被视为这一规章的基本条件。这些"具体条件"是欧洲理事会在 1996 年 2 月 26 日会议结论中所框定的，主要包括该区域相关国家必须与邻国展开密切的经济合作，承诺采取互惠措施来促进商品、人员和资本的自由流动，并开发具有共同利益的项目。基于此，欧盟用财政支持那些带有联合性质的跨边界合作项目。② 欧盟的援助进一步强调了区域合作的重要性。鉴于奥布诺瓦计划资金量有限，欧盟开始用法尔计划③来资助前南地区国家。援助主要集中在建设市民社会以及发展人权、民主等领

---

① 1996 年 7 月 25 日，欧洲理事会通过了重建波黑、克罗地亚、马其顿和南联盟的决议，并具体创设了旨在支持《代顿协议》执行、维护民主和法制、保障少数民族权利、促进地区重建和经济恢复、强化欧盟与东南欧地方政府合作的奥布诺瓦计划。欧盟出资额约为 10 亿美元，成员国出资额为 18 亿欧元。该援助工具的投放对象涵盖了除阿尔巴尼亚以外的全部西巴尔干国家。2000 年 12 月，奥布诺瓦计划被共同体援助重建、发展和稳定计划所取代。András Inotai, *The European Union and Southeast Europe: Troubled Water Ahead?* Brussels: Peter Lang Publishing Group, 2007, p. 39。

② D. Nogueras and L. Martinez, "*Human Rights Conditionality in the External Trade of the European Union: Legal and Legitimacy Problems*", *Columbia Journal of European Law*, no. 7, 2001, pp. 307 – 336. 具体内容见: Conclusions of the General Affairs Council of 26 February 1996, http://www.consilium.europa.eu/ueDocs/cms_ Data/docs/pressdata/en/gena/028a0001.htm。

③ 法尔计划是欧共体于 1989 年创设的针对波兰和匈牙利的专项援助工具，全称为"援助波兰和匈牙利的经济改造计划"。在前南地区冲突的影响下，法尔计划的援助对象开始扩展，逐步将其他中东欧转轨国家和西巴尔干国家囊括进来。1991 年，南联邦和阿尔巴尼亚正式成为法尔计划的受援国。南联邦各共和国相继宣布独立后，法尔计划于 1992 年暂停了对南联邦的援助，并转而用于对前南地区新生国家的援助。1995 年下半年，克罗地亚成为法尔计划的受援国。不过，1995 年 8 月 7 日，由于克罗地亚政府未达到民主方面的相关标准，欧盟委员会曾暂停与克罗地亚的法尔计划谈判。1996 年，马其顿、波黑参与该援助计划。由于奥布诺瓦计划缺乏切实的资金支持，因此其很多援助项目实际上是在法尔计划的资金支持下得以运转的。在 2001 年共同体援助重建、发展和稳定工具启动之前，欧盟对阿尔巴尼亚、波黑、马其顿的援助是通过法尔计划和奥布诺瓦计划两个工具进行的，而对克罗地亚、塞黑的援助也主要是依靠法尔计划进行的。详见: Steven Blockmans, *Tough Love: the European Union's Relations with the Western Balkans*, T. M. C. Asser Press, 2007, p. 117。

域,但西巴尔干国家获得的财政支持十分有限,大多没有形成关于区域合作的具体项目。此外,欧盟还在援助实施过程中频繁对某些国家施加"否定性条件",南联盟政府就由于未达到欧盟相关标准而只获得少量的资金支持。①

1997 年 4 月,欧洲理事会通过"用于管理欧盟发展与东南欧某些国家关系的条件限制原则的结论",进一步明确欧盟在前南地区的区域政策。这一新的指导原则首次将适用该地区所有国家的条件和仅适用单独国家的条件区分开。它确立了一种分级别的办法,贸易特惠、财政援助和确立契约关系分别受不同的条件支配。欧盟的设计表明,它要有效地区分存在不同政治和经济发展状况的国家,并为之量身定做不同的国家构建政策。与此同时,欧盟继续在该地区实施一种一致的区域整体战略,因此,欧洲理事会重申所有的措施和规定对该地区国家有效。

欧洲理事会 1997 年 4 月 29 日会议结论中包含的政治要求反映了这种立场。最低限度的政治条件是要求东南欧的受益国家要尊重民主的基本原则和人权,这一原则如果能够满足,则给予贸易特惠。同时,为了获得另外的来自共同体援助项目下的财政和技术支持,每个国家必须强化改革来证明自身在努力履行相关条件:按照公认的人权和少数民族权利的标准来进行民主改革,根据协议的规定给予被驱逐的人和难民返回他们原驻地的机会以及与前南斯拉夫问题国际刑事法庭合作。② 欧盟将根据不同的谈判进展给予不同的援助。除了给予贸易特惠和财政援助,那些想要与欧盟进行入盟谈判的国家必须满足许多严格的政治标准,包括在合理的区间内进行自由和公正的选举,废除公共机关对少数民族的歧视性待遇和压制,解除对自由媒体的限制等。欧盟对东南欧国家采取的是共同但又有区别的条件和援助政策。

尽管欧盟与西巴尔干的关系持续向前发展,但地区立场在实施阶段(1995~1999 年)存在很多问题。

第一,欧盟对该区域采取的办法更多的是作用于双边层面而不是区域

---

① Steven Blockmans, *Tough Love: the European Union's Relations with the Western Balkans*, T. M. C. Asser Press, 2007, p. 247.

② Council Conclusions of 29 April 1997, section on "PHARE: Implementation of the program".

层面，为了奖励先进者，惩罚落后者，欧盟不得不在双边层面推进欧盟在该区域的政策，这使得地区立场缺乏整体性和全局性。①

第二，欧盟这一时期的战略更多的是临时性办法的继续，从1997年的阿尔巴尼亚危机中可看到欧盟对西巴尔干国家的疏远心理仍旧存在（具体内容见"欧盟对阿尔巴尼亚的国家构建政策"一章）。欧盟根本不了解该区域国家究竟发生了什么问题，为什么会发生这样的问题，更不知道应采取什么有效的措施来解决这些问题，在欧盟层面难以形成共同的立场和方法。②

第三，针对该区域所有地区倡议出台得太晚了（军事冲突发生四年后才匆忙登场），更多的是冲突后的应对，而不是一种预防性办法。地区立场在很多方面还因缺乏充足的财政资源而没有可持续性。③

第四，地区立场被许多国家批判为"脱离时代背景"，认为不同国情的国家融入欧盟的进程是有差异的。地区立场在很多方面强调步调统一，这在政治和经济先发的东南欧国家引起担忧，它们担心参与区域合作倡议会拖延自己的入盟进程。④

第五，欧盟对西巴尔干的国家构建政策缺乏针对性，国家构建充斥的只是民主、人权等一些宽泛的标准，对致力于增强国家治理能力的西巴尔干国家来说，这些政策措施并不接地气，解决不了已有的国家性缺陷。

因为上述原因，欧盟委员会也承认西巴尔干国家对欧盟地区立场反应

---

① S. Panebianco and R. Rossi, EU Attempts to Export Norms of Good Governance to the Mediterranean and Western Balkan Countries, Jean Monnet Working Papers in Comparative and International Politics, no. 53, Jean Monnet Center EuroMed, Department of Political Studies – University of Catania, Catania, 2004; R. Biermann, The Stability pact for South Eastern Europe – Potential, Problems and Perspectives, C56 Discussion Paper, ZEI – Center for European Integration Studies, Bonn, 1999.

② M. Smith, "Negotiating New Europes: The roles of the European Union", *Journal of European Public Policy*, 7, 5, 2000, 817.

③ D. Papadimitriou, "Exporting Europeanisation: EU Enlargement, the Twinning Exercise and Administrative Reform in Eastern Europe." Paper delivered to the European Consortium of Political Research, Joint Sessions, Turin, 22 – 27 March, 2002.

④ Gergana Dimitrova, "Strengthening Regional Cooperation and Fostering Local Initiative: Recommendations for Reforming the Stability Pact for Southeast Europe and for Improving International Assistance to Southeast Europe", *Policy Paper*, International Policy Fellow at the Center for Policy Studies, Budapest, 2003.

并不积极，此外，欧盟的地区立场缺乏长期战略（尤其是在国家构建上）以及西巴尔干国家入盟的明确前景，[①] 这也是其对西巴尔干国家缺乏吸引力的重要原因。

三 综合性方法（从 1999 年至今）

1998～1999 年的科索沃危机，是在不到 10 年的时间里在前南领土上发生的第四次战争，此后，欧盟对西巴尔干国家政策发生了很大的变化。科索沃战争表明，欧盟的地区立场不足以保证实现其主要目标：在相关国家间恢复和平与稳定以及发展睦邻友好关系。结果，在《代顿协议》和《罗马和平协议》缔结前夕，欧盟确立的地区立场与同相关东南欧国家的双边关系政策框架[②]于 1999 年 5 月发展成为稳定和联系进程。稳定和联系进程在整合了先前一些计划的要点的同时，也用内容广泛的《稳定和联系协议》取代有明显缺陷的双边合作协议，从而为这个区域与欧盟结成良好关系奠定了新的基础。自此，欧盟开始致力于改变巴尔干的负面形象——"欧洲心脏部位的不稳定之岛"。[③] 欧盟许多政治精英认为巴尔干是欧洲的一部分，如果不包含东南欧这一部分，欧洲统一就不算完成。正如巴尔干国际委员会指出的，欧盟的任务是"帮助巴尔干从混乱、流血的过去转向一个稳定、和平和可以信赖的未来"。[④]

稳定和联系进程明确规定要致力于维护东南欧地区政治和经济稳定，并使该地区与欧盟发展更密切的关系。[⑤] 对西巴尔干地区来说，该进程包括

---

① D. Mikovic, "The EU as a Normative Power: Attempts of Exporting Regional Cooperation to the Western Balkans", MA Thesis, Department of Political Science, Lund University, 2005.

② 涉及国家包括：阿尔巴尼亚、波斯尼亚和黑塞哥维那、克罗地亚、马其顿以及南联盟。

③ ESI – European Stability Initiative 2003, "Western Balkans 2004: Assistance, Cohesion and the New Boundaries of Europe – A Call for Policy Reform". http://www.esiweb.org/westernbalkans/showdocument.php? document_ID=37.

④ International Commission on the Balkans, "The Balkans in Europe's Future," 2005, http://www.balkan – commission.org/activities/report.pdf.

⑤ See "Communication to the Council and European Parliament on the Stabilization and Association Process for countries of South Eastern Europe", COM (99) 235, Brussels, May 1999.

两个方面的承诺。

第一，承诺提供经济和财政援助。

它最初通过奥布诺瓦计划和法尔计划，从 2001 年开始通过共同体援助重建、发展和稳定工具实现。欧盟共同体援助重建、发展和稳定工具要在西巴尔干实现下列几项目标：

（1）巩固西巴尔干各国在地区重建、民主建设、国家和解与难民返回等方面所取得的阶段性成果；

（2）促进西巴尔干各国的法制建设，尤其是促使各国的法律与欧盟的相关规范接轨；

（3）推进西巴尔干各国经济发展、社会进步和结构改革；

（4）在西巴尔干内部及其与欧盟之间实现更为紧密的地区合作。

在此基础上，欧盟进一步确定了该工具在西巴尔干进行援助的重点，主要包括：司法与内务合作（如打击有组织的犯罪、难民返回、保障少数民族权利等）；经济与社会发展（如地区重建、公民社会、媒体独立、减少贫困、性别平等、教育培训等）；执政能力建设（强化民主、法治）；环境；关税；交通运输；能源。① 由此可见，共同体援助重建、发展和稳定工具实际上是为西巴尔干量身定做的、含有多重战略目标的综合性援助计划，国家构建的目标开始明确，涵盖的内容更加全面，试图使西巴尔干国家在努力融入欧盟的过程中实现国家功能的强化和国家构建任务的完成。

在援助金额方面，从 2000 年到 2006 年，欧盟在共同体援助重建、发展和稳定工具框架下计划提供 46.5 亿欧元的援款，援助资金将以赠款和贷款两种形式拨付。② 不过，欧盟显然低估了西巴尔干问题的复杂性，导致在援助后期不断追加援助资金，因此最后欧盟实际拨付给共同体援助重建、发展和稳定工具的金额达到 51.3 亿欧元，超过预算将近 5

---

① Enlargement Directorate General of the European Commission, "CARDS", http://ec. europa. eu/enlargement/how - does - it - work/financial - assistance/cards/index_ en. htm.

② Official Journal of the European Communities, L306/1, 7. 12. 2000, Council Regulation (EC) No. 2666/2000, http://ec. europa. eu/enlargement/pdf/financial_ assistance/cards/general/2666_ 00_ en. pdf.

亿欧元。①

为了继续推进针对西巴尔干的入盟战略，2006 年 7 月 17 日，欧洲理事会又创设了一项新的援助工具——预加入援助工具（IPA），并于 2007 年 1 月 1 日起开始运作。在援助预算方面，欧盟在 2007~2013 年累计提供 115 亿欧元的资金支持，年援助金额约 16 亿欧元，这一援助额创下欧共体/欧盟对外援助金额的历史之最。②

预加入援助工具"入盟驱动"的战略导向十分明确，依据 1999 年稳定和联系进程启动以来西巴尔干各国在重建、改革以及与欧盟关系等方面所取得的进展程度，欧盟将这些国家划分为"候选国"和"潜在候选国"两大类，前者包括马其顿、克罗地亚，后者包括阿尔巴尼亚、波黑、黑山、塞尔维亚、科索沃。基于上述分类，欧盟提出预加入援助工具的五项构成要素，主要包括：

（1）支持西巴尔干各国的转轨和制度建设；

（2）促进西巴尔干各国之间、西巴尔干各国与欧盟各成员国之间以及西巴尔干与整个欧洲的跨边界合作；

（3）运用欧洲地区开发基金及聚合基金支持西巴尔干的地区开发，以使其更好地参与到聚合政策中来；

（4）运用欧洲社会基金支持西巴尔干各国的人力资源开发；

（5）运用欧洲农业开发基金促进西巴尔干各国的农业开发。

其中，预加入援助工具的前两项构成要素将涵盖西巴尔干的全部国家，后三项构成要素则只针对该地区的克罗地亚和马其顿两个入盟候选国。③ 由此可见，与欧盟的共同体援助重建、发展和稳定工具相比，预加入援助工具的目标指向和议题重心已经开始转移到促进西巴尔干受援国的转

---

① Steven Blockmans, *Tough Love: the European Union's Relations with the Western Balkans*, T. M. C. Asser Press, 2007, p. 270.

② Communication from the Commission to the European Parliament and the Council, "Western Balkans: Enhancing the European Perspective", Brussels, 5.3.2008, COM (2008) 127 final, p. 19, http://ec.europa.eu/enlargement/pdf/balkans_communication/western_balkans_communication_050308_en.pdf.

③ 上述内容转引自张鹏博士论文：《对外援助的"欧洲模式"——以欧盟援助西巴尔干为例》，中国社会科学院研究生院博士论文，2010 年。

轨和入盟方面。此外，欧盟还允许该地区产品免税进入欧盟市场，这一做法对提振西巴尔干国家外贸出口和经济发展大有裨益，无疑对它们具有极大的吸引力。

第二，承诺西巴尔干国家将成为欧盟的一员（这也是最重要的承诺）。

这体现在《稳定和联系协议》中——一旦欧盟提出的所有条件（主要是欧盟既有法律成果的所有章节）得到满足，西巴尔干国家即可入盟。相关国家一旦签署《稳定和联系协议》，就将被视为是这个国家正式加入欧盟的第一步，将正式开始入盟谈判。

1999 年 5 月 17 日，北约空袭塞尔维亚，欧盟外交部长会议根据轮值主席国德国的倡议，发起《东南欧稳定公约》。① 该公约于 1999 年 6 月在科隆会议上通过。不过它并不是欧盟的主要工具，而是一个不只限于欧洲的多边合作框架。它将具体实施权赋予欧洲安全与合作组织，欧盟在欧洲安全与合作组织框架下担任协调员，主持东南欧区域圆桌会议。圆桌会议负责协调 40 多个参加国、推动国、国际组织和区域倡议者的活动，并在各种活动中促成三个分圆桌工作会议，主题分别为：①民主化和人权；②经济重建、合作和发展；③安全问题。从法律和制度的角度看，稳定公约为国际合作推动东南欧的和平与稳定提供了平台，② 这也符合欧共体/欧盟自干预南斯拉夫冲突以来所形成的政策传统：坚持在多边平台上实施冲突干预政策。

在《东南欧稳定公约》中，欧洲理事会重申愿意通过一种新的契约关系把该区域国家纳入欧洲一体化框架之内，一旦"哥本哈根标准"得到满足，这些国家将成为欧盟成员国。作为《东南欧稳定公约》的倡议者，欧盟在促进国际社会援助落实和提高援助效率等方面扮演着关键角色。欧盟及其成员国是《东南欧稳定公约》首屈一指的援助出资方，由其提供的赠款援助达到东南欧所接受赠款援助总量的 3/4。③

---

① European Council, Common Position（CFSP）concerning a Stability Pact for South – Eastern Europe, OJ L 133, 28 May 1999, 1.

② T. M. Buchsbaum, "The OSCE and the Stability Pact for South Eastern Europe," *Helsinki Monitor*, 11/4, 2000, pp. 62 – 79.

③ Emil Kirchner & James Sperling eds., *EU Security Governance*, Manchester and New York: Manchester University Press, 2007, p. 90.

2000 年 6 月，欧洲理事会里斯本峰会正式承认该地区各个国家有权成为欧盟潜在的候选国。①

2003 年 6 月，欧洲理事会塞萨洛尼基峰会重申为西巴尔干国家入盟提供帮助。塞萨洛尼基峰会提出了目标更明确、步骤更具体的所谓"塞萨洛尼基日程"（Thessaloniki Agenda），并由此启动了与当年中东欧国家入盟类似的"预加入进程"（Pre - accession process）和"欧洲伙伴关系"（European partnerships）框架，以期满足该地区各国从稳定、重建向转轨乃至加入欧盟的需要。"塞萨洛尼基日程"更加强化了对援助工具的投入和运用，将法尔计划、预加入农业工具（ISPA）、预加入结构政策工具（SAPARD）、结对计划（Twinning）②、技术援助与信息交流工具（TAIEX）③等共同体援助项目延伸到西巴尔干所有国家。这些援助工具曾在 2004 年中东欧 10 国的入盟过程中发挥过重要作用。此外，在塞萨洛尼基峰会上，欧洲理事会还批准了欧盟委员会提出有关向共同体援助重建、发展和稳定工具增加 2 亿欧元预算的建议，并探讨动员欧洲投资银行（EIB）等金融组织援助西巴尔干各国的可能性，特别是在欧盟财政拨款之外向该地区提供赠款援助、长期宏观财政援助（macro - financial assistance）等④。

---

① Santa Maria da Feira European Council, Presidency Conclusions, 20 June 2000, Bull. EU 6 - 2000.

② 结对计划是欧盟委员会于 1998 年 5 月创设的，旨在强化欧盟与入盟候选国的行政合作，并支持候选国引入欧盟法律的技术援助工具。顾名思义，欧盟这一工具通过向入盟国、候选国、潜在候选国派遣常驻"结对"顾问、提供短期技能培训和翻译服务等形式实施技术援助。

③ 技术援助与信息交流工具是欧盟创设的旨在促进受援国了解、应用和实施欧盟法律的技术援助工具，该工具由欧盟委员会扩大总司下属的"能力建设处"（Institution Building U-nit, IBU）直接负责，2003 年 12 月开始正式向西巴尔干地区各国（包括科索沃）开放。TAIEX 工具下的援助大多为短期的技术援助项目，援助形式包括培训、研讨会、讲习班、专家团、学术访问、同行评议、数据库及翻译服务等，援助对象涵盖了西巴尔干各国与欧盟法律相关的公共部门（如司法、立法和行政等部门的公务人员）和私人部门（如工会和商会的代表）。

④ "The Thessaloniki Agenda for the Western Balkans: Moving towards European Integration", 2518th Council Meeting of General Affairs and External Relations, Luxembourg, 16 June 2003, pp. 6 - 7, http://ec. europa. eu/enlargement/enlargement_ process/accession_ process/how_ does_ a_ country_ join_ the_ eu/sap/thessaloniki_ agenda_ en. htm.

2004 年 11 月，欧盟委员会把对西巴尔干政策的制定权从对外关系总司（DG External Relations）转到扩大总司（DG Enlargement）。这一变化表明了欧盟对西巴尔干入盟承诺的可信性，欧盟与西巴尔干制度性联系的加强在某种程度上也提升了西巴尔干国家构建的效率。

第六章

欧盟对塞尔维亚和黑山的国家构建政策

一 塞尔维亚和黑山存在的国家性问题和欧盟的政策考虑

历史上，塞尔维亚和黑山关系密切，两个民族同种同源，它们的先民都是塞尔维亚人。1878 年柏林会议后塞尔维亚和黑山先后独立并保持亲密盟友关系。第一次世界大战后组建的南斯拉夫联合王国中，黑山并入到塞尔维亚。二战后，黑山成为南斯拉夫联邦人民共和国之内的共和国，南斯拉夫联邦人民共和国 1963 年更名为南斯拉夫社会主义联邦共和国，黑山仍是其中一员。1991~1992 年，南斯拉夫解体，1992 年 4 月 27 日，塞尔维亚和黑山两个共和国联合成立南斯拉夫联盟共和国。此后，南斯拉夫联盟共和国内部一直政局不稳。

1998 年米洛·久卡诺维奇（Milo Djukanovic）控制了黑山最大的政党——社会主义者民主党后，开始大力寻求黑山独立之路。从 1999 年开始，黑山一些党派及部分黑山人强烈要求独立。2000 年，沃伊斯拉夫·科斯图尼察（Vojislav Koštunica）领导的塞尔维亚民主党战胜米洛舍维奇获选塞尔维亚总统，由于科斯图尼察的大塞尔维亚主义倾向不强，黑山独立的要求有所缓和。2001 年 4 月，黑山举行议会选举，支持和反对独立的票数相持不下，于是，黑山欲通过全民公决来解决独立问题。6 月，米洛舍维奇被引渡到海牙国际法庭，塞黑联邦议会解体，这加剧了黑山内部统独两派的斗争。

南联盟内部的民族对立大大削弱了其作为一个国家施政的能力，两个实体难以协调一致。塞尔维亚和黑山分别采取了不同的经济体制和关税制度，市场功能羸弱，政治上派别林立，难以形成统一的国家意志。在关于国家统独的博弈中，不同民族极易陷入冲突进而造成区域动荡。

作为近邻，欧盟无法任由塞黑脆弱的国家性进一步恶化下去，如果纵容其发展，必然造成多重危害。第一，塞黑的分裂态势具有潜在的危险性，它可能加深黑山在独立问题上已经存在的政治分裂，在这种情形下要把黑山建成一个稳定的国家前景堪忧。① 第二，欧盟对黑山这个小国的生存能力表示怀疑，它认为黑山太小了，只有 68 万人口，而且经济问题百出，经济领域的腐败、走私和有组织犯罪缠身，国家领导人甚至总统本人都受到经济犯罪的牵连。黑山很多重要经济部门的活动有 40%～60% 与黑市有关——主要涉及倒卖汽车和走私香烟，而且越来越多的证据表明黑山扮演了国际人口贩卖和卖淫嫖娼中心及中转站的角色。如果草率地让它独立，很有可能成为欧盟周边新的动荡源。第三，欧盟担心承认黑山独立会刺激国际社会对科索沃的地位做出决定，相反，将黑山并入一个新的联邦国家能够为科索沃融入南联盟提供一个框架和样板。第四，黑山脱离会使塞尔维亚相关地区的独立倾向更加明显。在塞尔维亚内部，它有可能燃起在伏伊伏丁那的匈牙利人和在桑贾克（Sandzak，横跨塞尔维亚和黑山边界，位于塞尔维亚西南部、黑山北部和东南部地区）的波斯尼亚克人的独立倾向，同时可能在波斯尼亚和马其顿的阿尔巴尼亚人中掀起民族统一主义浪潮，这些都会加剧地区的动荡。第五，欧盟出于技术因素和经验主义的考虑，不赞成塞黑分裂。过去的扩大经历表明，如果让原南联盟进一步碎片化，可能使西巴尔干入盟减速，地区稳定的目标会被拖延。吸收三个新成员（塞尔维亚、黑山和科索沃）将比吸收由三个松散的实体组成的联盟更耗费时间和精力。② 总之，在 2000～2002 年，欧盟担心南联盟的分裂会进一步在这个饱受战争折

① Judy Batt, "The Question of Serbia", *Chaillot Paper*, Institute for Security Studies of European U-nion, No. 81, August 2005, p. 24.

② Nathalie Tocci, *The EU and Conflict Resolution: Promoting Peace in the Backyard Routledge*, London and New York: Taylof and Francis Group, 2008, p. 140. 娜塔莉·拓绮的这一观点有一定道理，符合入盟国家多样化将会加深欧盟决策和建设复杂性这一观点。这也从某种程度上回应了某些学者在美欧博弈背景下美国为什么支持欧盟扩大的一种猜测：入盟国家越多越复杂，越有利于消解欧盟的特色和影响力，欧盟越无法用同一个声音说话，美国就越容易利用欧盟内部的"大西洋主义"来制衡"布鲁塞尔主义"。另外笔者认为，欧盟所确立的塞黑国家联盟实际上是一个介于联邦与邦联之间的行为体（从后面签署的《贝尔格莱德协定》中可以看出来），这是一种特殊的国家行为体，与大欧盟总体结构相似。这样就不难理解欧盟为什么采取这样一种政策了，这里有推广其模式的动机。

磨的地区引发更多的暴力冲突和不稳定。

在此背景下，欧盟积极干预塞尔维亚和黑山内政，力图解决潜在的冲突，积极筹划国家构建方案。

二 欧盟对塞尔维亚和黑山的国家构建政策及实施

欧盟在西巴尔干地区政策的目标之一是阻止该地区国家进一步分裂。欧盟一直努力运用入盟这种极具吸引力的承诺来阻止相关国家潜在的分裂态势。就塞尔维亚和黑山关系而言，欧盟的立场是保留塞尔维亚和黑山在宪法上的联系，并由此共同与欧盟缔结《稳定和联系协议》，让两个共和国作为统一的国家加入欧盟。从 2000 年 10 月米洛舍维奇政权垮台到 2002 年《贝尔格莱德协定》缔结，欧盟力求缔结一个新的宪法来保证这两个实体保持一体，塑造一个"民主的黑山必须生活在民主的南联盟之中"[1] 的格局。欧盟强调"通过在一个重新调整的功能性联邦国家内的建设性合作"来解决塞黑关系问题。[2] 它认为，建立一个"功能性的联邦国家"就会为塞黑国家内部改革以及寻求加入欧盟创造必要的条件。

对于欧盟来说，西巴尔干的独特性在于，单一的政策工具难以发挥作用。欧盟对南联盟采取的是共同外交与安全政策和欧盟扩大两种框架下的各种工具和机制。对于共同外交与安全政策来说，欧盟负有阻止该国内部冲突和促进和平的使命；对于扩大政策来说，欧盟委员会要以入盟为工作中心，按"哥本哈根标准"来改造它的国家性。

1. 共同外交与安全政策的维度——索拉纳的介入解决

时任欧盟负责外安和安全事务的高级代表索拉纳是在南联盟出现分裂迹象的状况下介入并进行冲突调解的。自 1999 年开始，黑山一些党派及部分黑山人就要求独立。2001 年秋，贝尔格莱德方面曾同意在黑山进行公投，

---

[1] Statement by Dr. Javier Solana, EU High Representative for the CFSP, after the results on the Montenegro elections, Brussels, 23 April 2001.

[2] Commission of the European Communities, "Federal Republic of Yugoslavia: Stabilisation and Association Report," Brussels, April 4, 2002.

但一年后，由于该国宪法僵局和黑山社会主义者人民党和社会主义者民主党在联邦议会中难以处理的复杂关系，联邦议会不容许整个国家进行改革。2001 年 6 月，米洛舍维奇被引渡到海牙国际法庭后，联邦议会解体，南联盟政局处于不稳定之中，黑山独立又迫在眉睫。一些分析人士认为，让黑山独立比维持现状更可取。在 2002 年 3 月的一次民意测验中，65% 的人表示支持黑山独立。在这个关节点，索拉纳介入。

从 2001 年 12 月到 2002 年 3 月，索拉纳投入很大的精力来协调两者达成协议。在他的努力下，最终于 2002 年 3 月 14 日出台了《贝尔格莱德协定》，在这个被舆论称为"所谓的欧盟外交政策在西巴尔干的首次重大成功"① 的协定中，最标志性的成果是促成塞尔维亚和黑山国家联盟的诞生。

《贝尔格莱德协定》提出了一种框架性的安排，依据该协定的构想，欧盟要建立一个松散的联邦层次的治理模式。国家联盟拥有一个一院制议会，由议会选举的一个总统，一个法院，以及由五个部长和三个总统（两个共和国的和国家联盟的）领导的共同军队并组成理事会。在联邦框架内，实行两个共和国代表轮值制度。五个部长分别对外交、防务、人权和少数民族权利、对外经济政策和内部经济政策负责。而一些重要的政策要取决于两个共和国的意愿，包括经济和货币政策（它们保留了各自的货币）、贸易和关税、警察、签证、收容和边境管理。协定还强调，黑山共和国近期不就独立问题举行全民公决，但三年后如果全民公决选择独立，目前的国家联盟成员有权退出，国家联盟将自行解体。

2. 扩大政策的维度——欧盟委员会的解决办法

欧盟委员会对塞尔维亚和黑山所实行的政策是以对整个西巴尔干的地区政策为背景的。从 1996 年到 1999 年其最基本的政策框架就是培育国家性、协调后冲突时代的矛盾、难民遣返、巩固《代顿协议》、阻止分离主义造成的进一步冲突。1999 年科索沃战争后，欧盟委员会认识到有必要采取更为实质性的措施来应对该地区的问题。因此，在同一年除了出台《东南欧稳定公约》外，欧盟委员会还发起稳定和联系进程。如同其他欧盟契约

---

① Nathalie Tocci, "EU Intervention in Ethno – Political Conflicts: The Cases of Cyprus and Serbia – Montenegro," *European Foreign Affairs Review*, No. 9, 2004, p. 562.

式的解决办法和以入盟为导向一样，稳定和联系进程要求南联盟准备好与欧盟签订并实施双边契约协定，该协定将帮助南联盟采用欧盟单一市场的法律、规则和标准，通过稳定和联系理事会来建立政治对话平台，促进南联盟与欧盟的沟通与合作，直至作为一个功能性的国家加入欧盟。

三　欧盟国家构建政策的具体手段及存在的问题

塞尔维亚和黑山之间的矛盾依靠自身力量难以解决，必须有一个合适的外部力量介入。而欧盟的适时介入，并以入盟作为前景，在一定程度上缓解了塞黑的统独之争。在实现手段上，欧盟采取条件限制的办法，分两种方式执行——否定性条件限制和肯定性条件限制。[①]

1. **索拉纳的否定性条件限制**（Negative Conditionality）**和欧盟委员会的肯定性条件限制**（Positive Conditionality）

索拉纳实施的否定性条件限制的内容是，如果欧盟提出的塞黑国家联盟的不可分离性得不到遵守，欧盟则会宣布中止与塞黑合作，甚至采取制裁的办法。索拉纳反复称塞尔维亚和黑山在宪法上的关联性是入盟的基本前提。早在协商《贝尔格莱德协定》阶段（2001 年），索拉纳就明确警告过黑山总统，"久卡诺维奇必须了解分离并不是快速进入欧盟的好办法……它将危及国际援助、经济发展和加入欧盟的前景"。[②]

相比于索拉纳实施的否定性条件限制，欧盟委员会的肯定性条件限制则要求塞黑按照"哥本哈根标准"与欧盟展开对话与合作。欧盟在 2004 年的报告中说，塞黑"与欧盟建立契约式关系必不可少的条件就是内部统一市场的

---

① 关于肯定性条件限制和否定性条件限制，克里斯蒂安·皮潘（Christian Pippan）有一个简单明了的解释，他说："如果一个国家（通常是指要加入欧盟的国家）履行了欧盟预先规定的要求，那么这个国家就会得到相关甚至是额外的利益；如果一个国家违反了欧盟制定的政治和法律标准，那么现在正在享受的利益将会被中止或者收回。"Christian Pippan, "The Rocky Road to Europe: The EU's Stabilisation and Association Process for the Western Balkans and the Principle of Conditionality", *European Foreign Affairs Review*, No. 9, 2004, p. 244.

② International Crisis Group, "Still Buying Time: Montenegro, Serbia and the European Union", *Balkans Report*, No. 129, 7 May 2002.

建立和统一贸易政策的实施"，这是国家联盟迈向欧盟门槛的第一步。如果欧盟委员会的这一关键性条件得到满足，则国家联盟的入盟进程就迈出了一大步，直至完全入盟。欧盟委员会试图通过这种肯定性条件限制把签署了《贝尔格莱德协定》后的塞黑，重新改造成一个更具向心力的联邦和更具功能性的国家。肯定性与否定性条件限制不是完全分开的，在入盟以及在塞黑宪法制定这些原则问题上，两者目标一致。

2. 条件限制机制的局限性

肯定性和否定性条件限制机制的结合反映了欧盟内部整体协调处理塞黑国家联盟的立场。它的初衷是好的，即通过双管齐下的办法，彻底解决塞黑的国家性问题。但在实际实施过程中，它的局限性日益暴露出来，波德戈里察和贝尔格莱德甚至在国家联盟建立后，都不约而同地称其是"作法自毙"的创造。

首先，条件限制机制存在的问题是过于强调外部干预的作用，而没有从联盟内部对两国经济体系进行协调。

从《贝尔格莱德协定》到稳定和联系进程，欧盟共同外交与安全政策高级代表以及欧盟委员会都相对忽视了在两个共和国内部加强协调的重要性，尤其是在经济领域——欧盟声称这可以通过加入欧盟来解决。这使得国家联盟自建立后就存在一些较大的问题：联盟结构松散，没有形成实际上的共同政治、经济、外交乃至安全政策，双方仍保留各自共和国内的经济体制、关税制度和国家法律等；国家联盟层面的总统和议会的权力被架空，失去了执行政策的能力。不但如此，欧盟对国家联盟和两个共和国之间关于知识产权、签证、移民、边境管理以及少数民族管理等事务的具体职能划分也是含含糊糊，导致了国家联盟、塞尔维亚、黑山三个行为体的权力出现真空或者交叉。此外，索拉纳从一开始就在《贝尔格莱德协定》中把国家联盟的作用定位于行使监督职能来确保两个共和国对欧盟政策的有效实施，但入盟的实际要求却不仅仅是要国家联盟发挥监督作用，还应行使一个完整国家的职能。[1] 因此，在欧盟外部条件限制的压力下，实际上

---

[1]　Nathalie Tocci, *The EU and Conflict Resolution*：*Promoting Peace in the Backyard*，Routledge，London and New York：Taylor and Francis Group，2008，p. 150.

每个共和国从一开始就各自准备了一套入盟办法。

欧盟想先让塞黑国家联盟入盟，然后通过欧盟的框架实现两者在政治、经济和法律等领域的一体化和对接——这实际上是把因果关系弄颠倒了。欧洲一体化的经验表明，国家功能的完备是入盟的关键因素：第一，欧洲一体化是严格按照政府间方式来进行的，国家是与欧盟协商的唯一行为体；第二，国家是唯一能够确保按照欧盟所制定的标准执行各项政策的行为体；第三，国家有发展宏观经济和确保政治稳定的条件，这一点是国家联盟无法做到的。国家之所以在一体化过程中有这么重要的作用，其实质就在于它全盘掌握了各种资源，这些资源主要包括人事、财政和制度等，国家综合运用这些资源确立一种能够有效和成本划算地处理一体化事务的框架。然而，塞尔维亚和黑山国家联盟作为一个特殊的国家结构形式，缺乏这种成功融入一体化进程所需的能力。欧洲学者伊万·克拉斯托夫（Ivan Krastev）对巴尔干各国的入盟结果进行比较研究得出结论："只有民族国家才能在一体化中获得成功。"这个民族国家的含义是单一国家，而不是单一民族国家。在他看来，民族国家的联盟注定会在入盟进程中遭受失败。[1]

其次，欧盟共同外交与安全政策同稳定和联系进程之间的矛盾。

从共同外交与安全政策层面看，国家联盟的成立是欧盟完成的一项出色的工作，它在一定程度上稳定了塞黑之间复杂的政治关系，在黑山公投之前布鲁塞尔不必担心两个共和国会出现不稳定局面。布鲁塞尔欧洲政策研究中心的研究也指出：国家联盟的成立实际上是为塞黑问题最终解决争取了时间。[2] 实事求是地讲，《贝尔格莱德协定》出台后，塞黑之间潜在的冲突明显缓解，而且在两个共和国之间逐渐达成了共识，它们的未来关系必须通过和平和民主的方式解决。

然而，从稳定和联系进程层面看，塞黑国家联盟的建立却具有反作用。如上所述，国家联盟自身存在致命的弱点，联盟层面的政府松散而薄弱、合法性有限，而这些都与稳定和联系进程中对入盟国家的基本职能要求相

---

[1] Judy Batt, "The Question of Serbia," *Chaillot Paper*, Institute for Security Studies of European Union, No. 81, August 2005, p. 30.

[2] Dragan Durić, "Montenegro's Prospects for European Integration: on a Twins Track", *South - East Europe Review*, No. 4, 2004, p. 90.

悖。因此，在彼此没有吃透意图的情况下，欧盟自身所设立的条件不但在欧盟内部不同成员国之间，在波德戈里察和贝尔格莱德之间，而且在塞黑和布鲁塞尔之间造成了战略意图的模糊和实际执行上的混乱。第一个例子是"单一"和"共同"市场问题。欧盟在塞黑国家联盟稳定和联系进程的所有报告中都沿用"单一市场"这个词汇，而国家联盟宪法章程中规定塞黑国家联盟实行"共同市场"。根据《牛津经济学词典》的解释，"共同市场"是没有单一货币和单一银行立法以及其他相关财政制度的，而"单一市场"则正好相反。第二个例子是宪法章程对"国家联盟"的定义，它自建立起就被欧盟称为"国家"，但在宪法章程和塞黑的其他法律条文中仍称联盟下的"成员"为"共和国"，这就造成很大的误解。就黑山来说，它用"共和国"这个词而不是"成员"这个词就是要提醒人们，黑山在国家联盟中的"联盟"含义，以抵消在黑山流行的"联邦"色彩。这些都从侧面反映了欧盟内部、欧盟与国家联盟及塞黑双方，在战略不统一的情况下，只能根据实际情况各取所需。因此，这个特殊的国家联盟不具备充分的能力来发挥在稳定和联系进程中的作用，在入盟道路上逐渐落后于其他西巴尔干国家。在 2004 年入盟的关键年里，塞黑的进展一步步落后于其他西巴尔干国家，见表 6-1[①]。

表 6-1　西巴尔干诸国的入盟进程

国家/稳定和联系进程不同阶段	建立专业咨询小组	进行可行性研究	《稳定和联系协议》协商	签署《稳定和联系协议》	《稳定和联系协议》的实施	给予欧盟候选国地位
克罗地亚	2000 年 2 月	2000 年 5 月	2000 年 11 月	2001 年 10 月	2001~2004 年	2004 年 4 月
马其顿	1998 年 1 月	1999 年 6 月	2000 年 1 月	2001 年 4 月	2001~2004 年	
阿尔巴尼亚	2000 年 11 月	2001 年 6 月	2003 年 1 月			
波　黑	1998 年	2003 年 11 月				
塞尔维亚和黑山	2001~2002 年（加强持久对话机制）					

资料来源：作者自制。

---

① Dragan Durić, "Montenegro's Prospects for European Integration: on a Twins Track", *South - East Europe Review*, No. 4, 2004, p. 89, 当欧盟认为相关国家可以启动稳定和联系进程后，一般将采取下列几个步骤：在该国建立专业咨询小组→对执行的具体细节进行可行性研究→签署《稳定和联系协议》→实施《稳定和联系协议》→给予欧盟候选国地位。从表中可以看出，在前南斯拉夫其他国家进行了可行性研究阶段，克罗地亚甚至已从欧盟那里得到了候选国地位的时候，塞尔维亚和黑山仍旧在起步阶段徘徊不前。

四 欧盟国家构建政策陷入困局的深层次原因

2003 年 2 月，时任塞尔维亚中央银行行长（曾任塞财政部长）的丁吉奇（Mladan Dinkic）在接受西方媒体采访时提醒欧盟说："欧盟想不惜代价获得外交上的胜利，但是《贝尔格莱德协定》的内容却不能满足他们的想法……索拉纳没有成功完成协调的任务。我们知道久卡诺维奇是绝对要寻求黑山独立的，因此，塞尔维亚为什么还要为此付出代价呢？如果欧盟因为担心巴尔干国家不稳定而要维持国家联盟，那么它就需要比以前更加努力地做好经济协调并改变协议的制度框架。"① 那么，欧盟为什么解决不了丁吉奇所指出的问题呢？其根本原因在于以下几点。

1. 塞黑两个共和国在实体规模（如领土大小、人口数量）和经济现状上差异过大

塞尔维亚的人口是黑山的 12 倍左右，经济规模是黑山的 10 倍多，国土面积是黑山的 5 倍。但国家联盟的政治安排几乎是对等的，联盟最高行政职位的分摊几乎平分秋色。这一开始就造成塞方对欧盟政治安排的不满，并一直持抵制态度。

其中最大的问题是经济协调问题，包括建立内部统一市场和统一关税问题。塞尔维亚和黑山经济结构差异很大。双方使用不同的货币，塞尔维亚使用第纳尔，而黑山使用欧元，双方谁都不愿意放弃刚刚稳定下来的货币，这就阻碍联盟成立一个单一的中央银行和形成统一的货币政策，建立单一市场就成了空话。

塞黑也没有统一的关税体系。塞尔维亚经济政策的特点之一是采取较高的关税（平均为 12.5%）来保护从社会主义时期继承下来的工业（主要是金属工业和纺织工业），而黑山则是以服务业为基础的开放型经济，它的关税标准要比塞尔维亚低得多（平均为 3.5%）。欧盟坚持要求塞尔维亚和

---

① Bruno Coppieters etc., *Europeanization and Conflict Resolution：Case Studies from the European Periphery*，Gent：Academia Press，2004，p. 132.

黑山经济体系相互协调，关税互免，并协商出台一个"内部市场行动计划"。塞尔维亚要求黑山把关税提高到与自己同样的水平，而黑山坚持认为两个共和国必须与欧盟协调，让塞尔维亚降低其关税至少到欧盟的水平。经过几个月的纠缠和欧盟的协调，双方在2003年7月形成一种意向性的安排。它包含了很多关键性的特别规定以及对最敏感产品要经过一个过渡期后再协商的办法，实际上是没有达成全面的一致。

伴随着经济规模差异和经济结构不同而产生的相互指责日益增多。丁吉奇直言不讳地指出："或者黑山提高关税，或者我们不与它共处。破坏我们的国家经济去换一个准国家对我们来说是不可接受的。"[①] 塞尔维亚还批评黑山没有努力去根除走私和有组织犯罪，进出口贸易极不均衡，这些都会对塞尔维亚造成拖累。黑山则指责塞尔维亚的通货膨胀压力（2005年黑山的通货膨胀率为3.5%，而塞尔维亚为16%），缓慢而零散的私有化和价格放开政策，恶劣的市场竞争环境，在国家联盟内的军事改革步伐缓慢，对塞尔维亚宪法中规定的人权保护不力，没有与前南斯拉夫问题国际刑事法庭充分合作，科索沃地位问题一直搁置，与克罗地亚和波黑的领土争端也悬而未决。双方相互指责的问题都是入盟的障碍。

2. 国家联盟政策在共和国国内没有得到民众和重要党派的支持

国家联盟遭到塞尔维亚联邦主义者的批评，他们认为这个联盟在法律上赋予黑山与其大小不成比例的权力，进而使联邦的决策更加复杂化，从而阻挠了塞尔维亚的改革。而追求塞黑统一的人也开始出现不满情绪。他们维护塞黑统一的雄心不断遭到治理紊乱的国家联盟的打击，结果在2003年由塞尔维亚中央银行行长丁吉奇和前南斯拉夫副总理拉布斯（Miroljub Labus）领导的政党"G17 Plus"公开表示反对现有框架安排。"G17 Plus"认为国家联盟阻碍了塞黑各自经济发展和改革的进程，必须找到一个彻底的解决办法，或者是将它转变成一个"真正的联邦"，或者是塞尔维亚和黑山分离，但绝不能继续执行欧盟的现行政策。

国家联盟在黑山也遭到各种各样的反对，并造成严重的政府危机。黑

---

① Judy Batt, "The Question of Serbia", *Chaillot Paper*, Institute for Security Studies of European Union, No. 81, August 2005, p. 28.

山尽管获得了塞尔维亚一方众多的让步，但仍认为塞尔维亚在入盟问题上拖了自己的后腿，这使黑山寻求独立的人数开始增长。尤其是在与前南斯拉夫问题国际刑事法庭合作的问题上，由于国家联盟没有权力将受到指控的塞黑罪犯送交海牙，实际上是两个共和国分别与前南斯拉夫问题国际刑事法庭合作。黑山通常会履行自己与刑事法庭的义务，但塞尔维亚却做得很不够，这样黑山就受到塞尔维亚的影响，无法享受自己在稳定和联系进程中创造的有利条件，被迫像塞尔维亚一样，被限制在国家联盟这一失去功能的围城当中。在黑山自由联盟（The Liberal Union）强烈要求独立的情况下，黑山政府领导人久卡诺维奇被联合执政党中势力庞大的亲独派指责为出卖了黑山独立权，久卡诺维奇为了维护政府稳定不得不承诺在2006年进行独立公投。

3. 欧盟冲突调解政策的"支柱化"结构存在缺陷

在处理类似塞尔维亚和黑山这种危机时，欧盟一直没有形成一致和一体（coherent and integrated）的危机处理办法，这一顽疾早已存在，它是欧盟制度框架"支柱化"所造成的。2003年12月，欧洲理事会出台的欧洲安全战略已经认识到这个问题并试图改变这种状况："欧盟现在面临的挑战是如何把不同支柱下的工具和权限相协调……如安全是发展的首要条件，欧盟的外交、发展、贸易和环境政策，应该遵循相同的步调，但欧盟在应对危机时却无法形成一个统一指挥的中心。"[1]

这种缺陷在处理塞黑问题时充分显现出来。欧盟委员会主导的肯定性条件限制多来自于第一支柱（共同体支柱），而索拉纳主导的否定性条件限制多来自于第二支柱（共同外交与安全政策支柱），不同支柱在实施对塞黑政策时有自己的一套决策程序。在第一支柱下的共同体决策机构要对塞黑发起行动，先要向欧盟部长理事会提出动议，并在欧盟委员会下的各类总署和局——包括对外关系总署、发展总署、欧洲援助合作局和欧共体人道主义局等机构的支持下来展开各种活动。而在第二支柱下，欧盟要发起对塞黑的危机应对行动，需要获得欧洲理事会总秘书处主管下的政治和安全委员会中所有成员国大使的一致同意，总体上它采取的是联合行动（Joint

---

① "A Secure Europe in a Better World", *European Security Strategy*, 12 December 2003, p. 13.

Action）的形式。

　　两个支柱的决策主体除了有自己的考虑外，在彼此的沟通和协调上能力很弱。因为基于欧洲理事会的第二支柱的决策和基于欧盟委员会的第一支柱的决策在对塞黑危机的应对上是完全分开、互不统属的。尽管双方有政策上的沟通，但这种沟通绝不意味着会形成一致的行动，而且两者应对危机的风格和步调差异很大，难以协调。通常第二支柱强调的是对危机进行紧急应对和快速反应，能够在最短的时间内实现对危机的控制和调解；而第一支柱则强调的是长远目标，政策实施后很难在短时间内见到效果。这就造成了欧盟对塞黑冲突调解上的混乱。

五　欧盟实行"双轨"政策，塞黑联盟解体

　　欧盟对塞黑国家联盟入盟的可行性研究从 2003 年 9 月才启动，在随后的实施过程中由于工作效率低下而无法按时出版一年一度的可行性研究报告。就在欧盟宣布与塞尔维亚和黑山缔结第一个伙伴关系文件后不到三个月，就开始放弃国家联盟作为与欧盟协商对话的唯一行为体的立场。2004 年 9 月，在马斯特里赫特召开的欧盟部长非正式会议上，欧盟认真评估了塞黑国家联盟的发展状况，认为联盟成立后由于两个共和国在经济体制的协调上困难重重，使它在稳定和联系进程中一直落后于其他西巴尔干国家。欧盟最终建议让塞黑在稳定和联系进程中的经济领域采用不同标准（即"双轨"政策）。但两个共和国与欧盟进行政治对话、区域合作、保护人权和少数民族权利等谈判的权限仍保留在国家联盟层面。

　　对于欧盟来说，放弃国家联盟内部统一的立场，意味着它的塞黑政策发生转变，力求走出困局。而对塞尔维亚和黑山来说，"双轨"政策的确部分解决了国家联盟运转不畅的问题。

　　第一，"双轨"的办法使两个共和国能够实行各自的经济和关税政策，这样就能让它们保护各自的经济利益而不致对彼此造成伤害，同时，双方也能够制定反映各自发展要求的国家内外贸易政策。塞尔维亚从"双轨"

政策中获益更大，因为它们不必针对黑山而降低关税，而黑山则满意自己能够继续维持更加开放和相对独立的经济体系。

第二，两个共和国在稳定和联系进程中分头行动，彼此在入盟大业上不再互相掣肘，双方的指责和矛盾也随之缓解。

第三，"双轨"政策使两个共和国更容易与国际组织打交道。比如在加入世贸组织的问题上，国家联盟一直受挫，因为该联盟没有形成共同关税（加入世贸组织的基本前提条件），而"双轨"政策则使两个共和国可以分别根据世贸组织的规则来申请成为其成员，它们可以各自履行必要的条件而不必去等待另一方。

当然，"双轨"政策仍是一种过渡性措施，要保证塞黑的和平与发展最终还是要看塞黑两个实体的实际诉求。2006 年 5 月，欧盟的国家联盟政策走到尽头。根据《贝尔格莱德协定》的规定，黑山于 2006 年 5 月 21 日举行了公投，占全国人口 86.5% 的选民进行了投票，支持独立的占比为 55.5%。根据这一结果，欧盟追求塞黑统一的愿望最终被黑山的民意所抛弃，塞黑国家联盟解体。欧盟承认黑山的公投结果合法有效。

六 解体后的塞尔维亚和黑山各自的国家构建和入盟进程

1. 塞尔维亚的国家构建及入盟进程

塞尔维亚和黑山解体后，塞尔维亚作为一个功能性国家的状况明显改善。从 2006 年到 2014 年这八年的情况来看，国家构建任务进展得较为平稳、顺利，但也面临不少问题。

首先，国家选举制度正常运行，确保了选举产生的政府具有较强合法性，能够执行国家的一系列方针政策，尤其是与入盟有关的一系列政策措施。统治集团的核心凝聚力进一步增强，不存在明显的统治核心脆弱和不稳固问题。

自塞尔维亚和黑山分离之后，塞尔维亚分别于 2008 年、2012 年和 2014 年进行了三次议会选举，选举均顺利进行。虽然政党不断地分化组合，但政党体制运行正常，逐渐形成了以进步党为核心执掌塞尔维亚政权的趋势，而进步党表现出了较强的以入盟为导向的改革意愿。

其次，科索沃问题的困扰一直存在。

科索沃最终地位问题成为塞入盟的巨大障碍，也是塞在国家构建过程中面临的最大挑战之一。2008 年 2 月，科索沃单方面宣布独立后，部分欧盟成员国宣布予以承认。塞政府则宣布科索沃是塞尔维亚领土不可分割的一部分，维护主权和领土完整是塞政府毫不动摇的立场。但在实践中，塞政府把更多的精力放在推进塞尔维亚入盟上，为避免与欧盟发生冲突，时常降低谈论科索沃的调子，政府也因此不断遭受信任危机。2010 年 7 月 22 日，海牙国际法庭判定科索沃独立没有违反国际法，该结果对塞政府来说是一个巨大的打击。在西方的压力下，塞尔维亚随后放弃寻求在联合国谴责单边分离的决议，这进一步侵蚀了民众对政府的信任基础。2011 年 3 月 8 日，在欧盟和美国的监督下，解决科索沃最终地位问题的塞科第一轮谈判顺利举行，并在一些问题上取得共识，塞方在谈判中表现出的积极姿态得到欧盟的赞许。3 月 28 日，塞科第二轮谈判举行并取得进一步成果，双方同意成立由欧盟特派团牵头的联合工作小组，以完成对科索沃地区民众的信息统计工作。

尽管面临诸多困难，但塞尔维亚历届政府与欧盟积极协调，希望能够尽量减少科索沃问题对塞尔维亚入盟造成的阻碍。2013 年 1 月 17 日，在欧盟外交和安全政策高级代表凯瑟琳·阿什顿的调解下，科索沃与塞尔维亚为双方关系正常化以及解决科索沃北部问题在布鲁塞尔重启对话。在进行了十轮会谈之后，双方在 2013 年 4 月 19 日初步达成协议，并于 5 月通过了双边关系正常化协议的实施计划。

尽管塞科关系仍面临诸多问题，但关系正常化协议的达成为塞尔维亚的入盟进程打开了"机遇之门"。欧盟理事会 2013 年 6 月 28 日决定，如果塞尔维亚全面执行了与科索沃的关系正常化协议，将邀请塞尔维亚在 2014 年 1 月开启入盟谈判。2014 年 1 月 21 日，欧盟与塞尔维亚的首次政府间会议在布鲁塞尔召开，这标志着塞尔维亚入盟谈判正式启动。与会各方一致认为，这不仅对塞尔维亚，而且对于整个欧盟来说，都是历史性的日子。

总的来说，塞尔维亚政府在科索沃问题上采取了更加务实的办法，一方面坚持科索沃是塞尔维亚一部分的底线不动摇；另一方面，它已经接受塞尔维亚和科索沃在入盟上采取各自独立的进程的事实，以避免这一问题对塞国家发展方向造成干扰。事实上，塞尔维亚一直在为构筑更完整的国家性而努力。

最后，腐败问题是塞尔维亚进行国家构建的重要挑战。

在欧盟对塞尔维亚的审查报告中，腐败问题是一个突出问题。2012年，塞尔维亚民主党在选举中失利的原因之一就是腐败和任人唯亲。当年新上台的政府也马上被爆出腐败问题，来自塞社会党的内阁阁员、运输部部长莫克尼奇（Milutin Mrkonjic）因腐败问题引起社会关注，他涉嫌卷入非法许可一家斯洛文尼亚投资公司在巴特罗维茨－贝尔格莱德（Batrovci－Belgrade）公路安装光缆线案件。在2013年12月召开的欧洲理事会会议上，与会的欧盟成员国代表强调，塞尔维亚仍需要在改革司法体系、打击腐败和有组织犯罪、公共行政管理改革、媒体自由和保护弱势群体上做出努力。[1]

鉴于欧盟持续批评塞尔维亚在反腐败问题上缺乏实质性进展，塞历届政府在反腐败问题上都表明了强有力的决心。2013年，时任塞进步党副主席、负责反腐败问题的副总理武契奇表示，政府绝不放松反腐败，即使代价是重新选举。[2] 尽管塞尔维亚历届政府不断通过打击腐败来完善国家治理，但反腐败的任务依然艰巨，它将成为国家构建进程中最长期、最艰巨的任务之一。

2. 黑山的政治局势及入盟进程

黑山独立之后，国家功能性问题基本得到解决。黑山本身是一个小国，同时又是相对开放的经济体，受欧盟的政治和经济体制影响较大，欧盟对其改造较易取得进展。

首先，黑山政治体制稳定，国家功能完备，入盟进程相对顺利。

2006年5月21日，黑山共和国通过全民公决获得独立。黑山独立后，先后进行了三次议会选举，选举结果表明，黑山社会主义者民主党一党独

---

① http：//www. consilium. europa. eu/uedocs/cms_ data/docs/pressdata/EN/genaff/140144. pdf.

② http：//www. balkaninsight. com/en/article/serbia － progressives － pledge － to － curb － corruption － at － any － cost.

大的格局长期未变，这也确保了国家政治体制的稳定性和改革的可持续性。

对外关系方面，社会主义者民主党政府的目标是加入欧盟和北约。2010年12月17日，欧洲理事会主席范龙佩在欧盟峰会上宣布给予黑山欧盟候选国地位，黑山成为继克罗地亚、马其顿之后第三个获得欧盟候选国地位的西巴尔干国家。2011年10月12日，欧委会在扩大进展报告中对黑山的入盟进程给予非常积极的评价，报告认为在稳定和联系进程框架下，黑山在满足欧盟政治标准上取得非常积极的进展，法律体系建设和打击腐败问题也取得进步，因此建议欧洲理事会开启与黑山的入盟谈判，以使其尽早加入欧盟。① 2012年6月，欧盟宣布开启与黑山的入盟谈判。

其次，高层腐败和有组织犯罪是黑山面临的最大挑战。

黑山的高层腐败问题一直以来都比较严重。2012年，在欧盟决定开启与黑山入盟谈判的最后一刻，包括瑞典在内的一些欧盟成员国仍坚持认为黑山应采取更坚决的措施应对高层腐败和有组织犯罪问题。英国广播公司在2012年的调查以及有组织犯罪和腐败报告项目（该项目将部分新闻记者从东欧和中亚进行调查的新闻资料收集到一起）中披露了黑山统治精英——包括前总理久卡诺维奇的腐败丑闻。而美国《外交事务》杂志在2012年的某一期中更是把黑山描述成一个"黑手党国家"（Mafia State）。瑞典强调黑山在巴尔干拥有不良记录，认为它一直是国际毒品贸易的重要流通渠道。瑞典政治家卡尔·比尔特（Carl Bildt）指出，根据有关法律执行机构编辑资料的估算，有40%的毒品通过巴尔干尤其是黑山进入欧洲其他地区。法国和荷兰与瑞典有同样的担忧。虽然欧盟各国外长最终一致同意开启与黑山的入盟谈判，但欧盟对黑山高层腐败和有组织犯罪的追查一直没有停止。

欧盟委员会于2013年10月16日发布的黑山扩大进展报告②指出，黑山是欧盟采用新入盟策略的第一个国家，即采用"基本要求第一"（"funda-mentals first"，"基本要求"包括保护人权、增强法治、反腐败和促进自由等）的方法，2012年6月该方法在欧盟与黑山开始入盟谈判时被启用。谈

---

① European Commission, "Enlargement Strategy and Main Challenges 2011 - 2012", Brussels, 12, 10, 2011, COM（2011）666 final.

② http：//ec. europa. eu/enlargement/pdf/key_ documents/2013/package/brochures/montenegro_ 2013. pdf.

判从最困难的章节开始,而不是以前采用的从最简单的章节开始,并且谈判将自始至终关注这些最困难的问题。考虑到黑山法治、腐败和有组织犯罪的短板,有关第 23、24 章节的谈判在短期内取得进展的可能性非常小。虽然如此,黑山政府在这些领域一直做出积极的努力。2013 年 6 月,黑山政府通过第 23 章和 24 章行动计划,提出了旨在满足欧盟在司法、人权和腐败问题上要求的改革措施,8 月,欧盟委员会建议开启这两个章节的谈判,9 月,欧洲理事会要求黑山提交谈判文件,黑山议会随后批准了旨在满足欧盟要求的有关司法独立的新立法。10 月 14 日,欧洲理事会主席范龙佩宣布黑山已经准备好与欧盟就司法领域有关问题进行谈判。欧盟希望看到黑山政府能够逮捕一些涉嫌犯罪的显赫人物来接受审判,然而,这对黑山来说很困难。

第七章
欧盟对波斯尼亚和黑塞哥维那
的国家构建政策

一　波斯尼亚和黑塞哥维那的国家性问题

20 世纪 90 年代，南联邦因民族矛盾爆发战争，国家走向分裂和解体。1992 年 3 月，波黑共和国宣布脱离南联邦独立，由此引发了持续三年的惨烈内战。为化解危机，欧共体/欧盟积极从中调停，并与联合国、北约、欧安组织等国际组织展开多方合作，力图尽早结束波黑内战。为了达到目标，欧盟采取了多种措施，包括对南联盟实行经济制裁；向冲突地点派遣观察员，监督停火协议的落实；英、法等欧盟大国积极开展外交斡旋，并为联合国派驻波黑的维和部队提供了主要的兵力和装备。然而，欧盟决策效率低下、军事力量孱弱的弊端在危机干预中暴露无遗。波黑战火不仅没有熄灭，反而越烧越旺。1994 年，美国介入波黑问题，说服克族和穆族同意成立波黑联邦，解决了穆族和克族之间的矛盾。1995 年 8 月，以美国为首的北约发动了对塞族控制区的大规模空袭，迫使塞族同意就美国提出的一揽子和平计划进行谈判。1995 年 11 月 21 日，国际社会代表与波黑签署了波斯尼亚和黑塞哥维那和平总体框架协议（简称《代顿协议》）。它规定波黑共和国官方名称是"波斯尼亚和黑塞哥维那"，在国际法上作为一个国家合法存在。但这个国家由两个实体组成，即波黑联邦和塞族共和国。另外，地方高度自治、保护少数民族权利以及确保民族间平等是协议规定的重要内容。

例如，两个实体在坚持波黑主权和领土完整的条件下可以分别与邻国建立外交关系。《代顿协议》旨在向三个民族共同体提供最大限度的平等保证以阻止冲突的发生，避免某个民族在国家框架内居于支配地位。协议出台了许多制度设计来保证各个民族的利益，诸如各民族在议会享有对等的投票权，设立一院制立法机构和共同的国家总统等。[①]

《代顿协议》虽然暂时结束了波黑塞族、穆族和克族之间的冲突，但它在很多方面是不完善甚至是矛盾的。根据协议建立的波黑国家是一个统治机构极端松散的弱功能性国家，每个实体都有自己的议会、政府、警察和军队，行使其领土权限内一个国家所具有的大部分功能。它是一个混合体，大约有80%的权力掌握在各实体手中。[②] 概括来说，波黑包含了一个国家（波黑共和国）、两个实体（塞族共和国、波黑联邦）、三个主体民族（塞族、穆族、克族）、四百万居民和五个层次的统治方式（国家、共和国、联邦、州和市）。这就造成了一个规模庞大而效率低下的国家行政管理体系，决策过程异常拖沓和低效，在遇到涉及各民族和实体核心利益的问题时往往会陷入无法运转的境地。表7-1详细列举了波黑权力分散的状况。

表7-1　波黑宪法权力的分配[③]

主要政策领域	波斯尼亚和黑塞哥维那	波黑联邦			塞族共和国	
		实体	州	市	实体	市
外交政策和对外贸易	E					
货币政策	E					
移民	E					
国际法和实体法的实施	E					
电信和实体间交通运输	E					
防卫	E					

---

① European Commission for Democracy through Law (Venice Commission), "Opinion on the Constitutional Situation in Bosnia and Herzegovina and the Powers of the High Representative", 11 March 2005, CDL - AD (2005) 004.

② Christophe Soloiz, *Turning - Points in Post - War Bosnia, Ownership Process and European Integration*, Baden - Baden: Nomos, 2007, p. 87.

③ Christophe Soloiz, *Turning - Points in Post - War Bosnia, Ownership Process and European Integration*, Baden - Baden: Nomos, 2007, p. 108.

续表

主要政策领域	波斯尼亚和黑塞哥维那	波黑联邦			塞族共和国	
		实体	州	市	实体	市
市民身份		E			E	
经济和财政政策		E			E	
农业		S	S		E	
能源		S	S		E	
自然资源		S	S		E	
环境		S	S		E	
通信和交通基础设施		S	S		E	
健康		S	S			
土地使用			E	对本地事务实行自治	S	S
住房			E			E
能源生产			E			E
公共服务			E			E

注：E 表示专属权能（exclusive responsibility），S 表示共有权能（shared responsibility）。

《代顿协议》设计者的初衷是好的，希望以此逐渐克服各民族之间的分离状态。他们乐观地认为，波黑民族矛盾将逐渐消退，一个更西方化的政党制度将发展起来。事实上，直到今天，波黑的政治生活仍旧由民族主义政党主导，两个实体彼此猜忌，这种民族情绪成为创建和巩固共同制度的主要障碍。波黑至今仍需要国际社会来支持其国家的运行，一些国家甚至怀疑波黑国家存在的合法性。①

二　欧盟构建波黑国家性的方案

《代顿协议》虽在波黑确立了和平，但在帮助其建立一个有效的、一体化的政府上却是不成功的。这与当时的形势有关，国际社会主要目的是塑

---

① Sumantra Bose, *Bosnia after Dayton*, *National Partition and International Intervention*, London: Hurst&Co. , 2002, p. 4.

造波黑国内安全环境和促进其经济增长，为追求这些目标而暂时容忍了各实体和各地方政府在各自区域相对独立的状态，容忍了在各级政府层面各种权力的交叉和决策的低效率。2001 年“9·11”事件后，美国从巴尔干地区淡出，欧盟开始全面接管国际社会对波黑的重建使命。欧盟构建波黑国家性的目标与对西巴尔干其他国家的目标相同，就是把该国建成一个和平稳定区和完全功能性国家，并最终让其加入欧盟。

欧盟对波黑的制度建设以 2002 年对《代顿协议》的修正为标志。2002 年3 月 27 日，（欧盟）高级代表①与波黑政治家一道对波黑宪法做出重大修正，并缔结了《莫拉克维卡—萨拉热窝协议》。该协议给予波黑领土所有选区的民族和市民相同的地位，确保维护每个实体的利益以及它们在决策机构中的代表性。欧盟还努力在波黑建设一种功能性的治理模式，欧盟认为波黑实体层面的权力过大，坚持要其让渡部分权力到波黑国家层面，从而组成一个有效的国家政府。协议强调国家构建的首要问题是加强国家层面的立法②。同时，由于欧盟的制度框架主要是强调先维持民族的平等与融合，再通过发展经济来解决政治问题，因此建立真正自由的市场经济、加强经济竞争力、打击腐败和黑市是协议的重要目标。

三　欧盟对波黑国家构建政策的具体实施

欧盟在形成对波黑国家构建政策的总体框架之前，已经动用各种制度和工具开展了国家构建行动，它经历了不同的发展阶段。总结起来，首先是实行规范性影响，力图改造波黑制度结构，随着形势发展又辅以技术性（军事干预）影响，力图培育波黑自主发展的能力。而欧盟在实行这些政策的过程中，逐渐完善了其在规范层面和技术层面的国家构建方式。

---

① 这里并不是指共同外交与安全政策的高级代表。欧盟驻波黑高级代表主要是监督《代顿协议》的民事执行。国际社会高级代表主要代表国际社会来处理波黑事务，后来随着欧盟作用的上升，国际社会的高级代表就是欧盟的特别代表。在大多数时间里，高级代表不但代表国际社会也代表欧盟，它受欧盟指派并为共同外交与安全政策服务。

② Gergana Noutcheva, "EU Conditionality and Balkan Compliance: Does Sovereignty Matter?" uupublished doctoral dissertation, University of Pittsburg, 2005, p. 60.

1. 欧盟对波黑施加规范性影响

这一过程分为三个发展阶段。

（1）从 1991 年南斯拉夫冲突爆发到 1995 年《代顿协议》签署，这一阶段是欧共体/欧盟对波黑的初步介入（详情见第三章论述）。

在众多行为体当中，欧盟首先强调自己作为一种"民事力量"的作用，在国际舞台上主要动用外交和经济工具而不是军事工具来发挥自身影响力。"民事力量"这一概念是弗朗索瓦·杜契尼（Francois Duchene）20世纪 70 年代在谈到欧共体未来角色时所阐述的。杜契尼认为，国际关系日益相互依赖，这使得民事工具比军事工具更重要；他并不认为欧共体通过发展核力量能在国际事务上发挥重要影响；在经济日益相互依赖的新背景下，欧共体既不可能也没有必要发展成一支超级军事力量；它唯一可能的前景是作为一支经济力量出现，动用外交工具来推动其利益与价值的实现。[1]

欧共体/欧盟这种发挥规范影响力的战略初登国际舞台时并没有出彩的表现。在南斯拉夫解体危机发生时，欧共体对冲突的调解效率低下，最终只能看着冲突日趋恶化。一些分析家也认为，当南斯拉夫危机不可避免时，欧共体动用的工具（经济援助和制裁、人道主义援助、外交斡旋等）无法发挥作用。对自身力量过于自信和对南斯拉夫情况缺乏足够的了解，造成欧共体/欧盟冲突调解政策并未达到维护和平的目的。随着波黑冲突的加剧，欧共体/欧盟的角色作用因为美国和联合国等行为体的介入而被边缘化。1994 年，应对波黑危机的联络小组成立后，欧盟的作用进一步下降。

（2）从 1996 年到 1999 年，这一阶段是欧盟在北约和联合国框架下发挥民事调解作用的时期。随着《代顿协议》的签署，欧盟承担了波黑战后重建的任务。欧委会人道主义援助部（ECHO）提供人道主义援助，从1996 年开始，欧盟出台了奥布诺瓦计划和法尔计划，向波黑提供经济和技术援助，实行贸易特惠。1997 年，欧盟首次确立了政治和经济条件，

---

① Francois Duchene, "the European Community and the Uncertainties of Interdependence", in Marx Kohnstamm and Wolfgang Hager eds. , *A Nation Writ Large? Foreign Policy Problems before the European Community*, Basingstoke：Macmillan, 1974, pp. 1 – 21.

要求受益国尊重人权、民主、自由和法治等。具体到波黑,就是要求它不断完善国家层面的制度建设,建设统一的市场经济、法律制度和民主政治框架。

在这一阶段,欧盟虽然在波黑经济重建方面发挥了很大作用,但欧盟采用的民事办法缺乏清晰的战略,欧盟没有表明与波黑的长期关系是什么——没有提供给波黑明确的入盟前景。尽管它付出很多努力,但无法在国际社会对波黑国家构建中占据主导地位,美国采取的强势干预政策使欧盟"民事力量"的影响力相形见绌,欧盟对波黑提出的限制条件因为缺乏强制性而无法得到有效的执行,建设功能性国家的目标相对遥远。

(3)从 1999 年至今,欧盟对波黑国家构建政策步入第三个阶段。从这一时期开始,欧盟不断把自身的国家构建理念输入到波黑和平重建当中。欧盟在扮演波黑第一大国际援助者角色的同时,[①] 也采取了长期性的、结构性的冲突调解办法,旨在清除冲突产生的政治、经济和社会根源。欧盟进一步明确了与波黑未来的关系——波黑将成为欧盟的一员。在此思想指导下,1999 年,欧盟发起了稳定和联系进程,倡导在西巴尔干地区实行长期战略,明确西巴尔干国家成为欧盟成员国的前景。2000 年,欧盟陆续与西巴尔干国家开始稳定和联系进程的谈判,该进程主要针对制度建设、经济重建和区域合作等方面,并为西巴尔干国家最终加入欧盟做准备。借助这种手段,欧盟确立了在西巴尔干的主导地位。波黑加入欧盟的前景由欧洲理事会在 2000 年 6 月的费拉峰会和 2003 年 6 月的塞萨洛尼基峰会上正式确认。2002 年波黑修正宪法后,欧盟加大了与波黑的合作力度,在共同体援助重建、发展和稳定计划下实行了更多的经济援助,帮助其进行市场经济、民主、法治和市民社会建设。同时,该计划还帮助波黑改善投资环境,推动贸易发展和加强基础设施建设,对教育和就业机构进行改革等。[②] 2007 年,新的预加入援助工具又在转型援助、制度建设和跨边界合作方面给予波黑援助。

---

① 从 1991 年到 2004 年欧共体/欧盟共向波黑捐助了 250 亿欧元,同时,来自成员国的捐助达 180 亿欧元,http://ec. europa. eu/enlargement/how – does – it – work/financial – assistance/index_ en. htm。

② http://ec. europa. eu/enlargement/how – does – it – work/financial – assistance/cards/bilateral_ cooperation/bosnia – and – herzegovina_ en. htm.

2. 欧盟发挥技术性（军事）影响力

在发展民事力量的同时，欧盟逐渐开始发展自身的军事力量，力求两条腿走路。由此，以波黑问题为平台，欧盟的规范性力量也明显开始向"技术化"方向转型，即面对复杂的国际形势，努力提高共同安全与防卫政策的作用。正如时任欧盟共同外交与安全政策高级代表索拉纳多次重申的："欧盟已随时准备动用军事手段和资源。当情况需要时，我们就会部署军队。要想具备综合的、全面的危机应对能力，就必须在欧盟层面加强军事上的危机管理能力。我们这么做不是为了别的，是为了更好地捍卫我们的价值和原则。"[1]

从 1999 年欧洲理事会科隆会议开始，军事工具就包含在欧盟的工具箱中。波黑也成为欧盟检验其新安全与防卫政策的一个试验场。欧盟在波黑开展了广泛的军事行动，它由四种专业力量组成：欧盟特别代表（EUSR）——也就是国际社会的高级代表[2]，欧盟驻波黑军队（EUFOR）[3]，欧盟驻波黑警务使团（EUPM）[4]，欧盟委员会驻波黑代表团[5]。

2003 年 1 月 1 日，欧盟派遣的首个警务使团从联合国领导的国际警察小组（IPTF）[6] 手中接管了任务。这是欧盟警务使团在欧盟共同安全与防卫政策框架下第一次执行行动，在欧盟军事和防务建设领域具有标志性意义。欧盟警务使团对欧盟高级代表负责并协调与北约的关系。该使团有近 500 名警官，他们通过担任顾问，监督和审查波黑警察来提高波黑警务水平。欧盟警务使团的权限也包括打击有组织犯罪和重建警务力量。欧盟实施技术性影响的目的显然是要培育波黑独立和一体的警务力量，用以维持波黑社

---

[1] Javier Solana, "Reflections on a Year in Office", Swedish Institute of International Affairs and Central Defense and Strategic Studies in Association with the European Policy Center, 26 July, 2000, Dublin.

[2] http：//www. eusrbih. eu/gen – info/? cid = 2000，1，1，有关高级代表的评述见 http：//www. consilium. europa. eu/cms3_ fo/showPage. asp? id = 263&lang = EN。

[3] http：//www. euforbih. org/eufor/index. php? option = com_ content&task = view&id = 12&Itemid = 28.

[4] http：//www. eupm. org/OurMandate. aspx, http：//www. eupm. org/OurObjectives. aspx。

[5] http：//www. europa. ba/.

[6] United Nations International Police Task Force，该部队是根据联合国安理会 1997 年的 1103 号决议组建。

会的正常运行。

2004 年 12 月，欧盟又从北约领导的波黑稳定部队（SFOR）处接管了维稳使命，在柏林附加协定①框架下，开展了自欧共体/欧盟建立以来最大的军事行动——欧盟驻波黑稳定部队"木槿花行动"（EUFOR Althea），共有 6300 名士兵被部署在波黑的三个区域：西北部、北部和东南部。约有 14% 被部署的军事人员不是来自欧盟国家，而是来自土耳其。② "木槿花行动"由欧盟指挥，指挥行动的总司令对欧盟政治和安全委员会负责，并处在欧洲理事会全权管理之下。由于"木槿花行动"是在柏林附加协定框架下运作的，这使得欧盟可以动用北约的资源，诸如情报和通信设施等。来自英国的约翰·雷斯（John Reith）将军成为"木槿花行动"的总指挥官。③ "木槿花行动"维持了与北约相同的目标——维稳，通过巡逻、监督当地情况、没收隐藏的武器等方式，确保波黑安全和稳定的发展环境。随着波黑安全形势总体保持稳定，欧盟驻波黑稳定部队开始更多地关注其他的任务，包括协助前南斯拉夫问题国际刑事法庭逮捕战犯，培训波黑警务人员以提升其打击有组织犯罪的能力。④

---

① 柏林附加协定（Berlin Plus Agreement）是 2002 年 12 月 16 日北约与欧盟达成的一揽子协定的简称。这些协定是基于 1999 年华盛顿北约峰会形成的决议，允许欧盟在执行自己的维和任务时，利用北约的军事设施和军事工具。它包含下列几个主要部分：（a）北约—欧盟安全协议；（b）欧盟领导的危机管理行动能够确保获取北约计划指导的能力；（c）欧盟领导的危机管理行动可利用北约的设施和能力；（d）确定公布、监督、归还、征用北约设施和能力的程序；（e）关于欧洲盟军最高司令官（DSACEUR）和北约欧洲指挥选项（European Command Options for NATO）的参考条款；（f）关于欧盟领导的民事危机管理中使用北约设施和能力的北约欧盟沟通协议；（g）关于协调和相互增强必要能力的安排。所有这些内容都被 2003 年 3 月 17 日达成的"框架协议"捆绑在一起。自此之后，柏林附加协定文件包就构成了欧盟和北约在实践中合作的基础。http://www.nato.int/shape/news/2003/shape_eu/se030822a.htm。

② 这是很有趣的现象，欧盟的行动当中竟然有非欧盟成员国的人员参加，不过他们的行动代表欧盟。Stefano Recchia, "Beyond International Trusteeship: EU Peace - Building in Bosnia and Herzegovina," *Occasional Paper*, Paris: EU Institute for Security Studies, No. 66, February 2007, pp. 13 - 14。

③ Leo Michel, "NATO and the EU Stop the Minuet; It's Time to Tango", *EuroFuture*, Winter 2004, pp. 88 - 89; Julie Kim, "Bosnia and the European Union Military Force: Post - NATO Peacekeeping", *CRS Report for Congress*, RS21774, Washington, D. C., December 5, 2006.

④ Stefano Recchia, "Beyond International Trusteeship: EU Peace - Building in Bosnia and Herzegovina", *Occasional Paper*, Paris: EU Institute for Security Studies, No. 66, February 2007, p. 14.

四　欧盟对波黑国家构建政策取得的成就

1. 在民事建设方面与国际社会开展有效合作，凸显出欧盟的能力和价值

鉴于波黑局势错综复杂，单凭欧盟自身很难实现对波黑进行全方位改革和建设的任务，因此加强与其他国际机构的配合就成了欧盟对波黑政策的重要方面。在波黑有六个主要的国际机构参与该国的和平重建、制度改革等，分别是高级代表办公室/欧盟特别代表（OHR/EUSR）、欧盟委员会、欧安组织、联合国难民事务高级专员（UNHCR）、国际货币基金组织和世界银行。

高级代表办公室/欧盟特别代表是国际社会主要代表，它负责协调所有国际组织在波黑的工作，以及监督波黑在民事方面的国家构建，但必须向全面负责战后波黑民事建设的和平执行理事会（PIC）[①] 指导委员会汇报工作。1997 年，伴随着波恩权力（Bonn Powers）[②] 的增加，高级代表办公室的权限也得以扩大，高级代表办公室被赋予颁布法令和解雇波黑表现不力的公务员的权力。高级代表办公室的活动经费主要来源于和平执行理事会指导委员会成员国的资助。以 2006 年为例，高级代表办公室的预算是 660 亿欧元，资助的分摊比例分别是欧盟 53%、美国 22%、日本 10%、俄罗斯 4%、加拿大 3.03%、伊斯兰会议组织 2.5%、其他行为体 5.47%。[③] 因为

[①] 和平执行理事会是根据《代顿协议》特别设立的，用于协调和动员国际社会实施该协议的专门组织。该组织由 55 个国家和机构组成，采取一致决议的办法，用于全面指导战后波黑民事方面的建设，而和平执行理事会指导委员会还有任命国际社会高级代表的权力，但不负责掌管北约领导的军事稳定部队（SFOR）。

[②] "波恩权力"源自《代顿协议》。1997 年 12 月，和平执行理事会在波恩召开的会议上，首次承认在《代顿协议》框架下的高级代表拥有"波恩权力"，这是鉴于波黑局势不稳定，和平执行理事会让高级代表根据自己对《代顿协议》的理解运用自己的权力来实施相关政策，来克服决策中遇到的困境。和平执行理事会强调，高级代表在任内可以根据《代顿协议》来决定波黑各临时机构召开共同会议的时间、地点、主席等，并且在必要时采取其他措施来确保和平协议得以增强，甚至包括解雇不依法行事的政府官员。Bart Szewczyk，"The EU in Bosnia and Herzegovina: Powers, Decisions and Legitimacy", *Occasional Paper*, European Union Institute for Security Studies, No. 83, March 2001, p. 30.

[③] Stefano Recchia, "Beyond International Trusteeship: EU Peace – Building in Bosnia and Herzegovina", *Occasional Paper*, Paris: EU Institute for Security Studies, No. 66, February 2007, pp. 14 – 16.

高级代表办公室可以动用广泛的权力，高级代表几乎能在波黑政府的任何地方和领域推动改革。当然，高级代表的作用，在某种程度上依靠谁在掌权。这一职位大多数由欧洲人把持，欧盟的影响力由于欧盟特别代表阿什当（Paddy Ashdown）被任命为国际社会驻波黑高级代表而得以增强。阿什当及其继任者，既要向和平执行理事会负责，也要向欧盟部长理事会、共同外交和安全政策高级代表索拉纳负责。

需要强调的是，国际社会联合建立的高级代表办公室发挥的作用是关键性的，如果没有高级代表办公室的定期干预来调解波黑国家构建中的僵局，解雇阻碍国家构建的公务员，执行相关法令，《代顿协议》将很难起到作用。而欧盟承担的工作是使波黑逐渐脱离国际监管，建立具有功能性的国家制度并与欧盟的规范相融合，这也是国际社会工作的核心。①

欧盟总体上是用入盟前景来推动波黑进行必要的改革，而欧盟委员会的责任是制定波黑入盟的技术指标。虽与国际社会高级代表都属欧盟管辖，但双方分工不同。欧委会主要负责波黑入盟方面的工作，它在波黑有自己独立的组织、人员和使命，并且与欧盟高级代表相互独立。虽然每周都与高级代表办公室代表会晤，但它有自己的指挥部门。② 欧安组织规模甚至比高级代表办公室还大，但它只是行使辅助性角色，该组织最初负责监督波黑选举，2002 年将这一权力交还波黑政府，开始将精力更多集中在监督人权和其他长期项目上，例如推动教育改革，支持波黑社会在更远的未来变得更民主。2002 年，联合国驻波黑使团（UNMBIH）使命结束，联合国难民事务高级专员、联合国开发计划署（UNDP）和联合国人权事务高级委员仍留在波黑。联合国难民事务高级专员的任务是协助难民返回家园，2003 年难民回返达到高峰，联合国难民事务高级专员随即加大了工作力度。联合国开发计划署和联合国人权事务高级委员这些机构的作用相对较小，主要是配合相关机构的活动。世界银行主要负责资助波黑的重建和发展，国际货币基金组织负责监督其经济情况并帮助波黑维持汇率

① Stefano Recchia, "Beyond International Trusteeship: EU PeaceBuilding in Bosnia and Herzegovina", *Occasional Paper*, Paris: EU Institute for Security Studies, No. 66, February 2007, p. 13.

② James Dobbins et al., *Europe's Role in Nation - Building: From the Balkans to the Congo*, California: Rand Corporation, 2008, p. 154.

稳定。

2. 推动波黑走上入盟轨道

事实上，国际社会经过一段时间的努力，稳定波黑局势的目标基本达到，这也是欧盟在波黑发挥影响力最明显的成就之一。

欧盟驻波黑稳定部队（EUFOR）成功维持了波黑和平。除 2006 年波黑议会选举期间发生过暴力活动外，波黑再未发生过民族间的暴力冲突，该国的犯罪率也下降到比许多西欧国家还低，[1] 波黑政治家们开始认真考虑改善国家的制度结构问题。[2] 现阶段欧盟驻波黑稳定部队的使命只是偶尔开展一些突袭行动来搜缴民间私藏的武器和支持警察打击有组织犯罪。由于安全形势的改善，欧盟驻波黑稳定部队的规模也从开始时的 6300 人减少到 2007 年 7 月的 2500 人。[3]

波黑的防务改革在这一时期也取得重要进展。根据《代顿协议》，防务权力仍掌握在波黑各实体之下，2002 年 "Orao" 丑闻[4]促使国际社会开始修改《代顿协议》某些内容。丑闻导致波黑塞族共和国陆军司令和波黑塞族共和国总统辞职，高级代表阿什当也解雇了几名官员。[5] 2003 年，阿什当建立防务改革委员会，致力于把防务权力转移到国家层面，但他却没有下令解除各实体的国防部或者把各实体的军队整合成统一的军队。2004 年，北约认为波黑不具备和平伙伴关系（PfP）[6]成员资格，就是因为它没有统一的军队。阿什当又重新建立了一个新的国防改革委员会，并明确要求建立

---

① James Dobbins et al. , *Europe' Role in Nation – Building*：*From the Balkans to the Congo*，California：*Rand Corporation*，2008，p. 158.

② International Crisis Group，"Ensuring Bosnia's Future：A New International Engagement Strategy"，*Europe Report* No. 180，2007，p. 3.

③ James Dobbins et al. , *Europe' Role in Nation – Building*：*From the Balkans to the Congo*，California：Rand Corporation，2008，p. 158.

④ 当年国际社会发现波黑塞族共和国所属的 Orao 航空研究所与南斯拉夫国有公司 Yugoimport 合作，秘密向伊拉克政权提供 MiG – 21 飞机零部件，而当时联合国正在对伊拉克实施武器禁运，塞族共和国这种做法严重违反了联合国的禁运规定。

⑤ Tobias Pietz，"Overcoming the Failings of Dayton：Defense Reform in Bosnia and Herzegovina"，in Michael A. Innes，ed. , *Bosnian Security After Dayton*：*New Perspectives*，New York：Routledge，2006，pp. 156 – 166.

⑥ 和平伙伴关系是北约发起的一项旨在确立北约和欧洲以及后苏联国家之间信任关系的框架项目。1993 年 10 月 20～21 日北约国防部长会议上，美国最早做出了这个提议，并且在 1994 年 1 月北约布鲁塞尔峰会上正式启动。

"波斯尼亚和黑塞哥维那统一武装力量",敦促该委员会成员加快改革。在各方努力下,塞族共和国国民大会和国家议会批准了改革建议,实体层面的军事力量被取消,组建国家层面军队的行动于 2006 年 1 月 1 日正式启动,并最终建成了统一的全国武装力量。[①]

国际社会在这一时期还成功地促成波黑情报机构的改革。战后波黑拥有"二点五"个情报机构(即塞族、克族和穆族均有自己的情报机构,但克族情报机构在波黑联邦内)。阿什当指定了一个改革委员会将现存情报机构整合到国家控制下的单一组织中。2004 年 6 月,波黑拥有了为议会服务的单一情报局。

经过多年的努力,波黑在各个层面取得了明显进步,在入盟道路上逐渐走上正轨。在经济层面,波黑经济开始初步向市场经济转变。在安全层面,波黑的准军事组织已被解散,被起诉的战争罪犯已经从政治生活中消失,安全得到普遍保障,言论自由和人员流动自由得以恢复,并在难民回返问题上取得巨大进步——至 2004 年年末,超过 100 万难民返回家园。同时,在与前南斯拉夫问题国际刑事法庭的合作上也取得进展,2008 年 7 月,前南战犯、原波黑塞族共和国总统拉多万·卡拉季奇(Radovan Karadzic)被捕并被送交前南斯拉夫问题国际刑事法庭审判。正因为取得上述进展,2008 年 6 月 16 日,欧盟正式与波黑签署了《稳定和联系协议》,波黑在入盟的道路上迈出了重要一步。

五 欧盟对波黑国家构建政策面临的障碍

1. 波黑宪法改革举步维艰,难以取得突破性进展

2005 年,欧洲理事会设立的威尼斯委员会发布了关于波黑宪法的报告,指出了波黑在国家功能上的诸多弱点。内容包括国家层面的制度结构比起实体层面来仍比较脆弱,各民族在议会和总统席位的代表性上也

---

① Tobias Pietz, "Overcoming the Failings of Dayton: Defense Reform in Bosnia and Herzegovina", in Michael A. Innes ed., *Bosnian Security After Dayton: New Perspectives*, New York: Routledge, 2000, pp. 163 – 169.

存在问题。① 美国和欧盟与波黑八个最大的政党协商草拟了宪法修正案，规定要扩大该国的议会代表权，削弱总统权力，削弱各民族在参议院的否决权，简化决策程序。这项行动得到和平执行理事会的支持。然而，改革在众议院没有获得两个政党——波黑克罗地亚民主共同体和波斯尼亚和黑塞哥维那党的支持。在哈里斯·希拉德吉奇（Haris SilaJdzic）领导下的波斯尼亚和黑塞哥维那党认为眼下进行这种改革的条件还不成熟。② 塞族政党坚持宪法应该保证各个实体（尤其是塞族共和国）的独立性，而其他很多政党坚决反对这种做法。尽管和平执行理事会仍继续鼓励宪法改革，但由于塞族坚持自身的实体地位而使宪法改革至今仍没有取得实质性进展。

2. 波黑功能性市场经济没有完全建立起来

尽管波黑内战结束了，但在波黑政治生活中，仍存在着庇护制度。③庇护制度的产生很大程度上源于波黑各民族利益集团所形成的统治格局，它从侧面说明脆弱的国家性无法从法律上保障制度和政策的透明性与公正性。学者米兰·斯库里克的相关研究表明，在波黑，各利益群体的代表占据着绝大多数地方市长的职位。《代顿协议》签订前后所延续的特权继承制确保了庇护制度的延续和受益链条的牢固性。庇护制度决定了财产的分配和获取各种利益的机会，利益集团和有权势的财产继承人自上而下控制着波黑的企业，他们联合垄断着波黑的娱乐场所、餐馆、银行，以及烟草、森林、电信、能源产业和自来水公司等④。这些获利者组成重要的国家政党，并且每个居于显要地位的国家政党都选择好自己的庇护人来维持各种各样的利益关系。这种利益关系在国家结构中纵横交错，从宏观层面来看，塞、穆和克族的领袖是三个民族经济利益的代表，每一个民族都组成了庞大的利益链条，彼此之间在政治和经济领域难以妥协；从

① Don Hays and Jason Grosby, "From Dayton to Brussels: Constitutional Preparations for Bosnia's EU Accession", *Special Report*, United States Institute of Peace, No. 75, October 2006, pp. 3 – 4.

② Don Hays and Jason Grosby, "From Dayton to Brussels: Constitutional Preparations for Bosnia's EU Accession", *Special Report*, United States Institute of Peace, No. 75, October 2006, pp. 9 – 11.

③ 有关对庇护制度和庇护主义的论述，见陈尧：《政治研究中的庇护主义——一种分析的范式》，《江苏社会科学》2007 年第 3 期。

④ Michael Pugh, "Postwar Political Economy in Bosnia and Herzegovina: The Spoils of Peace," *Global Governance*, No. 8, 2002, pp. 470 – 471.

微观层面来看，在三大民族下面又存在不同利益集团彼此为控制各种资源而互相争夺，这些复杂交错的网络分割了波黑整个国家的经济，难以形成功能性的市场。欧盟对这种顽固体制的干预软弱无力。在波黑财富分配和权力分享极端地不平等，经济私有化缺乏规范，非法和非正式的经济活动剥夺了政府的税收①，灰色和黑色经济盛行导致腐败蔓延。

3. 建立波黑独立和一体的警务力量成效不彰

警务力量在国家政治生活中非常重要，是国家生存和发展的基本保障力量之一，但对波黑各民族来说，这又是较敏感的问题。阿什当从 2003 年开始集中对波黑进行警务改革。2004 年，欧盟确定了改革的三个原则：第一，波黑政府在所有警务管理上拥有独一无二的权威；第二，各实体不得干预警务改革行为；第三，应以技术性而不是政治性的标准对各地区警务整合做出安排部署。② 这些原则一经提出立即遭到抵制。波黑塞族认为，如果采用这三项原则，塞族共和国将不会再有法律意义上的警务。基于此原因，塞族共和国领导人强烈反对。2004 年 7 月，阿什当建立警务重建委员会，推动在波黑政府控制下的多民族统一警务力量的建设。2005 年 10 月，阿什当向塞族共和国国民大会表示，应尽快接受三项改革原则并同意建立警务改革指导小组来实施这些原则。③ 警务改革启动后不久，欧盟另一位高级代表席林（Christian Schwarz – Schilling）于 2006 年 2 月接替阿什当的职位。席林支持阿什当的警务改革建议，但反对对警务改革不服从的政客采取包括解雇在内的激进办法。2006 年年末，警务改革进入关键时期，塞族共和国反对该项计划，担心警务改革会威胁到塞族共和国作为一个独立实体的存在，因此要求保留独立的警务区。④ 在塞族的反对下，波黑至今未能

---

① Peter van Walsum（OHR Economics Division），cited in "UN Envoy Says Officials Involved in Corruption"，UN Wire，17 August 2000.

② Timothy Donais，"The Limits of Post – Conflict Police Reform"，in Michael A. Innes，ed.，*Bosnian Security After Dayton：New Perspectives*，New York：Routledge，2006，p. 183.

③ Timothy Donais，"The Limits of Post – Conflict Police Reform"，in Michael A. Innes，ed.，*Bosnian Security After Dayton：New Perspectives*，p. 183；Gearoid O Tuathail，John O' Loughlin and Dino Djipa，"Bosnia – Herzegovina Ten Years After Dayton：Constitutional Change and Public Opinion"，*Eurasian Geography and Economics*，Vol. 47，No. 1，January – February 2006，pp. 63 – 66.

④ James Dobbins，et al.，*Europe's Role in Nation – Building：from the Balkans to the Congo*，California：Rand Corporation，2008，p. 160.

实现建设统一警务力量的目标。

4. 改革的积极推动者和执行者——国际社会高级代表的地位岌岌可危

高级代表阿什当在他就职宣言中确定了自己在波黑的工作目标：寻求正义和保持工作热情。[①] 在他任期内，他鼓励波黑政治家们积极进行改革，提高政府效率、承担更多的责任、创建更强有力的国家机构，他出台一系列措施加速经济自由化和促进就业。尽管任期很短，阿什当还是提出了 447 项决议，多于他的前任佩特里奇（Wolfgang Petritsch）——只颁布了 250 项决议。阿什当平均每月出台 9.93 个决议，而佩特里奇则是 7.58 个。在任职后期，阿什当开始从单方面提出决议转向与波黑政府共同通过和执行必要的法令。[②] 阿什当在任期内积极工作，完全支持《代顿协议》并确信自己没有违背该协议的规定。然而，许多波黑人却认为情况并非如此，尤其是阿什当在很多方面的激进主义做法——如可以自行决定解雇政府高级官员，实际上已经凌驾于政府法令之上了。2006 年 2 月，席林继阿什当出任高级代表后，不再动用"波恩力量"，意图培育波黑的"本土化"治理。他宣称的目标是在他任内关闭高级代表办公室，让波黑承担更多的自治责任，这直接导致阿什当推行的很多改革措施无果而终。2007 年接任高级代表的米罗斯拉夫·莱恰克（Miroslav Lajčák）和 2009 年接任这一职务的瓦伦蒂·因兹科（Valentin lnzko）均延续了席林的路线。目前，波黑塞族共和国一直对高级代表的权力持有异议，认为它过度干涉波黑国家主权，应该尽快解散或者关闭高级代表办公室。

美国角色的变化是影响高级代表地位的重要因素。在阿什当任内，美国在推动高级代表办公室制定对波黑政策上发挥关键作用。美国积极参与波黑财政、军事和警务改革，起诉战争罪犯，加强法治，并均显示出积极效果。这主要是因为波黑当局——尤其是穆族——更愿意服从美国而不是欧盟。在席林担任高级代表期间，美国不再全程参与和平执行理事会和高级代表办公室的活动，又由于席林在推动改革方面很不成功，美国对高级

---

① James Dobbins et al. , *Europe's Role in Nation - Building*：*From the Balkans to the Congo*，California：Rand Corporation，2008，p. 155.

② International Crisis Group，"Ensuring Bosnia's Future：A New International Engagement Strategy"，*Europe Report*，No. 180，2007，pp. 5，8，28.

代表办公室推进改革的能力也失去了信心。然而，波黑稳定仍与美国利益攸关，美国仍必须与波黑密切合作来追踪可能在此地从事恐怖活动的极端分子。

六　波黑国家构建的现状及未来走向

总的来说，影响波黑国家构建的主要结构性因素难以消除，两个实体共治的局面严重影响了国家功能的统一。与此相对应的是，政党政治的生态开始变得恶化，矛盾重重，宪法改革进展缓慢。

1. 实体间的对立没有改观，国家权力被架空

欧盟对波黑国家构建的主要目标是推动波黑的两个实体——塞族共和国和波黑联邦能够有效融合在一起，组成一个统一的、功能性的国家，而不是两个实体各行其政，各自朝着更加独立自主的方向发展。然而，自《代顿协议》签署以来，尽管国际社会包括欧盟做出了各种努力，但波黑两个实体之间的融合进展缓慢。

这一状况令欧盟非常不满。在 2010 年 11 月的欧盟扩大进展报告中，欧盟委员会强调，如果波黑计划在可预见的日期内被授予欧盟候选国地位，中央政府和各实体政府必须加速改革，尤其是在国家层面的制度整合上应做出更大的努力。在 2011 年 10 月 12 日发布的扩大进展报告中，欧委会又指出，波黑各方政治代表对国家未来发展的总体方向和制度建设缺乏共识，对提高国家政治机构的运作效率没有达成一致，2010 年 10 月 3 日进行选举后至今未完成在国家层面的政府机构建设任务，改革进展非常有限，这些都将长期拖延波黑的入盟进程。[①] 2013 年 10 月 16 日，欧委会在波黑扩大进展报告中再次提出，波黑在具体改革上仍然缺乏进展，建议不授予波黑欧盟候选国地位。[②]

实体层面融合的最大阻碍来自塞族共和国。塞族共和国总理（后于

---

① European Commission, "Enlargement Strategy and Main Challenges 2011 – 2012", Brussels, 12, 10, 2011, COM (2011) 666 final.

② http: //ec. europa. eu/enlargement/pdf/key_ documents/2013/package/brochures/bosnia_ and_ herzegovina_ 2013. pdf.

2010 年当选总统）多迪克所在的独立社会民主联盟控制着实体政府，并坚持实体应该具有更多的国家权力。这一要求直接造成塞族共和国与国际社会高级代表就塞族共和国的自治权以及高级代表的权限问题发生争执。高级代表坚持塞族共和国必须让渡更多的权力到波黑国家层面。多迪克挑战高级代表和波黑联邦机构的权威，认为高级代表过多干预波黑政治，应该尽早撤消。欧盟和美国等则拒绝给出关闭高级代表办公室的具体时间表。

2. 宪法改革不力，改善少数民族地位的《塞蒂克－芬奇法》无法落实

波黑宪法改革涉及多个层面的内容，比较引人关注的是不同民族在国家机构中的代表性问题。波黑籍公民罗姆人塞蒂奇（Dervo Sejdić）和犹太人芬奇（Jakob Finci）聘请律师上诉到欧洲人权法院，认为波黑宪法违反基本人权，也违反了欧洲人权公约，让少数民族失去过多权力。2009 年，欧洲人权法院做出判决，波黑宪法违反了欧洲人权公约，因为它把主席团成员和议会人民院的代表只局限在三个民族上：穆族、塞族和克族。欧盟认为当前波黑各党派必须推动宪法改革，解除宪法中对少数民族党派的歧视性作法，切实履行欧洲人权法院对于《塞蒂奇－芬奇法》的相关判决。

然而，推进宪法在此领域的改革并不顺利，由于党派纷争，这一问题迟迟无法解决。2012 年 7 月 13 日，波黑各党派关于宪法改革的谈判以失败告终。2012 年 7 月 23 日，波黑主席团成员、波黑社会民主党副主席、穆族代表科姆希奇从波黑社会民主党辞职，主要原因是该党领导机构未对宪法改革达成一致。在 7 月 20 日波黑社会民主党和穆族盟友波黑克罗地亚民主共同体召开的会议上，双方达成一致，未来国家主席团代表成员需要由议员选举而不是通过选民直选产生。科姆希奇反对该协议，认为这违反了欧洲人权法院关于《塞蒂奇－芬奇法》的判决。波黑政府向欧盟承诺的宪法改革时间表为：8 月末向欧盟提交宪法修正案，9 月末执行新修订的宪法。但这些承诺最终沦为空谈。2012 年 9 月初，欧委会欧盟扩大事务和邻国政策高级专员傅勒和欧洲委员会秘书长雅格兰德（Thorbjorn Jagland）发表联合声明称，波黑政府领导人将主要精力集中在内部党争而不是入盟上。①

---

① Economist Intelligence Unit, "EU Call for Constitutional Reform in BiH," *Country Report*, *Bosnia and Herzegovina*, September, 2012.

2012 年 9 月 9 日，欧洲理事会主席范龙佩在萨拉热窝访问时再度催促波黑政府进行宪法改革，并强烈批评波黑政治家们在执行欧洲人权法院的判定上无所作为。

尽管存在上述问题，波黑在宪法改革上还是迈出了艰难的步伐。2013 年 12 月 3 日，欧盟扩大事务和邻国政策高级专员傅勒在捷克的布拉格与来自波黑的 7 名政治家就欧洲人权法院《塞蒂奇－芬奇法》的判决进行磋商，就如何执行这一判决初步达成一致；在人民院和主席团轮值主席的选举方法和人员构成上也达成一定的共识，并将持续而深入地讨论这一问题，争取最终彻底解决这一问题。① 总的来说，波黑的宪法改革任重道远，困难重重。

3. 政党政治不稳定，政治体制运行受到挑战

尽管包括欧盟和美国在内的国际社会一直鼓励波黑进行宪法改革来增强国家的凝聚力，三股主要的政治力量——代表穆族的民主行动党（Party of Democratic Action）、代表塞尔维亚族的独立社会民主联盟（Alliance of Independent Social Democrats）以及代表克罗地亚族的波黑克罗地亚民主党联盟——也都表明它们愿意在一定范围内进行宪法改革，并且在 2009 年达成了一个框架性协议。然而，由于全球金融危机和欧洲主权债务危机的爆发导致政府政治动荡和社会不满加剧，尤其是波黑政府进一步削减公务员工资以及战争老兵的抚恤金来缓解危机的做法，引发共和国内部不同党派关系持续紧张。

2010 年 10 月 3 日，波斯尼亚和黑塞哥维那举行大选，2010 年 12 月 2 日，选举结果公布。在主席团选举中，塞族成员拉德马诺维奇、克族成员科姆希奇连任，穆族成员巴基尔·伊泽特贝科维奇当选，三人将轮流担任主席团轮值主席。在国家议会代表院 42 个席位的角逐中，波黑社会民主党（多民族）、波黑独立社会民主联盟（塞族）和波黑民主行动党（穆族）议席领先。曾担任塞族共和国总理的多迪克当选塞族共和国总统。然而，在政府组成问题上主要党派矛盾不断。

穆族长期推动建立权力集中和统一的波黑国家政权，意图削弱塞族共

---

① http：//europa. eu/rapid/press－release_ MEMO－13－1082_ en. htm.

和国和波黑联邦两大实体的权力，以在国家层面获得更大影响力，它希望在组阁中谋求包括部长会议主席（总理）和外长等要职在内的五个席位，以此主导政府。塞族力图巩固塞族共和国的实体地位，并在国家机构中尽量争取更大的利益，要求获得包括外长在内的四个内阁席位。克族则一贯强调民族独立性和代表性，波黑前两任总理分别由穆族和塞族担任，因此克族坚持"轮流坐庄"原则，要求获得总理和另外两个部长席位。经过讨价还价，2011 年 12 月 28 日，波黑六个主要政党（民主行动党、独立社会民主共同体、波黑塞尔维亚民主党、波黑克罗地亚民主联盟、克罗地亚民主共同体 1990 和波黑社会民主党）就组建新一届政府达成协议：部长会议主席由克族人担任，外交部部长由穆族人担任，而财政部部长由塞族人担任。此后，克族代表贝万达（Vjekoslav Bevanda）当选部长会议主席并牵头组成新一届政府，穆族代表拉古姆季亚（Zlatko Lagumdzija）担任外交部部长，塞族代表什皮里奇（Nikola Spiric）担任财政部部长。2012 年 2 月 10 日，波黑国家议会代表院以 26 票赞成、7 票反对、1 票弃权通过新一届部长会议（政府）成员名单。

　　但新组成的政府并不稳固，党派之间矛盾重重。在波黑联邦中，影响最大的两大政党——波黑社会民主党和民主行动党出现矛盾。2012 年 4 月 18 日，波黑中央政府出台了 2012 年预算案。在这项被批准的总计达 6.38 亿美元（约 4.75 亿欧元）的预算案中，对几项公共花费进行了削减，包括公共部门工作人员的薪水（减少 4.5%）、2010 年立法规定的应支付但尚未支付的战争老兵的抚恤金、2013 年人口普查基金、2012 年地方议会选举花费、与克罗地亚合作建立欧盟标准的边境通道花费等。[①] 然而，民主行动党不同意该预算，并提出 10 项修改意见，此举遭到波黑社会民主党否决，民主行动党遂投票反对该预算案。2012 年 5 月 31 日，波黑国家议会代表院还是批准了 2012 年预算案。此后波黑社会民主党开始清党行动，该党主席拉古姆季亚坚持民主行动党应从部长会议中退出两名部长和一名副部长的职位。但后续事态表明，清党行动遭到抵制，并导致政局更加错综复杂。

---

① http：//www.securitycouncilreport.org/monthly – forecast/2012 – 05/lookup_ c_ glKWLeMTIsG_ b_ 8075201.php.

无论在波黑国家层面，还是在实体层面，政党政治纷争和内讧迭起，严重影响到政府的稳定性，使得政党政治仍处于不成熟阶段，国家构建任务艰巨，仍需要漫长的探索时间。

总之，基于上述原因，波黑在入盟进程中已经明显落后于西巴尔干其他国家，波黑必须积极推进改革。自2010年开始至2013年，在欧盟历年的扩大进展报告中，均未提及要授予波黑欧盟候选国资格。在2013年12月17日召开的欧盟部长理事会议上，各方就欧盟东扩事务进行讨论，在探讨波黑问题时，部长理事会除了对波黑入盟进程表示支持外，强烈批评波黑在入盟进程上未取得重要进展。在会议结论中，理事会对由于波黑领导机构缺乏改革的政治意愿导致入盟进程停滞表示严重关注。

第八章

欧盟对马其顿的国家构建政策

一 马其顿的国家性问题

1991 年 11 月 20 日，马其顿正式宣布独立，但由于希腊反对其使用"马其顿"的国名而迟迟未被国际社会普遍承认。1992 年 12 月 10 日，马其顿议会经投票决定，将马其顿国家改名为"马其顿共和国（斯科普里）"。1993 年 4 月 7 日，马其顿以"前南斯拉夫马其顿共和国"为暂时国名加入联合国。

马其顿是南联邦中为数不多的用和平方式获得独立的国家。马其顿人民通过全民公决、制定新宪法、协商等方式，让南斯拉夫联邦人民军撤离马其顿领土，实现了独立，从而避免卷入前南斯拉夫地区的武装冲突，走上了和平、稳定的发展道路。之所以能做到这一点，与它得到"国际保护"是分不开的。早在 1993 年 2 月，应马其顿共和国政府的请求，联合国派出 700 名维和部队士兵来到马其顿，部署在马其顿与塞尔维亚、科索沃以及阿尔巴尼亚接壤的地区，以防止国内民族冲突和塞尔维亚的"进攻"。与此同时，联合国还派遣 100 余名文职人员和军事观察员赴该共和国行使其他职责。联合国向没有发生冲突和战争的国家派出维和部队，这在联合国维和行动史上尚属首次。

从理论上讲，马其顿共和国并不存在严重的国家性问题。然而，无论从内政还是外交上讲，均存在影响其国家功能正常发挥的因素，这些因素使其国家能力受到限制,阻碍了入盟进程。从内政上看,马其顿族同阿族的关系问题和选举问题仍是影响国家性的主要因素,并且成为入盟主要障碍之一;从外交上看,马其顿和希腊的国名争执也大大削弱了马其顿对外交往的能力和空间,成为影响马其顿加入欧盟的一个主要外在因素。

(一) 内政问题

1. 阿尔巴尼亚族和马其顿族的纷争

阿尔巴尼亚族是马其顿共和国境内少数民族人口人数最多和民族主义情绪最强烈的一个民族。第二次世界大战后,阿族人开始进入马其顿的城市生活和工作,使马其顿长期比较和谐与平静的民族关系出现摩擦。特别是20世纪80年代初科索沃阿族人起事后,马其顿的阿族提出了种种改善阿族地位与权益的要求。20世纪90年代初,随着南联邦解体,阿族同马其顿族的矛盾进一步加深。

1990年11月至1992年11月,马其顿进行了两次人口普查,阿尔巴尼亚族均采取抵制态度,不予合作。阿尔巴尼亚族主要是寻求政治上与马其顿族平起平坐,为此,一直把马其顿人口普查视为一个敏感问题。

在南斯拉夫解体过程中,受欧共体成员国希腊的影响,欧共体拖延承认马其顿也加剧了民族关系的紧张。无法得到欧共体的承认导致执行温和政策的政府总理尼古拉·克留谢夫(Nikola Kljusev)在1992年7月下台。马其顿民族主义者,即马其顿内部革命组织——国民团结民主党(Democratic Party for Macedonian National Unity,VMRO – DPMNE)随后掌权。[1] 马其顿民族主义者采取疏远该国阿尔巴尼亚族人的政策。此外,他们颁布的宪法在导言中把马其顿定义为:"马其顿人的民族国家"并"包括其他民族"。把马其顿语列为官方语言,入籍需要公民身份(连续在马生活25年)。直到南斯拉夫解体,这种做法一直保留着,阻止了阿尔巴尼亚人和马其顿人的自由相处。[2] 另外,高等教育机构也不愿意提供阿尔巴尼亚语教学。[3] 尽管阿尔巴尼亚人抵制1991年9月的独立公投,并且其议员对一个

---

[1] "Macedonian Government Falls", *RFE/RL Research Report*, 17 July 1992, p. 82.

[2] "Human Rights in the Former Yugoslav Republic of Macedonia", *Helsinki Watch*, 7, 1994.

[3] "The Albanians of Macedonia", *The Southern Balkans*, London:Minority Rights Group, 1994, pp. 25 – 31.

月后的新宪法投弃权票，但他们并没有反对马其顿在 1991 年 12 月寻求欧共体的承认。不过，在欧共体拖延承认马其顿期间，1992 年 11 月，阿尔巴尼亚族主要政党民主繁荣党（The Party for Democratic Prosperity – PDP）副主席萨米·伊布拉希米（Sami Ibrahimi）呼吁欧共体推迟承认马其顿，直到政府对宪法做出改变，"承认阿尔巴尼亚族与马其顿族共同构成'新的民族国家'。"① 伊布拉希米说，如果不做出这样的改变，民主繁荣党将被迫在阿尔巴尼亚族占支配地位的西马其顿建立一个自治省。② 欧共体拖延承认马其顿的做法，为阿尔巴尼亚族提供了一个杠杆，被其用来要求马其顿执政当局提升阿族地位。

20 世纪 90 年代初，马其顿阿族的两个主要政党——民主繁荣党和人民民主党，在马其顿议会 120 个席位中，分别占 22 席和 1 席；在当时马其顿政府的 22 个部门中，阿族拥有 5 位部长和 4 位副部长；另外，马其顿西部的市镇领导人，绝大多数为阿族人。社会调查表明，72% 的阿族人支持民主繁荣党的纲领和主张。阿族政党的领导人在各种场合公开表示，阿族人在马其顿属于"下等公民"，他们应获得与马其顿族人"完全平等的权利"，建立"阿尔巴尼亚人、马其顿人地位平等的民族联邦国家"，只有这样，"巴尔干半岛上的诸多问题才能获得根本的解决"。阿族中的极端民族主义者要求"尊重阿族在马其顿的一切民族权利"，承认阿族是马其顿的一个民族，实行区域自治，阿语和马其顿语同属官方语言，开办属于阿族人的中学和大学，在社会生活中允许使用阿族的民族标志和旗帜，等等。这些言论和行动立即产生了扩散效应。1992 年 1 月，在泰托沃（Tetovo）召开了阿族"政治和领土自治大会"，就阿族自治问题组织马其顿各地的阿族人签名和投票。同年 4 月，阿族在马其顿西北部聚居区戈斯蒂瓦尔宣告成立"伊利里达"自治共和国。同年 11 月 6 日，成千上万阿族人"进军"马其顿首都斯科普里，引发大规模骚乱。此后不久，阿族领导人不顾马其顿政府的反对，在泰托沃的一个山村成立了一所大学，只招收阿族学生入学。官方

---

① "Minority Threatens Macedonia Split", *The Guardian*, 17 November 1992.
② 早在 1992 年 1 月，马其顿的阿尔巴尼亚族人就举行了非正式公投，他们声称超过 90% 的阿尔巴尼亚族人参加了投票，99% 的人支持领土和政治自治。Hugh Poulton, *Minorities in Southeast Europe：Inclusion and Exclusion*, London：Minority Rights Group, 1998, p. 26.

拒不承认该大学,但学校却仍然存在,并不断扩大。上述矛盾表明,马其顿国家内部民族的对立已经成为影响国家构建的重要因素。这一对立因素随时会爆发,造成这个国家和巴尔干区域的动荡。

2. 选举问题

选举问题是马其顿的重要内政问题,也是影响其国家功能的重要问题。

马其顿独立后的头十年,选举问题伴随着向民主体制转型而喜忧参半:选举法不断得到修改,政党不断出现并重组,一些选举中的基本问题如投票人名单问题不断得到研究和改进。同时,选举中一些不规范现象一直存在,如制造选票(ballot stuffing)、不按规定投票以及在压力下投票等。[①]

自2001年与欧盟签署《稳定和联系协议》后,马其顿在2002年、2006年和2008年举行了三次议会选举。就2008年这次选举来说,国家权力从2006年组成右翼联合政府的马其顿社会民主联盟(SDSM)转向马其顿内部革命组织——国民团结民主党。这两个党连同它们的联合政府合作伙伴,主要吸引马其顿族人进入政府。阿尔巴尼亚族政党在每届联合政府中均有代表,两个主要的政党是阿尔巴尼亚民主党(DPA)和一体化民主联盟(DUI)。

马其顿的选举问题呈现两个方面的特点。第一是政治问题诸如对国家选举委员会施加政治压力[②]和残酷的政治竞争导致对有倾向的党派采取暴力活动。[③]激烈的政治竞争引发了某些潜规则的形成,诸如对投票箱做手脚、窃取投票用纸、恫吓投票人、选举委员会采取偏袒行为,甚至逼迫欧洲安全与合作组织-民主机构和人权办事处(OSCE/ODIHR)宣布选举"无法满足重要承诺"[④]等。第二个特点更具行政色彩,诸如在投票人名单上做文章,许多投票人看起来并不具备注册选民资格[⑤]。其他问题还包括不严格依据

---

① S. Skaric, *Democratic Elections in Macedonia 1990 - 2002*, *Analyses*, *Documents and Data*, Berlin: Sigma Edition, 2005.

② OSCE/ODIHR, "Former Yugoslav Republic of Macedonia, Parliamentary Elections, 15 September 2002," *Final Report*, Warsaw, 20 November 2002.

③ OSCE/ODIHR, "Former Yugoslav Republic of Macedonia, Parliamentary Elections, 5 June 2006", *Final Report*, Warsaw, 18 September 2006.

④ OSCE/ODIHR, "Former Yugoslav Republic of Macedonia, Municipal Elections 13 and 27 March and 10 April 2005", *Final Report*, Warsaw, 8 June 2005, p. 1.

⑤ OSCE/ODIHR, "Former Yugoslav Republic of Macedonia, Presidential Election 14 & 28 April 2004", *Final Report*, Warsaw, 13 July 2004.

规则计票等。①

马其顿制定的选举框架相对来说比较科学和民主，议会选举依据的是地区比例制。2005 年国家分权化改革完成后，地方选举的组织工作发生了彻底的改变，这也是《奥赫里德框架协议》中规定的一个关键的方面。2006 年选举的法律框架被完全修改，根据选举法的相关内容，对选举管理方式也做了大幅度修正。一个变化就是设立了国家选举委员会，它是主要的负责选举的机构。2006 年之前，它是一个临时机构，没有全职雇员。自 2006 年开始，国家选举委员会成为一个全职机构，秘书处也正式建立，工作人员主要通过公开竞聘选拔（根据选举法第 27 条）。国家选举委员会下设级别稍低的选举委员会，由市政选举理事会（MEC）组成，主要负责每个行政市的选举工作。每个投票站均由选举小组（EB）管理，并受市政选举理事会监督。2006 年选举法的变化主要体现在市政选举理事会和选举小组的成员不再代表任何一个政治党派，而是从公务员中选拔，避免政党对选举过程施加影响，提高民众对选举体系的信任度。

但马其顿的选举问题解决不易。欧洲安全与合作组织－民主机构和人权办事处已经注意到，无论法令的质量有了多大的改善，是否能落实到实际选举中仍取决于行政当局和其他负责执行和维护选举法的利益攸关者的态度，并认为，马其顿的选举问题远比制定一个选举法要复杂得多，② 只是把选举标准融入法令当中仍不能确保自由和公正的选举。

例如，国家选举委员会本身就存在一些结构上和组织上的问题，妨碍了自由和公正的选举。国家选举委员会秘书处建立后，工作人员一直缺乏，在组织 2009 年选举时，只雇佣到计划中一半的工作人员，导致选举期间工作人员严重不足。国家选举委员会决策迟缓和秘书处执行力低下导致选票纸和培训指南的打印延迟，加之对选举小组工作人员的培训不到位，结果使得选举组织混乱，漏洞百出。

①　OSCE/ODIHR, "Former Yugoslav Republic of Macedonia, Municipal Elections 13 and 27 March and 10 April 2005", *Final Report*, Warsaw, 8 June 2005, p. 15.

②　OSCE/ODIHR, "Former Yugoslav Republic of Macedonia, Parliamentary Elections, 5 June 2006", *Final Report*, Warsaw, 18 September 2006, p. 25.

欧洲安全与合作组织－民主机构和人权办事处发现，在马其顿投票站存在大量不规范的现象。2006 年之前，国际监督机构看到的严重的不规范现象主要是代理投票、投票表造假、漠视投票关键保障措施，如没有审查投票人的手印或笔迹、投票人没有在投票表上签名、不审查投票人的身份等。此后检查出来的问题还有制造选票：在投票表上有许多相似的签名以及选票数量大大超过在投票表上的签名人数。因此，选举结果就很有问题了。

西方观察家们认为，产生这种现象部分是因为人们对选举程序缺乏了解，但事实也表明政党应做出更多的努力，限制其支持者参与到选举舞弊中。政府官员应澄清，任何形式的选举舞弊或恫吓行为都是完全不可接受的。2006 和 2008 年的选举中，可以发现这些严重的问题部分是精心组织的：从早期的宣传战到选举小组工作人员的选择都是如此。在 2006 年选举中，各政党失去了对某些程序的控制，选举小组和市政选举理事会承受了相当大的政治压力。在 2008 年的选举中可以看到同样的情况，许多选举小组成员和市政选举理事会成员不愿意参加培训甚至辞职，因为他们担心被看作是利益攸关者。这也证明利益攸关者事实上并不希望选举规则发挥作用，他们通过窃取选票或者买通投票人而避免选举出现无法控制的局面。也就是说，马其顿虽有选举规则，但在实际执行中并未得到完全的贯彻。

庇护主义的政治结构可以解释，为什么某些行为体不愿意举行自由和公正的选举以及为什么某些行为体（如政党）不完全履行或者尊重选举法。庇护主义的政治结构把投票人和政党的关系固定为一种金钱关系。这种关系意味着投票人选择他们的政治代表不是基于从计划建立的公共物品中获益而是评估个人的具体收益。如果政治家们能兑付投票人想要的，庇护主义结构就会流行。只有当政治家无法兑付投票人想要的，更具公共性的政治选举才能实现。[1] 在庇护主义的政治结构下，对投票人来说，没有理由放弃他们在选

---

[1] M. M. Lyne, "Rethinking Economics and Institutions: the Voter's Dilemma and Democratic Accountability", in H. Kitschelt and S. I. Wilkinson, eds., *Patrons, Clients, and Policies: Patterns of Democratic Accountability and Political Competition*, Cambridge: Cambridge University Press, 2007.

举活动中的收益，这在某种程度上造成选举规章无法得到遵守。

（二）外交问题：马其顿的国名困扰

马其顿在 1991 年宣布独立时，饱受身份问题的困扰。在第一次巴尔干战争（1911～1913 年）的影响下，"马其顿"在很长的历史时期里是一个地理概念，作为一个国家和政治实体的马其顿很大程度上已不复存在。第一次巴尔干战争使马其顿被分割，随后分别被合并到保加利亚、希腊和塞尔维亚。① 第二次世界大战后，铁托在南斯拉夫马其顿地区建立了马其顿共和国，这不仅代表了它的复活，而且为建立独立的马其顿国家创造了条件。该共和国给予"西保加利亚人""斯拉夫希腊人（Slavophone Greeks）"、"南塞尔维亚人"以官方正式承认的语言、文化和制度。② 结果，很多保加利亚人、希腊人和塞尔维亚人在某种程度上怀疑马其顿民族的真实性。③ 一名记者曾把这块土地描述为"政治上的无主之地，它是塞族人、阿族人、保加利亚人和希腊人互相争斗，以及伴随着不成熟的马其顿民族主义运动而形成的地缘政治板块"。④ 许多塞尔维亚人回忆说，马其顿曾经是南塞尔维亚的一部分，而保加利亚人把马其顿人看成西保加利亚人，希腊人则拒绝接受在北希腊之外还有马其顿的存在，⑤ 认为"马其顿"这一国名包含着对希腊的领土野心。

事实上，在南斯拉夫解体危机中，国际社会对马其顿的承认有利于重新塑造马其顿的国家性。国际社会的承认与身份问题密切相关⑥，对马其顿

---

① H. R. Wilkinson, *Maps and Politics: A Review of the Ethnographic Cartography of Macedonia*, Liverpool: Liverpool University Press, 1951, chapter 8.

② Duncan M. Perry, "Macedonia: A Balkan Problem and a European Dilemma", *RFE/RL Research Report*, 19 June 1992, p. 36。"民族构建"是苏联等社会主义国家构建的一个重要特征。对这一问题的讨论见 Ronald Grigor Suny, *The Revenge of the Past: Nationalism, Revolution and the Collapse of the Soviet Union*, Stanford: Stanford University Press, 1993, chapter 3。

③ John B. Allcock, "The Dilemmas of an Independent Macedonia", ISISB, Briefing No. 42, London: International Security Information Service, June 1994, p. 3.

④ Robert D. Kaplan, "History's Cauldron", *The Atlantic Monthly*, June 1991, p. 94.

⑤ John B. Allcock, "The Dilemmas of an Independent Macedonia", *ISIS* Briefing No. 42, London: International Security Information Service, June 1994, p. 3.

⑥ 关于身份与承认的讨论，见 Charles Taylor, *Multiculturalism and "The Politics of Recognition"*, Princeton: Princeton University Press, 1992.

来说，国际社会的承认对于巩固破碎的国家身份是很关键的。①

然而，获得国际承认之后的马其顿仍面临很多问题。由于马其顿坚决拒绝放弃使用"马其顿"这个国名，而希腊则坚持马其顿必须放弃这个名字，导致双方的矛盾激化。鉴于马其顿内在身份基础比较脆弱，马其顿人担心放弃这个名字等于自杀。正如曾任马其顿外交部部长的邓科·马莱斯基（Denko Maleski）在 1992 年解释的："我们使用这个名字几个世纪了，它把我们作为一个民族与周边民族区分开，周边民族有保加利亚人、塞尔维亚人、希腊人、阿尔巴尼亚人。'马其顿'这个词对我们来说不仅仅是一个词、一个名字或者一个国家。'马其顿'这个词是我们历史的一部分，是我们文化的一部分，是我们孩子听到的故事里的一部分，是我们歌曲的一部分。它对我们的身份来说很重要。所以，如果我们把'马其顿'这个词从我们的国名中清除，我们将在事实上制造一种身份危机……我们将会再度提出长达一个世纪之久所辩论的问题：居住在这里的人到底是谁。"②

为缓解来自希腊的压力，1992 年 1 月 6 日，马其顿议会通过了两项宪法修正案，保证不对任何邻国提出领土要求，保证不干涉其他国家主权和内部事务。③ 这些保证却无法让希腊满意，希腊坚持要求马其顿放弃国名。正如希腊在写给联合国秘书长的信中所解释的："有必要强调的是，斯科普里当局明确采用包含范围如此之大的地理区域名称作为国名，它将涉及周边四国的领土……这一事实本身已经明显破坏了周边国家的主权……毫无疑问，马其顿共和国官方独自使用马其顿这个名字，将会是对时下斯科普里的民族主义激进分子以及未来一代扩张要求的刺激。"④

由于争执不下，希腊对马其顿实行经济制裁，并产生了明显效果。到 1992

---

① Duncan M. Perry, "Macedonia: A Balkan Problem and a European Dilemma", *RFE/RL Research Report*, 19 June 1992, p. 36.

② Duncan M. Perry, "The Republic of Macedonia and the Odds for Survival", *RFE/RL Research Report*, 20 November 1992, p. 14.

③ Constitution of the Republic of Macedonia, Amendments I and II。希腊尤其反对宪法第 49 条，该条规定：共和国关注邻国的马其顿族人以及移居海外的马其顿族人的地位和权利，援助他们的文化发展并促进与他们的联系。

④ Letter Dated 25 January 1993 from the Permanent Representative of Greece to the United Nations Addressed to the Secretary-General, UN Doc. S/25158, 25 January 1993, Appendix.

年 10 月，希腊的石油禁运导致马其顿石油价格飞涨，部分企业停止运作，长期的石油需求压力以及农业减产，促使美国政府驻斯科普里非正式代表（美国当时还没有承认马其顿）在一份国际备忘录中警告，在马其顿的首都有可能爆发暴力骚乱。

联合国于 1993 年做出决定，国际社会可以以"前南斯拉夫马其顿共和国"的名字承认马其顿，但希腊方面仍不妥协，并从 1994 年开始对马其顿再度实行禁运。1995 年 9 月，希腊和马其顿签订了《临时调整关系协议》，两国关系开始正常化。希腊开始取消对马其顿的封锁，马其顿则修改宪法，更改对境外"马其顿少数民族"的有关提法和将国旗上的 16 道阳光线改为 8 道。从 20 世纪 90 年代中期起，希腊在马其顿的外国投资数量中居第一位。希腊和马其顿在联合国特使的斡旋下，一直就国名这一悬而未决的问题进行谈判，但迄今未有结果。

马其顿国名问题对其国家性的损害是现实存在的，尽管不会对国家发展构成实质性威胁，但极大影响了马其顿同欧盟的关系进展，不利于其入盟进程。

二 欧盟和国际社会对马其顿国家构建的努力

1. 危机干预的必要性

马其顿西部与阿尔巴尼亚有 191 公里的共同边界，其西北部同塞尔维亚共和国的科索沃有 160 公里的共同边界，边界附近地区都是阿族聚居区。马其顿同塞尔维亚于 2001 年 2 月签订了边界协议，但正寻求独立的科索沃不承认该协议，称塞尔维亚无权决定科索沃与马其顿的边界。

于是，2001 年 3 月，科索沃阿族武装力量会同马其顿境内的阿族非法武装建立了"民族解放军"。马其顿"民族解放军"的兴起与科索沃阿族人激进运动有关。20 世纪 90 年代中期，科索沃阿族人的激进运动导致前南境内的科索沃、马其顿、塞尔维亚南部等地阿族民族主义泛滥。从南联邦独立出来的各共和国国内的阿族人开始要求建立自己的国家，并与阿尔巴尼亚合并。马其顿的许多阿族人也进入科索沃参加反对塞族人的战斗。1999 年年初，大约有 4 万马其顿阿族人在科索沃或沿阿尔巴尼亚边境和"科索沃解放军"并肩战斗。1999 年 9 月，在北约的压力下，"科索沃解放军"被迫解散，但一些人继续在马其顿保持活动。2000 年夏，数百名马其顿的前"科索沃解放军"成员开始进行训练和编组，他们在沿科索沃和马其顿边境地带的山区设立了训练基地和武器库，自此，马其顿阿族的武装组织发展迅速。2001 年 1 月，"民族解放军"迅速成为公众关注的焦点。马其顿的阿族反叛者都声称效忠"民族解放军"。以马其顿为基地的反叛组织被冠以"民族解放军"，意味着要继承其先驱者"科索沃解放军"未竟的事业。在这样的口号下，他们不断扩大势力范围和政治影响力，不断在马其顿制造事端并引发骚乱。很快，骚乱扩大到拥有四五万阿族人口的泰托沃市，阿族武装与马其顿政府军在这里形成对峙。马其顿政府一方面要求驻科索沃的北约部队采取有效行动制止阿族武装分子的渗透；另一方面对境内的阿族叛乱分子发出最后通牒，勒令其投降或撤出。由于阿族武装力量没有做出正面答复，马其顿政府军出动坦克、装甲车和直升机展开猛烈进攻，夺取了关键阵地。武装冲突进一步扩大，出现大量人员伤亡，马其顿陷入内战的边缘。在科索沃危机和巴尔干地区十年不遇的大雨的影响下，许多人担心马其顿将变成巴尔干的又一次灾难的策源地。

从 2001 年 3 月危机爆发开始，欧盟在组织西方应对马其顿危机上扮演了领导角色。美国和欧洲的政治环境都促成了欧盟领导地位的形成。美国乔治·布什新政府因此前对巴尔干的暴力干预而受到批评，因此想保持低姿态；相反，欧盟则想要消除早期在巴尔干冲突调解失败所造成的负面影响。

危机初期，西方大国试图通过穿梭外交来解决危机。欧盟共同外交与安全政策高级代表索拉纳和北约秘书长乔治·罗伯逊多次到访马其顿，寻求遏制冲突的办法，他们采取的策略主要是支持政府镇压叛乱。然而随着骚乱的恶化，外交家们转而寻求促成阿尔巴尼亚族政党和马其顿族政党达成一项旨在解决阿尔巴尼亚族人不满的计划。到 6 月，计划毫无进展。相反，危机似乎更加恶化，叛乱开始在首都斯科普里爆发。美国和欧盟不得不派遣了一个常设协商小组，由法国前国防部部长弗朗索瓦·雷奥塔尔（Francois Leotard）和美国巴尔干专使詹姆斯·帕迪尤（James Pardew）领导。小组于 2001 年 6 月末到达马其顿，根据法国法律专家罗伯特·巴丁特

（Robert Badinter）的建议，推动冲突双方展开谈判。尽管双方分歧较大，但仍于 2001 年 8 月 13 日在奥赫里德湖（Lake Ohrid）达成一份框架协议，即《奥赫里德框架协议》。协议由马其顿四个主要政党（两个马其顿族政党即马其顿内部革命组织——国民团结民主党和马其顿社会民主联盟；两个阿尔巴尼亚族政党——阿尔巴尼亚人民民主党和民主繁荣党）、马其顿总统、美国代表和欧盟代表共同签署。北约和叛乱首领签署了一份独立的停火协议。

2. 国际社会达成解决国家性问题的框架协议

《奥赫里德框架协议》的签署，结束了马其顿西北部几个月的武装冲突。协议确立了提高阿尔巴尼亚族在马其顿共和国地位的框架。签字方承诺通过修正宪法来结束民族间紧张局势并恢复稳定的政治环境。修正后的宪法条约第 8 条规定："各个层面的公共实体和与公共生活相关领域的所有共同体所属的个人都具有平等的代表性"，附件 C 第 4 条强调"发展权力共享型政府"，第 5 条规定发展"非歧视性和平等的代表制度"。[①] 框架协议强调马其顿要建立"一个现代的民主国家"。[②] 当前的主要任务是加强国家层面的功能建设，进一步消除民族间的敌意，打击犯罪和建立独立的司法体系，在欧盟的帮助下实行社会和经济改革，完善选举制度等一系列功能性国家所需要的基本制度。

马其顿的改革也在欧盟的稳定和联系进程框架下进行。2001 年 4 月，马其顿同欧盟签署《稳定和联系协议》，成为西巴尔干国家中第一个签署这一协议的国家。该协议除了授予马其顿欧盟潜在候选国地位外，还在随后加进了《奥赫里德框架协议》中达成一致的条款。《稳定和联系协议》的整体目标是协助马其顿提高内部安全，发展一个有能力的、分权化的、多民族的政府，它也通过增强马其顿边界控制能力和增加打击有组织犯罪（非法移民，贩卖人口、毒品和汽车）的力度来推动区域安全。2005 年 12 月，欧洲理事会授予马其顿欧盟候选国地位。

---

① Ulf Brunnbauer, "The Implementation of the Ohrid Agreement: Ethnic Macedonian Resentments", *Journal on Ethnopolitical and Minority Issues in Europe*, Issue 1, 2002.

② See the full text of the Ohrid Agreement, Article 1. 4.

三　欧盟和国际社会对马其顿国家构建政策的具体实施

事实上，欧盟和国际社会除了在宪法框架上设计了马其顿国家结构外，还积极采取民事危机管理和军事危机管理行动，为马其顿冲突后的稳定和发展奠定基础，上述危机管理行动成为马其顿国家构建的最重要支撑之一，也为欧盟发展共同安全和防卫能力创造了机会。

马其顿国内危机在2001年6月激化后，欧盟任命了特别代表（EUSR）来干预危机，他作为欧盟外交与安全政策高级代表索拉纳的特使，同时向欧盟的政治和安全委员会汇报工作。当危机减弱的时候，欧盟特别代表仍作为后冲突时代国际调解的领导者和协调者继续工作。由欧盟特别代表主导建立了非正式专家委员会，用来协调国际社会对马其顿冲突后的重建工作。

欧盟特别代表被认为是欧盟行动的领导者，这很大程度上是因为欧洲理事会的任命使其具有了合法性。随着时间的推移，国家构建的焦点从危机管理转向社会发展以及马其顿入盟问题。这些领域是由欧盟委员会领导和具体执行的，欧盟特别代表的权威受到影响。为了维持其权威性，欧盟特别代表权能有所增加，并拥有了"两个头衔"：欧盟委员会的代表和欧洲理事会的代表，它集双重代表身份于一身来指导和参与马其顿的重建工作。

除了欧盟直接参与外，许多相关行为体也参与到马其顿冲突调解与和平重建上来。北约在其中扮演的角色是非常重要的，北约成员国资格的许诺，就像欧盟成员国资格的许诺一样，是引导马其顿内部政治变革的主要动力。欧安组织也发挥重要作用，尤其是在监督马其顿选举方面做了很多工作。世界银行、联合国难民事务高级专员、国际货币基金组织等行为体也参加了马其顿的国家重建工作。

在其他民事建设上，欧盟也做了大量工作。《奥赫里德框架协议》附件C把联合国难民署高级专员办公室视为帮助难民遣返、共处和家庭重建的领导组织。欧盟则承担受到严重损毁的房屋的重建责任。重建活动主要通过东南欧最高指导小组协调，由世界银行和欧盟联合主持。① 欧盟的重建活动由欧洲重建局处理，同时该局也监管经济援助。该机构于 2000 年建立，②其目标是城市发展、交通运输援助、制度建设以及职业培训。它通过与欧盟特别代表、马其顿政府协商来起草项目计划。欧盟委员会批准计划后，欧洲重建局是项目的招标人并且监督这些项目的执行。

那么欧盟参与的军事危机管理行动都包含什么内容呢？

《奥赫里德框架协议》签署后，北约和欧盟在马其顿开展了四次军事行动。与在波黑和科索沃不同，这些行动尽管受到联合国的支持，但都没有得到联合国正式的授权，只是在马其顿政府的要求下采取行动。其中最重要的是北约的"收获行动"（Operation Essential Harvest），它在《奥赫里德框架协议》签署九天后开始执行。行动部署较为迅速，主要是因为北约驻科索沃后勤部队此前一直驻扎在这个国家，并且事实上在等待签署《奥赫里德框架协议》期间，北约方面已经做了大量准备工作。其行动目标是解除阿尔巴尼亚族武装人员（"民族解放军"）的军备并销毁他们的武器。北约共部署了 4800 名军人（包括后勤）执行任务。由于军队人员主要来自欧洲国家，该行动的方式因此也类似于柏林附加协定所确定的军事资源共享模式，行动部队挂的是北约的番号，执行任务的是欧洲人。

"收获行动"始于 2001 年 8 月 22 日，持续了一个月。北约分三个阶段（8 月 27 日到 29 日、9 月 7 日到 12 日、9 月 23 日到 26 日）收集叛乱武装分子的武器。最终，行动收缴了 3875 件武器，包括 4 辆坦克和火箭弹、17 套防空系统、161 门迫击炮和反坦克武器、483 支机关枪和 3210 支步枪。这大大超过叛乱者最初承诺要交出的数量。③ 一些坚持强硬路线的民族主义分子仍声称有武器已被隐匿起来，尽管具体数量仍有待调查，但反叛武装力量对马其顿政治稳定的威胁已经大大降低。

"收获行动"之后，暴力死灰复燃仍是可能的。当时的马其顿总统鲍里

① European Agency for Reconstruction, "Annual Report 2001 for the European Parliament and the European Council", Thessaloniki, April 19, 2002, p. 9.

② European Agency for Reconstruction, "Annual Report 2001 for the European Parliament and the European Council", Thessaloniki, April 19, 2002, pp. 29 – 30.

③ James Dobbins et al., *Europe's Role in Nation - Building: From the Balkans to the Congo*, California: Rand Corporation, 2008, p. 62.

斯·特拉伊科夫斯基（Boris Trajkovski）要求北约继续维持在马其顿的存在，此要求得到联合国安理会的同意，于是北约用规模更小的行动"Amber Fox"取代"收获行动"，它为国际监察员提供保护并监督和平使命的执行。行动部队共700人，由德国人指挥。北约的另外一项行动在2002年12月建立，它只是一种过渡性行动，名称叫作"盟国和谐行动"（Allied Harmony）。2002年年末，由于美国深陷阿富汗和伊拉克战争，从一开始就不愿意出兵马其顿，同时，欧盟很想检测一下自己部署和开展军事力量的能力，因此，这项任务从美国转到欧盟手中。2003年3月31日，尽管北约仍保留用于安全部门改革的援助使团，但全部责任已转交到欧盟的"和谐使命"行动（Concordia Mission）。"和谐使命"行动由欧盟400名专业人员组成，它的权力仅限于监督马其顿重要部门的活动、对非军事国际行为体进行紧急保护。因此该行动只是一个信心建设和联络性的使团。① 作为欧盟的首个军事使团，它是欧盟安全与防卫政策的重要尝试。

"和谐使命"行动在柏林附加协定框架下行动，该协定允许欧盟接触北约的计划以及利用北约在科索沃行动的设施。② 双方联合建立了单一指挥中心，北约欧洲盟军最高司令部海军上将费斯特（Rainer Feist）作为使团指挥官，负责制订行动计划并向欧盟政治和安全委员会提出建议。北约驻欧洲盟军最高司令部成为"和谐使命"行动指挥部。北约会在紧急情况下对该行动给予支持，例如抽调军队。在马其顿，"和谐使命"行动小组从多种渠道收集情报，支持警察再培训并整合与欧安组织的行动，监督马其顿安全部队，与马其顿政府联络。但由于军队没有被授权干预地方冲突，因此，"和谐使命"行动有时候遭到批评。批评者认为，"和谐使命"行动无法与国际社会在波黑和科索沃的行动相提并论，它充其量只是支持当地自治能力。③

危机爆发五年后，除了一些顾问小组仍保留外，国外安全部队全部撤

---

① Ann Rogers and John Hill, "Europe Enters the Peacekeeping Game", *Jane's Intelligence Review*, September 1, 2003.

② 关于 Berlin Plus, 见 Robert E. Hunter, *The European Security and Defense Policy: NATO's Companion——or Competitor?* California: Rand Corporation, 2002。

③ Luke Hill, "EU Shapes Macedonia Mission", *Jane's Defense Weekly*, February 5, 2003.

离马其顿。随着安全状况的稳定，"和谐使命"行动被另一个欧盟的警务使团——"欧盟警务－比邻星行动"（EUPOL Proxima）所取代。该使团从2003 年 12 月 15 日开始行动，持续了两年。它主要的工作是监督马其顿警察维持社会治安等活动。北约也通过帮助训练马其顿安全部队来为马其顿最终加入北约做准备。欧安会在促进警务改革和再培训方面发挥了关键作用。美国司法部国际犯罪调查培训援助计划也推进对马其顿警察的培训。从 2005 年开始"欧盟警务－比邻星行动"也帮助培训马其顿警察。

四　欧盟对马其顿国家构建的具体成果和面临的问题

1. 马其顿国家构建的主要成就和问题

2002 年 11 月，在国际社会的监督下马其顿进行了人口普查，普查结果在2003 年 11 月公布。结果是，马其顿人口总数为 2022547 人，其中马其顿族人口1297981 人，占总人口的 64.2%，阿尔巴尼亚族人口 509083 人，占总人口的25.2%，其他民族占总人口的 10.6%。[①] 尽管关于这一结果仍存在着争议，但马其顿国内的"人口政治"问题基本得到解决。同时，马其顿对有争议的阿尔巴尼亚泰托沃大学进行了国有化，增加了阿尔巴尼亚少数民族受教育的机会。

2005 年 12 月，马其顿被欧洲理事会授予欧盟候选国资格。马其顿因此被视为西巴尔干国家转型的成功案例之一，被巴尔干问题国际委员会赞誉为"巴尔干国家的楷模"。[②]

当然，马其顿在国家构建上仍面临一系列的挑战，最重要的就是如何彻底落实《奥赫里德框架协议》。在这一点上，马其顿取得了一定进展，但也面临不少问题。

首先，宪法改革要求更好地体现该国多民族的特点，但这一点在安全部门改革上遇到不少麻烦，主要集中在警务改革上。《奥赫里德框架协议》

---

① Demographics of the Republic of Macedonia, http: //en. wikipedia. org/wiki/Demographics_ of_ the_ Republic_ of_ Macedonia.

② International Commission on the Balkans, "The Balkans in Europe's Future", Sophia, 2005, p. 37.

要求马其顿在国家警察部队中提高少数民族代表性的同时，还要提高警务能力。这两个目标有时是冲突的，因为大量少数民族人员的涌入会对警察队伍的稳定和素质提高造成不利影响。此外，增加少数民族的代表性在警察职务分配中出现了问题，并且在警察和地方民众之间也出现了问题。[1] 有组织犯罪日益严重，腐败成为一个重要问题，脆弱的司法体系不断遭到政治的干预。[2] 这些都加深了阿尔巴尼亚族对警务改革的怀疑。但欧安组织的积极介入使得情况有所改观。从 2002 年开始，欧安组织对警务人员在议会进行集体培训，并派遣到治安危险区域进行锻炼，严格把控警务人员招聘程序，建立更科学、更高效的警务培训机构。欧安组织还对马其顿国家警务学院进行了改革，同时积极征募少数民族警务干部，结果，少数民族警务代表占比从危机前的 3% 增加到 2005 年的 19%。[3]

其次，阿尔巴尼亚族语言被给予"官方"地位。马其顿在教育系统内进行了广泛的改革，阿族语言得到了充分重视。《奥赫里德框架协议》规定，在阿尔巴尼亚族人口超过 20% 的区域，把阿尔巴尼亚语列为第二官方语言，阿尔巴尼亚族议员允许使用自己的语言在议会进行辩论。议会采用双重多数制，这使得阿尔巴尼亚族在某些问题上具有否决权，尤其是在文化、语言等方面的问题上。

再次，少数民族在政府中的代表性有所提升，但进展仍缓慢。阿尔巴尼亚族人一直抱怨国家官僚机构被马其顿族所把持。《奥赫里德框架协议》要求在政府内保持相对平等的民族代表性，这导致一些没有实际执政经验的阿族官僚被征募进来，不但没有提高执政效率，反而造成了各种各样的问题。为此，欧盟为该国各部委培训了 900 多名少数民族公务员。到 2007 年，少数民族代表在政府内占 15%，只占这个国家少数民族总人口百分比的一半。增加少数民族在政府中的代表性问题进展相对缓慢，至今，这一问题未得到妥善解决。

---

① European Commission, "Former Yugoslav Republic of Macedonia: Stabilization and Association Report", *First Annual Report*, COM (2002) 163, Brussels, April 4, 2002, pp. 6, 8.

② European Commission, "Former Yugoslav Republic of Macedonia: Stabilization and Association Report", *Third Annual Report*, COM (2004) 204 final, Brussels, March 2004b, p. 8.

③ International Crisis Group, "Macedonia: Wobbling Toward Europe", *Europe Briefing*, No. 41, Skopje and Brussels, January 12, 2006.

最后，协议强调在政治上分权，一些马其顿民族主义者对此表示不满，认为这相当于分裂了共和国。2002 年 1 月，马其顿通过了第一个地方分权法案，把一些中央政府的权责让渡给地方市政当局。2003 年年末，政府开始处理第二批地方分权事宜。从一开始，执政党内部对该法律的协商进展缓慢。2004 年 7 月，法案最终公之于众，但立刻引发了争议。根据该法案，地方政府的数量将从 123 个减少到 83 个，而且大量增加了阿尔巴尼亚族人控制区的数量，首都斯科普里的阿尔巴尼亚族人口超过 20%，这一变化使阿尔巴尼亚语成为首都的官方语言。当法案在 8 月获得通过时，部分马其顿极端民族主义政党要求对分权法案进行全民公决，时间定在 11 月。在此期间，一小部分阿尔巴尼亚族叛乱分子重新出现在孔多沃镇（Kondovo），威胁如果全民公决获得通过将诉诸战争。美国和欧盟都希望减少公决的负面影响，于是敦促政府谨慎处理孔多沃镇骚乱问题。欧盟特别代表对公众发出严厉警告，放弃地方分权可能造成严重恶果。[1] 美国政府通过将某些关键人物放在恐怖主义分子黑名单的办法对公决施加压力。

2006 年，马其顿又爆发了另一场危机，马其顿族政党马其顿内部革命组织——国民团结民主党重新掌权，它选择与两个更小的阿尔巴尼亚族政党而不是有更大影响的阿族政党组成联合政府。[2] 这导致拥有更大代表性的阿尔巴尼亚族政党一体化民主联盟（Democratic Union for Integration）以暂时退出议会进行抗议，进而导致双重多数表决机制陷入瘫痪。然而，经过数月的协商，在欧盟和美国的压力下，双方达成了协议，一体化民主联盟返回议会，危机得以解决。

2. 根除选举舞弊问题

从利益核算的角度看，统治精英看到了加入欧盟的长远好处，无论马其顿族还是阿尔巴尼亚族都认为，国家应集中精力处理好入盟事务。但因历史遗留问题的影响，马其顿族和阿尔巴尼亚族仍在一些问题上难以达成一致，这一点在选举问题上表现得较为明显。

---

[1]　Michael Sahlin，"Comment：Macedonia Referendum：Step Backwards on the Road to EU"，*Institute for War and Peace Reporting*，October 1，2004.

[2]　"Europe：Not So Fruity Salad：Macedonia and the European Union"，*Economist*，October 21，2006.

在 2008 年的选举中，有人攻击执政党总部，恐吓选举小组工作人员以及窃取投票箱和投票资料。[①] 2009 年的选举表面上履行了对欧洲安全与合作组织的承诺以及符合相关的国际标准，但有明确的指控表明，选举中存在大量对投票人进行恫吓的行为，威胁投票人如果不给某个政党或者候选人投票将会失去在该国的工作、抚恤金或社会收益。很明显，也有政府官员参与到这种威胁活动当中。[②] 与几年前相比，马其顿选举过程获得了很大改善，但干扰事件仍时有发生。

总体来说，马其顿仍存在很强的庇护主义体系，干扰了选举。具体体现在下列两个方面。

第一，对市政选举理事会和选举小组工作人员以及投票人施加政治压力。根据 2006 年的选举调查，市政选举理事会以及选举小组的工作人员往往是被施加压力和威胁的直接目标，因为他们均在公共管理部门工作，如果不配合执政党的选举，他们可能会丢掉工作。"政治就业"具有一定的普遍性，2006～2009 年，在马其顿内部革命组织——国民团结民主党领导的联合政府的多个行政管理部门中，一下增加了成千上万的工作人员。[③] 由于高失业率和在私营部门寻找工作十分困难，在国家部门就业对大多数公民来说非常有吸引力，执政党以此作为利益交换的筹码。智库 Analytika 解释得更清楚："考虑到增加民众在公共部门的就业是达到目标的一个非常理想的工具，政党都以此吸引尽可能多的选民。"[④] 欧盟委员会 2006 年的进展报告写道："政治选举仍然对公共管理部门的就业产生很大影响。"[⑤] 也有说法认为，政党要依靠其在位执政的影响，因为只有这样他们才可能兑现对投票人的承诺。一个政治家如果无法控制公共财富的话，很难找到真正的支持者。

① OSCE/ODIHR, "Former Yugoslav Republic of Macedonia, Early Parliamentary Elections, 1 June 2008", *Final Report*, Warsaw, 2008, p. 18.

② OSCE/ODIHR, "Former Yugoslav Republic of Macedonia, Presidential and Municipal Elections, 22 March and 5 April 2009", *Final Report*, Warsaw, 2009, p. 2.

③ Arolda Elbasani ed., *Europe Integration and Transformation in the Western Balkan: Europeanization or Business as Usual?* Routledge: Taylor and Francis Croup, 2013, p. 80.

④ Analytika, "Rightsizing of the Public Administration in Macedonia – – A Reform Postponed to an Uncertain Time", 2009, p. 6.

⑤ European Commission, "Enlargment Strategy and Main Challenges 2006 – 2007", COM (2006) 649, Brussels, 8 November, 2006. p. 8.

政党受欢迎程度与其能提供给选民实际好处的多少密切相关。投票人不会选择仅为国家宏大政治计划或公共利益服务的候选人，而是更多基于个人收益。这种模式的存在事实上也证明政党和投票人的交易会对投票结果产生明显影响。新的政治党派很难进入主流政治图谱中，因为它们无法给投票人提供个人收益。

第二，采取各种措施控制选票。最明显的例子是买票，这一点报道最多的是罗姆人社区，但不止这些。非政府组织兼智库 FORUM 总结出了 13 种投票舞弊的方法，最常用的就是所谓的 "保加利亚人火车" （Bulgarian Train），也就是用一个事先写好选举人的票，换取投票人干净的票并支付其报酬。① 也有报道说，公共管理部门的头目不仅控制着员工的投票，而且有的还在选举期间突然重组公共管理部门以示威胁。在 2009 年的选举中，有许多对投票人进行恐吓的事例。他们恐吓如果 "合适" 党派没有获选，国家雇员将失去工作，或威胁将对该区域企业进行税收核查。舞弊者不仅控制投票人而且控制选举小组工作人员，因此，工作人员不愿意到选举委员会工作，也不愿意去接受培训。

马其顿选举中的弊端证明它仍是一个庇护主义盛行的社会。欧盟委员会在 2008 年的扩大进展报告中指出，马其顿公共部门的改革需要清除庇护主义的影响，但迄今为止没有取得实质性进展。②

那么欧盟的条件限制是否对清除这种庇护主义有效果呢？事实上，马其顿这两年加强了对高层腐败的打击力度，不断改革选举法，完善选举制度。所有这些措施对清除庇护主义有一定的帮助，然而，有证据表明，这些措施仍不足以带来根本性的变化。2008 年的选举表明，暴力活动、对投票人和工作人员施加政治压力的案例增多。新的法律并没有改变政党的行为。正式的选举制度确立了，但非正式的制度（如庇护主义）仍在发挥作用。条件限制可能会对正式制度的建设起作用，但对于非正式制度的影响力相对有限。学者瓦楚多娃在总结欧盟条件限制发挥的作用时说："如果国

---

① Arolda Elbasani ed. , *Europe Integration and Transformation in the Western Balkan: Europeanization or Business as Usual?* Routledge: Taylor & Trancis Growp, 2013, p. 80.

② European Commission, "The Former Yugoslav Republic of Macedonia", *Progress Report*, SEC (2008) 2695, Brussels, 5 November 2008.

内存在严重的民族主义和经济上的庇护主义，条件限制几乎不会起什么作用，因为这些寻租行为迎合了统治者巩固其在国内权力基础的需要。"①

五　马其顿国家构建的现状及前景

总体而言，马其顿国家构建的现状和前景呈现出如下特点。

1. 马其顿族和阿尔巴尼亚族政党纷争不断，影响到马其顿的国家功能建设

2008 年 4 月，在野的阿尔巴尼亚族最大政党一体化民主联盟以政府未能有效解决与邻国希腊的国名纷争，导致希腊在马其顿加入北约问题上设置障碍为由，提议提前进行大选。政府总理尼古拉·格鲁埃夫斯基（Nikola Gruevski）领导的马其顿联合政府支持这一提议，并获得议会表决通过。6 月 1 日，马其顿举行议会选举。6 月 2 日，总理格鲁埃夫斯基领导的马其顿内部革命组织——国民团结民主党获得选举胜利。2009 年 3 月和 5 月马其顿分别进行了两轮总统选举，执政党马其顿内部革命组织——国民团结民主党推荐的候选人格奥尔基·伊万诺夫最终获胜。但选举并没有使马其顿族和阿族的矛盾最终得到解决。

2010 年 12 月 14 日，马其顿总统格奥尔基·伊万诺夫在议会发表 2010 年度国情咨文，对马其顿内政外交的重大问题发表看法。他呼吁加强政党间对话，避免党派斗争，促进民族团结，推进非集权化进程，保障少数民族合法权利。伊万诺夫发表国情咨文后不久，马其顿政府出现动荡。格鲁埃夫斯基政府因为限制媒体自由而与政府反对党马其顿社会民主联盟（Social Democratic Alliance of Macedonia）产生尖锐矛盾。2010 年 12 月，马其顿政府以逃税为由逮捕了该国 A1 电视台的老板维利亚·拉姆科夫希克（Velija Ramkovsik，此人经常措辞强硬地批评政府政策），并且将 A1 电视台账户冻结。马其顿社会民主联盟强烈反对政府的上述做法。

2011 年 1 月，马其顿社会民主联盟正式决定抵制现议会并宣布退出政

---

① M. Vachudova, *Europe Undivided: Democracy, Leverage and Integration after Communism*, Oxford: Oxford University Press, 2005, p. 178.

府，政府因此停摆。总理格鲁埃夫斯基宣布马其顿提前一年举行议会选举，选举于当年 6 月 5 日举行。最终结果是格鲁埃夫斯基领导的执政党再次获胜，马其顿内部革命组织——国民团结民主党在议会 123 个席位中获得 56 席，反对党马其顿社会民主联盟获得 42 席。由于未能获得组阁所需的法定多数票，7 月 29 日，格鲁埃夫斯基的政党同阿族政党一体化民主联盟组成新一届政府。此后，联合政府内的马其顿族和阿尔巴尼亚族政党又持续出现矛盾。

2012 年 10 月 10 日，欧委会在扩大进展报告中对马其顿国家构建的情况做了一个相对全面的总结。报告在表扬马其顿相关改革取得一系列进步的同时，也提出了一些必须解决的问题，如促进司法改革、保证言论自由以及提高公共管理的效率等。在经济方面，报告表扬了马其顿在建立功能性市场经济方面取得的进展，但认为从中期看，马其顿仍需要面临成为欧盟成员国的改革压力。报告还表扬了马其顿宏观经济稳定的现状，认为其针对缩减财政赤字采取了合理的货币政策和财政政策，但预算计划不合理和公共花费管理不当导致公共债务增加。报告也认为冗长的法律程序、腐败问题和契约执行不力继续对贸易环境产生不利影响。高达 31% 的失业率仍是其亟待解决的问题，人力资本素质亟待提高，同时应加强对从业人员的技能培训。① 欧盟报告指出，马其顿与希腊的国名纷争是目前马加入欧盟的最大阻碍之一。

在 2013 年 10 月 16 日发布的扩大进展报告中，欧委会连续第五年建议与马其顿开启入盟谈判。② 在 2013 年 12 月 17 日召开的包括欧盟各国外交部部长和欧洲事务部部长在内的理事会议上，各方就马其顿入盟问题进行了讨论，理事会在会议结论中认为，马其顿 2012 年议会纷争引发的政治动荡表明各政党之间存在严重的分歧，影响了议会行使其职能。这表明在国家利益面前需要建设性的政治对话，理事会最终并未同意开启与马其顿的入盟谈判。马其顿的国家构建过程仍然漫长，需要一定的培育期。

---

① European Commission, "THE FORMER YUGOSLAV REPUBLIC OF MACEDONIA 2012 PRO-GRESS REPORT", http：//ec. europa. eu/enlargement/pdf/key_ documents/2012/package/mk_ rapport_ 2012_ en. pdf and Conclusions on The former Yugoslav Republic of Macedonia, http：//ec. europa. eu/enlargement/pdf/key_ documents/2012/package/mk_ conclusions_ 2012_ en. pdf.

② http：//ec. europa. eu/enlargement/pdf/key_ documents/2013/package/brochures/the_ former_ yugoslav_ republic_ of_ macedonia_ 2013. pdf.

2. 国名纷争等问题影响到国家性的外部维度建设

欧盟委员会主席巴罗佐在 2011 年 4 月 9 日访问马其顿时表示,马其顿加入欧盟面临三大挑战,即妥善解决与邻国希腊的国名争议,继续推进司法独立等改革进程,打击有组织犯罪。① 尽管马其顿政府表示,将根据欧盟要求加快相关领域的改革步伐,尤其是要尽早解决与希腊在国名问题上的争端,但进展并不顺利。

马其顿政府不愿意在国名问题上对希腊做出让步,这成为开启入盟谈判的阻碍。尽管如此,欧盟仍积极支持马其顿成为欧盟成员国。2012 年 3 月,双方高层启动了入盟两个章节——腐败问题和人权问题的谈判。但该谈判不是正式入盟谈判的一部分,欧盟只是希望一旦希腊不再对马其顿的入盟问题提出否决后,双方能在各章节谈判上取得较快进展。

2012 年 7 月 25 日,联合国秘书长潘基文和联合国马其顿和希腊国名谈判协调员尼麦兹(Matthew Nimetz)访问马其顿,旨在推进马其顿和希腊解决国名争端的。访问期间,潘基文承诺向希腊总理萨马拉斯建议重新启动国名谈判。潘基文积极评价马其顿在女性参政、少数民族权利立法和支持科索沃难民方面取得的积极进展。在联合国的协调下,希腊政府表示将积极参与国名谈判,但谈判无法取得进展要归咎于马其顿的不妥协立场。10 月 4 日,希腊外长阿弗拉莫普洛斯(Dimitris Avramopoulos)致信马其顿外长,建议两国缔结谅解备忘录,为最终解决国名问题设立框架,但直到今天,双方谈判仍未取得实质性进展。

2012 年 12 月,保加利亚也反对马其顿入盟。马其顿和保加利亚的矛盾由来已久,主要是历史问题以及在各自国家均存在的涉及对方国家的族裔群体问题。保加利亚曾经在第一次世界大战和第二次世界大战期间占领过现在的马其顿领土,并仍旧认为马其顿是保加利亚历史和文化不可或缺的一部分。另外,双方都有重要的少数民族群体在对方国家生活,并时常对双方关系造成干扰。虽然保加利亚是 1991 年马其顿从南斯拉夫独立后第一个承认其独立的国家,并且接受了马其顿的国名(不同于希腊),但不承认存在马其顿语。很多保加利亚人认为,马其顿族人事实上就是保加利亚族

---

① http：//macedoniaonline.eu/content/view/17930/2/.

人。2007年保加利亚加入欧盟后，给予那些承认保加利亚人为其祖先的马其顿人以公民身份。根据这一方案，至少有18000名马其顿人获得保加利亚护照。尽管获得欧盟公民身份可能是这些马其顿人的主要目的，但保加利亚却希望以此唤醒马其顿人对保加利亚情感的重新复苏。保加利亚这一做法引起了马其顿的不满，双方为此展开多次谈判。保加利亚认为马其顿偷窃了它的历史，并且以马其顿与邻国关系不睦为由①，提出马其顿开启入盟谈判的三个条件：双方签订睦邻协定，建设共同的基础设施项目，组成一个高层会议来进行年度政府间对话。② 马其顿要想完全满足保加利亚的要求有一定的困难，马其顿入盟面临的阻碍仍很多。

---

① Economist Intelligence Unit, "Macedonia", *Country Report* 19 November 2013, p. 17.
② Economist Intelligence Unit, "Macedonia", *Country Report* 19 November 2013, p. 4.

第九章
欧盟对克罗地亚的国家构建政策

一 克罗地亚的国家性问题

克罗地亚是西巴尔干民主改革的样板之一，这主要由于它是较早脱离西巴尔干冲突漩涡的国家之一。20 世纪 90 年代南斯拉夫分裂时期，斯洛文尼亚和克罗地亚领导人提出几种宪法方案，包括建立联邦、邦联，甚至是由独立国家组成自治领。[①] 但南联邦总统米洛舍维奇拒绝了斯洛文尼亚和克罗地亚改革或重组联邦的建议并选择了战争，克罗地亚别无选择，于 1991 年通过战争实现了国家独立。因此，克罗地亚在前南冲突中解决了自己国家地位问题，并建立了清晰的功能性国家结构。1998 年，最后一块被占领土重归克罗地亚后（成功合并之前被其他国家占领的东斯拉夫尼亚），战争威胁不复存在。此后，克罗地亚经济、政治、国家管理实现功能化，社会福利和公民自由得到不断完善。同时，克罗地亚本身就是原南斯拉夫中经济较为发达、基础设施较为完善的共和国。在南联邦解体危机中，它受到的战争损害和影响并不严重。这些因素使克罗地亚"与众不同"。从功能性国家角度来看，克罗地亚成功解决克拉伊纳塞族人问题后，不存在民族对立这种国家性问题，政府也能够有效地解决各种内政和外交问题。

---

① Judy Batt ed. , "The Western Balkans: Moving On", *Chaillot Paper*, Institute for Security Studies, No. 70, October 2004, p. 21.

　　然而，如果按照入盟的标准看，克罗地亚国家性仍存在一定的问题，需要进行彻底的改革，如巩固国家性的时间较短，由于历史问题导致民主体制发展缓慢，内政和外交政策曾经背离"欧洲化"。

1. 克罗地亚作为主权国家的历史较短，缺乏民主传统和根基

　　除了在中世纪有一段短暂的帝国时期以及二战期间作为纳粹德国的傀儡获得短暂独立外，克罗地亚在 1991 年之前基本未成为一个享有主权的民族国家，更不存在民主的治理体系。此外，在整个 20 世纪的大部分时间里，克罗地亚并不是西方资本主义世界的一部分，而是南斯拉夫的一部分。上述因素导致它在向独立国家转变时存在一系列困难：该国塞族少数民族如何合法化问题；接受主权的部分让渡以满足加入欧盟的条件面临挑战；与前南斯拉夫问题国际刑事法庭合作存在困难；克族人本身的认同冲突，如关于克罗地亚在第二次世界大战中经历的根深蒂固的分歧，当时一些人与南斯拉夫并肩作战反对法西斯，而另一些人与德国并肩作战试图维护独立的克罗地亚国家。

　　由于国家性所导致的国家不稳定问题，使克罗地亚在 20 世纪 90 年代转型期间所产生的问题远比加入欧盟的中东欧国家要多。其内政和外交政策走向与欧盟多有背离，正因为如此，当时整个西方的舆论环境对克罗地亚较为不利。

　　在整个 20 世纪 90 年代的不同时期，克罗地亚曾分别被西方媒体描述为是"极权国家"（authoritarian）[1]、"准极权国家"（semi – authoritarian）[2]、"不自由的国家"（illiberal）[3]、"有缺陷的民主国家"（defective democracy）[4] 以及"冒牌的民主国家"（simulated democracy）[5]。上述表述说明，按

①　V. Peskin and M. Boduszynski, "International Justice and Domestic Politics: Post – Tudjman Croatia and the International Criminal Tribunal for the Former Yugoslavia", *Europe – Asia Studies*, Vol. 55, no. 7, 2003, pp. 1117 –1142.

②　M. Ottoway, *Democracy Challenged: The Risk of Semi – Authoritarianism*, Washington: Carnegie Endowment for International Peace, 2003.

③　M. A. Vachudova, "Democratization in Postcommunist Europe: Iliberal Regimes and the Leverage of International Actors", *Center for European Studies Working Paper Series*, No. 139, 2006.

④　N. Zakosek, "Democratization, State – building and War: The Case of Serbia and Croatia", *Democratization*, Vol. 15, No. 3, 2008, pp. 600 –601.

⑤　M. Boduszynski, *Regime Change in the Yugoslav Successor States: Divergent Paths towards a New Europe*, Baltimore, MD: Johns Hopkins University Press, 2010, pp. 74 –114.

照西方的标准，克罗地亚在 20 世纪 90 年代的转型是不成功的。其中，图季曼的总统身份是关注的焦点。从 1990 年开始，图季曼及其所在的政党克罗地亚民主共同体（HDZ）控制着克罗地亚的政治生活。在克罗地亚独立后的第一次选举中，共有 41.93% 的选民进行了投票，结果该党以 68.75% 的得票率占据议会多数席位。① 具有讽刺意味的是，克罗地亚民主共同体的政治垄断地位恰恰是克罗地亚选举的产物，选举使该党在国家立法机构中具有明显优势。克罗地亚民主共同体很快就能按照该党领袖图季曼的偏好来规划国家制度和政策。克罗地亚虽然形式上是半总统制国家，但实际上是超级总统制国家。② 图季曼不仅有效控制了所有国家机构和组织，而且干预市民社会，严格管制媒体，甚至引导大众文化的取向。由于在克罗地亚独立过程中，图季曼一直扮演领袖角色，因此他有时候被民众称为"国父"。他的公共演讲——尤其是在 20 世纪 90 年代末期的诸多讲话——越来越显示出他对反对力量的不容忍态度。1995 年，因为市长候选人来自不同的党派，他拒绝接受对萨格勒布市市长候选人的任命。从领导风格和决策体制看，图季曼时期采取的不是民主的规则。从这一点看，当时克罗地亚的国家体制在形式上符合欧盟的标准，但在实质上却与欧盟的要求"背道而驰"。

2. 在对外政策上，克罗地亚对欧盟和欧洲观念一直持怀疑态度

图季曼批评欧洲在南斯拉夫解体危机中自负而又无所作为。③ 在他看来，没有美国的决定性支持，克罗地亚在 1995 年无法确保领土完整，因此欧洲国家没有道德权力来批评克罗地亚政府（尤其是体制问题）。克罗地亚没有像斯洛文尼亚那样迅速从 20 世纪 90 年代早期的民族孤立主义转向更加开放的欧洲主义。克罗地亚一直非常担心被类似欧盟这样的超国家机构所束缚。图季曼的主要政策立场是：欧盟是一个多民族的、超国家的自由组织，如果融

---

① C. Lamont, "Explaining the Regeneration of the Croatian Democratic Union in Post – Presidential Authoritarian Croatia: Elites, Legacies, and Party Organization", *Balkanistica*, Vol. 21, 2008, p. 65.

② Dejan Jovic and Christopher K. Lamont, "Introduction Croatia after Tudjman: Encounters with the Consequences of Conflict and Authoritarianism", *Europe – Asia Studies*, Vol. 62, No. 10, 2010, p. 1613.

③ D. Jovic, "Croatia and the European Union: A Long Delayed Journey", *Journal of Southern Europe and the Balkans*, Vol. 8, No. 1, 2006, pp. 85 – 103.

入欧洲将会对克罗地亚的独立国家身份造成威胁。此外，图季曼视自己为南斯拉夫战争的胜利者，认为克罗地亚足够安全，拒绝欧盟地区立场中所提出的条件限制（如尊重民主、人权和基本自由、法治）。地区立场连同"西巴尔干"观念被他完全拒绝，他认为欧洲是试图重新建立一个"新南斯拉夫"。作为对地区立场的回应，克罗地亚修改了宪法，并且在宪法中增加了下列条款：禁止追求导致南斯拉夫复兴的任何形式的国家联合所形成的成员国身份，或者类似的巴尔干国家联合所形成的成员国身份。[①] 鉴于上述情况，欧盟以冻结与克罗地亚关系作为回应。整个20世纪90年代，克罗地亚经历了长达10年的没有被欧盟正式承认的孤立状态。欧盟官方文献指出，自南斯拉夫解体至克罗地亚和欧盟签署《稳定和联系协议》（2001年）这段时间，双方没有在全球层面的契约关系。[②]

克罗地亚政策与欧盟要求的背离体现在多个方面，比较典型的是20世纪90年代欧盟针对克罗地亚入盟所确立的几个具体条件：尊重少数民族权利和难民返回权利、与前南斯拉夫问题国际刑事法庭合作以及与邻国合作等。所有这些条件都直接挑战了执行民族主义路线的克罗地亚民主共同体政府。此外，克罗地亚还面临着国家边界的不确定性以及谁是这些边界里的主人的问题。由于克拉伊纳塞族拒绝接受克罗地亚国家主权，新国家面临着严重的合法性问题。如果说克罗地亚成功塑造国家性的前提是确保领土完整和安全，那么塞族问题就必须得到解决。然而，要奉行强硬路线的图季曼政权与克拉伊纳塞族达成妥协是很难的，这一问题直到1998年才得到解决。[③]

3. 在经济体制上，克罗地亚私有化进程充满了腐败，经济自由化程度不高

尽管克罗地亚的某些产业发展得不错，经济的某些部门和领域发展良

---

① Dejan Jovic, "Croatia and the European Union: A Long Delayed Journey", *Journal of Southern Europe and the Balkans*, Volume 8, Number 1, April 2006, p. 86.

② http://delhrv. ec. europa. eu/images/article/File/Strategija_ EK_ za_ CARDS_ za_ RH_ 2002 – 2006. pdf.

③ 1991年，克罗地亚宣布脱离南斯拉夫独立，不久之后克罗地亚境内的克拉伊纳自治区宣布脱离克罗地亚独立，并成立塞族人主导的塞尔维亚克拉伊纳共和国，控制克罗埃西亚与波黑边境的塞族地区，占据克罗地亚三分之一领土。1995年8月，克罗地亚政府军占领了塞尔维亚克拉伊纳共和国大部分地区，12月，各方签署《代顿协定》，冲突正式结束。1998年，克拉伊纳重归克罗地亚。

好并具有与西欧市场相邻的优势,但绝大部分经济产业是在社会主义工业化基础上发展起来的,加之多年来受到经济危机的影响以及独立后又失去南斯拉夫统一市场,使克罗地亚经济受到极大打击,混合型经济结构又极大影响了其按欧盟要求进行经济改革的效果。与此同时,克罗地亚在南斯拉夫社会主义体制的经历使得它对欧盟的新自由主义,诸如自由竞争政策、降低公共花费和减少国家在经济体系中的作用等做法表现出反感和抵制的态度。

克罗地亚还有一些贫穷的乡镇,很多经济部门是在社会主义工业化的推动下发展起来的,它们在全球市场上不具有竞争力。此外,克罗地亚经济严重依赖派遣移民工人(年轻人占据绝大多数比例)到西欧市场赚取收入,这是周期性失业问题的安全阀。此外,克罗地亚经济较依赖于旅游业。因此,尽管其经济比原南斯拉夫其他大部分共和国发达,但由于受到20世纪80年代南斯拉夫经济危机的不利影响,经济结构具有一定的脆弱性。独立以及伴随着南斯拉夫市场的丧失加剧了危机。在转型的前10年,具有民族主义倾向的克罗地亚民主共同体政府利用其掌控国家机构的优势来攫取稀缺资源。同时,图季曼指责贝尔格莱德和克罗地亚塞族给克国经济带来灾难,努力把塞族人从有重要影响的经济和政治职位上清除。这些职位逐渐转到克罗地亚民主共同体代表手中,因此,克罗地亚的少数民族政策可以说就是从塞族那里夺取资源而不是努力纠正社会存在的不平等现象。克罗地亚民主共同体从不平等的国家财产分配方式中获益,从而成为国家现有制度的坚定支持者。从长期看,他们敌视改革,尤其是那些可能威胁到其政治影响力和经济利益的改革。克族企业家们成为这种庇护主义网络中的代表。① 战争强化了这种网络,战争老兵、战争贩子从克罗地亚民主共同体所遵从的游戏规则中直接受益。英国广播公司(BBC)在2009年的报道中说:"一些人积极攫取贸易税收和武器合法供应的机会,这造成了走私猖獗,过去的犯罪分子变成今天的权势商人。集权主义阻碍了公共机构对克罗地亚民主共同体的监督,并且进一步助长了国家机构的腐败和庇护

---

① D. Fink-Hafner, "Europeanization and Party System Mechanics: Comparing Croatia, Serbia and Montenegro", *Journal of Southern Europe and the Balkans*, 10 (2), 2008, p.173.

主义。"①

　　充斥着腐败的私有化进程也值得关注，一些产业落入体制内人员手中，他们利用自身的优势来攫取公司的优质资产。虽然克罗地亚很早就引入了私有化法律，并且新成立的私有化机构有权合理选择管理者，然而，在严格的政治管控下，这些机构通常选择克罗地亚民主共同体的体制内人士，这些人根本不关心公司的运营情况。私有化过程中的腐败现象成为克罗地亚自由化改革的沉重负担，甚至亲欧的反对派在 2000 年上台执政后，仍面临同样的问题。到 20 世纪 90 年代末，庇护主义和腐败的盛行引发克罗地亚民众强烈的不满。居民实际工资仍处在 20 世纪 80 年代的水平而物价却翻番。调查表明，民众更关心经济、腐败、失业和社会福利，而不是诸如主权和国家生存这样的问题。② 大多数克罗地亚人认为，他们比独立前更贫穷。虽然 2000 年反对派获得总统和议会选举的胜利，但那些从 20 世纪 90 年代盛行的庇护主义中获益的人仍旧拥有巨大的影响力，克罗地亚国家能力很弱，难以实现法治。此外，虽然西方国际机构因克罗地亚进行民主改革而给予其丰厚回报，如北约与其签署和平伙伴计划、世界贸易组织给予其贸易优惠以及成员国资格，但腐败仍深深植根于克国家机构之中。尽管 2000 年以后欧盟不断将其规则输入到这个国家，但克仍缺乏影响深远的变革，尤其是腐败的长期存在，是其加入欧盟最严重的阻碍。

　　2003 年，克罗地亚民主共同体重新掌权，新的、亲欧的、民主的领导机构对根除政党中存在的腐败现象无能为力，高层腐败问题依然严重。在 21 世纪前 10 年，对克罗地亚腐败和司法执行不到位现象的批评不断见诸欧盟的进展报告中。尽管欧盟不断向克国政治精英施加压力，但事实上腐败问题屡禁不绝。从世界银行发布的世界治理指数（World Governance Indicators）有关"腐败控制"（Control of Corruption）的指标中可以清晰地看出腐败高发的趋势③。从 2002 年经 2007 年再到 2012 年，人们对克罗地

---

① M. Prodger, "Croatia Cursed by Crime and Corruption", *BBC Online*, 2009.

② A. J. Bellamy, "Croatia after Tudjman: the 2000 Parliamentary and Presidential Elections", *Problems of Post – Communism*, 48（5），2001, p. 22.

③ http://info. worldbank. org/governance/wgi/index. aspx#reports.

亚控制腐败的信心呈现明显下降的态势，从 2002 年的 63.41%，下降到 2007 年的 59.22%，再下降到 2012 年的 57.42%。与此相对应，对于控制腐败的表现，得分也是持续下降，且下降的幅度较大，由 0.25 分下降到 -0.04 分。

二 欧盟对克罗地亚的国家构建政策：从对抗到合作

1. 20 世纪 90 年代欧盟对克罗地亚反对派力量的支持

20 世纪 90 年代，克罗地亚公民中有很大一部分人愿意与西方合作，其人数要比塞尔维亚和马其顿中愿意合作的人数多得多。他们以政府反对派为代表，西方政府和非政府组织积极支持他们的活动以期改变克罗地亚政权。20 世纪 90 年代后期，欧盟和美国指控图季曼政权背叛了民主制度，拒绝与前南斯拉夫问题国际刑事法庭合作以及阻止塞族难民返回家园。西方此举不仅是要撤回对图季曼政权的支持，而且考虑通过国内反对派的力量推翻图季曼政权。于是西方的各种资助基金纷纷涌入克罗地亚的非政府组织当中，支持这些组织召开关于民主建设和媒体自由的论坛，培训和资助反对派以及受过教育的投票人。西方通过上述行动至少赢得了部分民心。其他一部分人虽不愿意屈服于欧洲的要求而让渡部分主权，但也对克罗地亚的经济状况很不满，还有一部分人找不到其他选择，认为加入欧盟会有一个潜在的光明未来。① 总的来说，欧盟有针对性地争取了部分亲欧派力量，并且尝试采用颠覆的办法来改变克罗地亚政权。

2. 克罗地亚图季曼政权对欧洲化采取排斥态度

在 1991 年南斯拉夫解体危机中，欧共体率先承认了克罗地亚，试图以此阻止危机的蔓延，但事与愿违，危机不断扩大。但由于承认政策的存在，欧共体/欧盟有了发展同克罗地亚关系的基础。

1997 年，欧盟提出地区立场，要求除斯洛文尼亚以外的原南斯拉夫联

---

① Arolda Elbasani ed. , *Europe Integration and Transformation in the Western Balkans: Europeanization or Business as Usual?* Routledge: Taylor & Francis Group, 2013, p. 46.

邦的四个共和国加上阿尔巴尼亚首先实现地区一体化，然后再与欧盟实现一体化。该方案引起克罗地亚的强烈抵制，这主要是由于地区立场的一些特殊规定，主要包括：确立契约关系的国家必须加强区域合作，实行自由市场经济，发展密切的睦邻关系，巩固和平，尊重人权、少数民族权利和民主原则。克罗地亚认为，本国的历史和文化属于中欧和欧洲地中海区域，欧盟的立场是试图阻止克罗地亚融入欧洲。这就给了图季曼以口实来抨击欧洲，称其加强西巴尔干地区一体化就是试图重建南斯拉夫，这对刚刚摆脱南斯拉夫的克罗地亚来说是不可接受的。欧盟对民主和人权的要求同样令图季曼政权感到不满，认为这是对克罗地亚内政的干涉。同时，在推进与邻国合作问题上，克罗地亚也面临诸多问题，如与塞尔维亚关系不睦，与斯洛文尼亚存在领土纠纷等。

在社会层面，克罗地亚国内各派也进行着激烈的斗争。克罗地亚国内的知识精英对于融入欧洲、远离巴尔干有着较为迫切的愿望，因而，克罗地亚一直在坚持国家主权独立的孤立主义和融入欧洲一体化的区域主义之间摇摆，这造成克罗地亚内部政治和思想的分裂。[①] 由于国内这种政治气氛的影响，20 世纪 90 年代，克国内疑欧主义者和激进的民族主义者非常活跃，最明显的表现形式是他们坚持在本土战争（Homeland War，指 1991 ~ 1995 年忠于克罗地亚政府的军队与塞尔维亚控制的南斯拉夫人民军及当地塞族武装之间的战争）中倡导的价值观（例如，坚决维护克罗地亚主权和独立、克罗地亚社会的单一民族特性）。这些人认为克罗地亚一旦加入欧盟，将会对上述价值观造成挑战。[②] 尽管欧盟被公认为是一个共享自由价值观的组织，但对于保守主义者和民族主义者来说，自由主义是有问题的。此外，根据民族主义者的说法，如果克罗地亚同意把主权让渡给另一个超国家组织将犯下重大错误。一些人甚至回忆起加入南斯拉夫的经历，认为布鲁塞尔是"新的贝尔格莱德"，如果通过国内改革和重新调整对外政策来

---

① Dejan Jovic and Christopher K. Lamont, "Introduction Croatia after Tudjman: Encounters with the Consequences of Conflict and Authoritarianism", *Europe - Asia Studies*, Vol. 62, No. 10, 2010, p. 1614.

② Dejan Jovic and Christopher K. Lamont, "Introduction Croatia after Tudjman: Encounters with the Consequences of Conflict and Authoritarianism", *Europe - Asia Studies*, Vol. 62, No. 10, 2010, pp. 1614 - 1615.

投向欧盟的怀抱,这将有悖于克罗地亚的国家利益。[①] 因此,在某种程度上,包括克罗地亚执政党在内的克罗地亚精英,虽然认为融入欧洲是不错的选择,但从利益和成本核算来看,加入欧盟明显得不偿失。图季曼认为,克罗地亚社会强烈支持融入欧洲的呼声是与克罗地亚实际发展进程相违背的,将赋予塞族太多的权力并且会导致大规模难民返回国内,这种代价无疑太大了。[②]

3. 克罗地亚的"融欧"之旅

1999 年,克罗地亚入盟进程迎来了转折点。1999 年 12 月图季曼逝世后,反对党克罗地亚人民党领导人斯捷潘·梅西奇(Stjepan Mesic)在 2000 年 1 月的总统选举中获胜,由社会民主党主席伊维察·拉昌(Ivica Racan)领导的联合六党(社会民主党、社会自由党、农民党、克罗地亚人民党、自由党和伊斯特拉民主议会)在议会选举中获胜,在政治层面上将克罗地亚民主共同体边缘化。克罗地亚民主共同体的突然失利"给外部观察家们留下了这样的印象,2000 年的选举是克罗地亚向极权体制挥别的决定性一步"。[③] 自 2000 年 1 月开始,克罗地亚后图季曼时代的精英面临的是处理种族 - 民族主义运动、暴力冲突、改变极权治理模式和阻止有组织犯罪对国家制度的渗透等一系列任务。"去图季曼化"是后图季曼时代的精英用来形容在 21 世纪头三年实施的一系列宪法改革和外交政策的代名词。在这些变革中,梅西奇和拉昌果断放弃了图季曼时代采取的对融入欧洲 - 大西洋机制的抵制政策。[④] 与前南斯拉夫问题国际刑事法庭合作、支持难民回国以及解决政治腐败问题成为政府与欧盟合作的重要内容。2000 年 11 月,克罗地亚议会通过宪法修正案,改半总统制为议会制,总统逐渐成为一个象征性的职位。由于政策的转变,克罗地亚的入盟

① Dejan Jovic and Christopher K. Lamont, "Introduction Croatia after Tudjman: Encounters with the Consequences of Conflict and Authoritarianism", *Europe - Asia Studies*, Vol. 62, No. 10, 2010, p. 1615.

② Arolda Elbasani ed. , *Europe Integration and Transformation in the Western Balkans: Europeanization or Business as Usual?* Routledge: taylor & Francis Group, 2013, p. 47.

③ C. Lamont, *International Criminal Justice and the Politics of Compliance*, Farnham, Ashgate, 2010, p. 38.

④ D. Jovic, "Croatia and the European Union: A Long Delayed Journey", *Journal of Southern Europe and the Balkans*, Vol. 8, No. 1, 2006, pp. 85 - 103.

进程出现转机，得以全面参与稳定与联系进程。克罗地亚与欧盟在 2000 年秋天开始协商《稳定和联系协议》，并于 2001 年 10 月签署了该协议。①

此时克罗地亚融入欧洲还有另一个大背景。1999 年的科索沃战争使该地区大部分国家的经济遭受了毁灭性的打击。因此，战争一结束，经济重建就成为这些国家面临的迫切而又艰巨的任务，而经济复苏的前提是和平与稳定。欧盟也认识到，东南欧的稳定与欧洲一体化进程具有直接关系，因而有必要制订一个一揽子计划，综合解决东南欧地区的稳定（安全）问题。在此背景下，欧盟于 1999 年 5 月决定，在 1997 年地区立场的基础上，与西巴尔干五国签订《稳定和联系协议》，以此为基础与这些国家建立一种协议关系，帮助恢复该地区的稳定并促进经济发展。

步入 21 世纪后，欧盟不断对克罗地亚加码，以推进其积极按照欧盟的要求进行改革。

1996~2000 年，欧盟通过奥布诺瓦计划（主要是帮助其重建）向克罗地亚提供技术援助，2001~2004 年又通过共同体援助重建、发展和稳定计划支持克罗地亚参与稳定和联系进程，尤其是帮助其提升边界控制、民主稳定、国家机构建设、区域基础设施建设和环境保护的能力。2004 年在获得欧盟候选国地位后，克罗地亚又获得欧盟入盟前项目的支持，主要包括法尔计划、入盟前结构政策援助工具（ISPA）、农业与农村发展专项计划（SAPARD）。这些援助工具后来被预加入工具（2007~2013 年）所取代。预加入工具包含下列几部分内容：转型援助和制度建设、跨边界合作、区域发展、人力资源开发和农村开发。在该项目框架下欧盟总共向克罗地亚提供了 7.4983 亿欧元的援助，期限是从 2007 年到 2011 年，其中最大一部分援助立足于区域发展部分，金额为 2.5735 亿欧元。②

在克罗地亚方面，后图季曼时代的三届政府——社会民主党伊维察·拉昌领导的政府（2000~2003 年），经过改革后以克罗地亚民主共同体为主导的伊沃·萨纳德（Ivo Sanader）政府（2003~2009 年）和亚德兰卡·科索尔政

---

① http：//delhrv. ec. europa. eu/images/article/File/Strategija_ EK_ za_ CARDS_ za_ RH_ 2002 – 2006. pdf.

② http：//ec. europa. eu/enlargement/candidate – countries/croatia/financial – assistance/index _ en. htm.

府（2009～2012年）——一直致力于加入欧盟，并积极进行改革和转型。

由拉昌领导的社会民主党联合政府在2003年11月的议会选举中意外失败，使克罗地亚民主共同体在伊沃·萨纳德的领导下卷土重来。萨纳德获胜的砝码之一就是承诺提高民众福利。拉昌联合政府在2000年上台时，不得不削减一些福利项目，尤其是与战争老兵、生育和失业等方面有关的项目，以此来缓解财政压力。而克罗地亚民主共同体在竞选中的一个主要承诺就是恢复这些福利。独立经济学家对该届政府最大的批评就是预算一直在增加，并且不是从促进经济增长出发，而是从国有企业高盈利出发。这些花费无法促进国内生产总值和直接投资的增长，也不利于福利计划。然而，来自申请入盟需要遵守《马斯特里赫特条约》标准以及国际货币基金组织的压力，迫使萨纳德践行了福利承诺。此外，他克服重重阻碍对克罗地亚民主共同体进行改革，并将其塑造成欧洲式保守党。当时，在克罗地亚几乎没有人相信这位前外交部副部长能够再造克罗地亚民主共同体并在议会选举中获胜。但他做到了——他清理了克罗地亚民主共同体在历史上的"坏名声"，并联络其他党派支持克罗地亚入盟计划，使得国家对外战略呈现出积极的转向。

然而，克罗地亚的腐败问题仍是横亘在入盟之路上的难题之一。克罗地亚国内不断有媒体披露，萨纳德在担任总理期间，时常有人扛着大袋现金出入执政党办公楼。维基解密也披露了相关内容。2009年，美国驻克罗地亚大使发回国内的秘密电报中说，萨纳德有可能涉及数宗案件，调查官已经在秘密展开调查。一份国际教育机构的报告中称，在萨纳德任职期间，克罗地亚教育腐败已经到了相当严重的地步。学校买卖文凭现象泛滥成灾，教师普遍受贿，学生不行贿，很难毕业或拿到学位。在持续的国际压力下，萨纳德于2009年7月突然宣布辞职。亚德兰卡·科索尔在2009年7月就职。2010年12月27日，科索尔一气撤换了四名关键职位的部长，他们分别是国防部、财政部、文化部和建设部的部长，显示了其反腐败的决心。

4. 与前南斯拉夫问题国际刑事法庭合作问题

与前南斯拉夫问题国际刑事法庭的合作是克罗地亚政治生活中最具争议性的问题，也是欧盟提出的入盟必要条件之一。在克罗地亚执政者看来，这一问题过于政治化，而且很多方面是不合理的。在法庭成立的头两年（1993

~1995 年），前南各国不仅没有逮捕一名被起诉者，有些被告还被升职。克族嫌犯布拉斯基奇在被起诉后的第二天，即 1995 年 11 月 14 日被图季曼总统提任克罗地亚军队的一个高级职位。克罗地亚国防部部长戈伊科·苏三称被前南斯拉夫问题国际刑事法庭起诉的两名嫌犯"仍是克罗地亚民族最伟大的儿子"。当时的检察官戈德斯通对此表示理解。他说，我相信绝大多数克罗地亚人是守法的，他们不会支持和容忍犯罪分子，但在某些情况下，尤其是在强大的宣传攻势下，人民有可能视一些人为英雄而实际上他们是战争罪犯。在纳粹德国时期，很多德国人认为希特勒是真正的英雄，只有少数人能看清他的犯罪活动。① 然而，欧盟坚持与前南斯拉夫问题国际刑事法庭合作是入盟的前提条件，克罗地亚因此受到惩罚。由于塞尔维亚、克罗地亚和波黑最初无法满足与前南斯拉夫问题国际刑事法庭合作的条件，它们落后于欧洲一体化进程，欧盟甚至对塞尔维亚和克罗地亚进行了惩罚。② 而马其顿和阿尔巴尼亚因服从了欧盟的条件而获得加分，两者都得到了贸易特惠和援助（通过法尔计划）。克罗地亚一直认为自身拥有更大的潜力比其他国家更快加入欧盟，因此，国内媒体尖锐地批评欧盟的做法。克罗地亚不遗余力地采取很多措施使自己尽可能远离西巴尔干地区，甚至不惜重新定义自己（斯洛文尼亚曾这么做过）为"中欧"而不是"巴尔干"国家。③ 因此，一些学者认为"没有什么问题比与前南斯拉夫问题国际刑事法庭合作那样导致克罗地亚产生如此大的政治反弹了"。④

拉昌领导的社会民主党政府执政后力图改变这种状况。然而，社会民主党政府虽在口头上宣布与前南斯拉夫问题国际刑事法庭合作，但在政策层面，政府既无能力也不愿意履行国际法庭的义务。前克族将领诺拉茨（Mirko No-

① 凌岩：《跨世纪的海牙审判：记联合国前南斯拉夫国际法庭》，法律出版社，2002，第 225 页。

② See Milada Anna Vachudova, "Strategies for Democratization and European Integration in the Balkans", in Marise Cremona ed. , *The Enlargement of the European Union*, Oxford：Oxford University Press, p. 148.

③ See Romania Vlahutin, "The Croatian Exception", in Judy Batt ed. , "The Western Balkans：Moving On", *Chaillot Paper* No. 70, October 2004.

④ V. Peskin and M. Boduszynski, "International Justice and Domestic Politics：Post – Tudjman Croatia and the International Criminal Tribunal for the Former Yugoslavia", *Europe – Asia Studies*, Vol. 55, No. 7, 2003, p. 1117.

rac)、戈托维纳（Ante Gotovina）和博贝特科（Janko Bobetko）在国际社会声名狼藉，而社会民主党政府却笨拙地应对前南斯拉夫问题国际刑事法庭对这些人的指控，在处理这些战犯问题上长时间没有取得进展。拉昌政府试图把与前南斯拉夫问题国际刑事法庭的合作作为一个法律而不是政治问题，但没有得到欧盟的支持。欧盟甚至怀疑克罗地亚入盟的诚意，以及它是否真的愿意遵守《稳定和联系协议》。英国和荷兰甚至一度拒绝与克罗地亚签署《稳定和联系协议》，并威胁将否决其入盟申请。

萨纳德领导的政党克罗地亚民主共同体上台后，立刻开展穿梭外交来取信于国际社会，尤其是争取前南斯拉夫问题国际刑事法庭主审判官庞特（Carla Del Ponte）的支持。克政府表示愿意与前南斯拉夫问题国际刑事法庭完全合作，并陆续抓捕了一些战犯。2004 年 4 月，庞特首次承认新政府一直在积极配合前南斯拉夫问题国际刑事法庭的工作。

三 克罗地亚的入盟

1. 克罗地亚的入盟进程

国际舆论普遍认为，科索尔作为萨纳德的左右手，接替萨纳德担任政府总理后在政策路线上不会发生根本性变化。但她上台后采用新的治理方式，并取得一系列成果，尤其是她解决了与斯洛文尼亚长期悬而未决的边界纠纷，使克罗地亚入盟进程得以重新启动。为进一步推动入盟进程，科索尔政府建立了特别调查组，陆续启动了 19 项调查，来协助前南斯拉夫问题国际刑事法庭搜寻战时文献。科索尔还发起了有效的反腐败行动以及为应对全球金融危机采取财政紧缩措施并取得成功。2010 年 7 月，前南斯拉夫问题国际刑事法庭承认了科索尔政府为加强与前南斯拉夫问题国际刑事法庭合作而做的努力。

克罗地亚的入盟谈判于 2011 年 6 月 30 日正式结束，完成了对 35 个章节的逐条协商，协商的具体情况如表 9 - 1。①

---

① http：//ec. europa. eu/enlargement/pdf/enlargement_ process/accession_ process/how_ does_ a_ country_ join_ the_ eu/negotiations_ croatia_ turkey/20110701_ overview_ negotiations_ hr_ en. pdf.

表 9-1　克罗地亚入盟谈判各章节启动和结束情况

谈判领域	谈判开始日期	谈判结束日期
1. 货物自由流动	2008 年 7 月 25 日	2010 年 4 月 19 日
2. 工人自由流动	2008 年 6 月 17 日	2009 年 4 月 19 日
3. 提供服务的自由	2007 年 6 月 26 日	2009 年 12 月 21 日
4. 资本自由流动	2009 年 10 月 2 日	2010 年 12 月 5 日
5. 公共采购	2008 年 12 月 19 日	2010 年 6 月 30 日
6. 公司法	2007 年 6 月 26 日	2009 年 10 月 2 日
7. 知识产权	2007 年 3 月 29 日	2008 年 12 月 19 日
8. 竞争政策	2010 年 6 月 30 日	2011 年 6 月 30 日
9. 财政服务	2007 年 6 月 26 日	2009 年 11 月 27 日
10. 信息社会和媒体	2007 年 6 月 26 日	2008 年 12 月 19 日
11. 农业和农村开发	2009 年 10 月 2 日	2011 年 4 月 19 日
12. 食品安全（蔬菜检验检疫）	2009 年 10 月 2 日	2010 年 7 月 27 日
13. 渔业	2010 年 2 月 19 日	2011 年 6 月 6 日
14. 运输政策	2008 年 4 月 21 日	2010 年 11 月 5 日
15. 能源	2008 年 4 月 21 日	2009 年 11 月 27 日
16. 税收	2009 年 10 月 2 日	2010 年 6 月 30 日
17. 经济和货币政策	2006 年 12 月 21 日	2008 年 12 月 19 日
18. 统计	2007 年 6 月 26 日	2009 年 10 月 2 日
19. 社会政策和就业	2008 年 6 月 17 日	2009 年 12 月 21 日
20. 企业和产业政策	2006 年 12 月 21 日	2008 年 12 月 19 日
21. 跨欧洲网络	2007 年 12 月 19 日	2009 年 10 月 2 日
22. 区域政策	2009 年 10 月 2 日	2011 年 4 月 19 日
23. 司法和基本人权	2010 年 6 月 30 日	2011 年 6 月 30 日
24. 公正、自由和安全	2009 年 10 月 2 日	2010 年 12 月 22 日
25. 科学和研究	2006 年 6 月 12 日	2006 年 6 月 12 日
26. 教育和文化	2006 年 12 月 11 日	2006 年 12 月 11 日
27. 环境	2010 年 2 月 19 日	2010 年 12 月 22 日
28. 消费者和健康保护	2007 年 10 月 12 日	2009 年 12 月 27 日
29. 关税同盟	2006 年 12 月 21 日	2009 年 10 月 2 日
30. 对外关系	2007 年 10 月 12 日	2008 年 10 月 30 日
31. 外交、安全和防卫政策	2010 年 6 月 30 日	2010 年 12 月 22 日

续表

谈判领域	谈判开始日期	谈判结束日期
32. 财政控制	2007 年 6 月 26 日	2010 年 6 月 27 日
33. 财政和预算安排	2007 年 12 月 19 日	2011 年 6 月 30 日
34. 机构建设	2010 年 11 月 5 日	2010 年 12 月 5 日
35. 其他问题	2011 年 6 月 30 日	2011 年 6 月 30 日

资料来源：作者自制。

2011 年 12 月 9 日，科索尔在布鲁塞尔与欧盟领导人和 27 个成员国首脑正式签署入盟协议，克罗地亚最终于 2013 年 7 月加入。

2012 年 10 月 10 日，欧盟委员会发布了一年一度的扩大进展报告，关于克罗地亚的评估报告与其他国家不同，被称为监督报告。报告对克罗地亚的入盟进展持肯定态度，强调该国在入盟的政治和经济指标上满足了条件。报告也对克罗地亚政府采取的一系列私有化政策表示肯定。但欧委会也强调，克罗地亚腐败问题依然较多，司法程序混乱及组织机构过于庞大严重影响了政府决策效率，不利于未来的经济及财政改革，因此，欧盟坚持克应在公共行政管理改革、提高司法透明度、打击腐败、保护少数民族权利和起诉战犯方面继续努力。[①]

2. 利益核算表明入盟进程的艰难

如前所述，克罗地亚的国家性虽在西巴尔干具有优势，但比起中东欧先行入盟的八国，其国家性优势并不明显。

克罗地亚的一些重要产业，尤其是在社会主义工业化背景下发展起来的产业，是因为有国家的巨额补贴才得以生存下来，并且从南斯拉夫继承下来的自治管理模式根深蒂固，现有政治精英并不愿意进行大的变革。欧盟所要求的新自由主义的、支持竞争的改革很难被某些部门接受，因此在实践中难以执行。亚德里亚船厂就是政治上抵制新自由主义的阵地。该船厂以前依靠苏联市场，负有盛名，但来自外部的竞争使其失去了生命力。为了应对欧盟的审查，船厂部分被迫外迁。欧盟坚持认为在船厂无法实现

---

① Economist Intelligence Unit, "Postive EU report brings membership one step closer," *Croatia Country Report*, October 12, 2012.

重组的情况下，有关竞争政策的谈判不能结束。因此，欧盟和克罗地亚有关竞争政策的协商一直拖到了最后。事实上，在 2011 年 6 月结束入盟谈判后，重组这一任务仍没有全部完成。在入盟之前，仍受到欧盟的全面监督。

许多克罗地亚人并不支持欧盟提出的新自由主义经济议程，这是南斯拉夫时期过度的社会保护和国家主导式体制影响的结果。一位媒体人（Robert Bajrusi）写道："总体而言，许多克罗地亚人不愿意放弃过去遗留下来的相对舒适的生活方式和社会权益，但这恰恰又是欧盟想要改变的。"这一点在深受民众支持的一些政党中有所体现，如克罗地亚农民党，它的支持者们大多是疑欧主义者。甚至克罗地亚两个主要的政党——社会民主党和克罗地亚民主共同体，也都倡导缓慢的市场化改革。在克罗地亚甚至存在这样的政治和社会共识，可以牺牲外部投资来保证社会主义时代留下的社会保障。在 2007 年议会选举前夕，经济学家、总理候选人约尔西奇（Ljubo Jurcic）说："我支持左翼的经济政策而不是新自由主义的政策。把什么事情都留给市场解决的做法过于轻率和简单，这样一种政策可能会破坏克罗地亚经济并把老百姓逼到大街上（抗议）。此外，在这个世界上没有国家只采取单纯的新自由主义经济政策，相反，还需要定义其国家优先重点并实施国家干预。克罗地亚同样需要做这件事情。"① 正是在这样的大背景下，从历史习惯和利益核算的角度出发，无论是精英还是民众，并不愿意进行如此快速的市场化改革。尽管入盟能够带来长远的好处，但从现阶段看他们损失的利益会较多。

四　克罗地亚入盟后的发展前景

1. 加入欧盟并不意味着克罗地亚国家构建进程的彻底终结

2013 年 7 月 1 日，克罗地亚正式加入欧盟。这在某种程度上意味着国家构建工作基本完成，或者说基本上达到欧盟的标准。但国家功能建设并

---

① Arolda Elbasani ed. , *European Integration and Transformation in the Western Balkans* Routledge Taylor & Francis Group，2013 p. 44.

没有终止,仍需要不断完善。入盟后克罗地亚的前景并非一片光明,它还要面对严峻的经济形势和腐败问题。在法国和荷兰的要求下,欧盟提出对克罗地亚进行严格监督的 10 个领域,主要涉及司法改革、打击腐败和有组织犯罪、保护少数民族权利等。同保加利亚和罗马尼亚一样,克罗地亚在入盟后将继续接受欧盟的审查。

2. 腐败问题和经济萧条将继续困扰克罗地亚未来的国家构建

克罗地亚腐败问题频发,尤其是高层腐败问题引起外界广泛关注。公众对政治精英的不信任,尤其是高层腐败丑闻可能会对政治稳定造成一定的影响。自克罗地亚独立以来的 20 多年时间里,高层腐败丑闻频发。如 2012 年 4 月 16 日,克罗地亚最高法院开始审判前总理萨纳德的腐败案件。萨纳德被指控以克罗地亚民主共同体的名义,在 2003 ~ 2009 年非法使用 3160 万库纳(约合 600 万美元)的国家公共资金,个人收受贿金 1500 万库纳。萨纳德的受审掀开了克罗地亚政治腐败的冰山一角。

自 2009 年开始至今,克罗地亚经济一直未能实现正增长。2009 年国内生产总值与上年相比萎缩 6.9%,2010 年萎缩 1.4%,2011 年为零增长,2012 年和 2013 年仍为负增长,分别为 - 2.2% 和 - 0.9%,[①] 上述经济表现几乎是西巴尔干国家中最差的。民众对克罗地亚民主共同体在刺激经济增长上毫无作为非常不满。政府为缓解财政压力而出台的大规模削减社会福利措施损害了民众的切身利益。欧洲复兴与开发银行在 2013 年 12 月公布的 2013 年度转型报告中称,克罗地亚政府亟需加速改革,以此改善商业环境并增强经济竞争力。该报告认为克罗地亚政府在经济领域所取得的进展有限,除非采取一些具体的措施加以改善,否则经济复苏前景将"更加暗淡"。[②] 尽管克罗地亚民主共同体在入盟问题上采取不懈努力,并取得很大成就,但在 2011 年年末的议会选举中仍失去了执政地位,经济持续萧条是其败选的主要原因。

尽管存在上述问题,但总体来说,克罗地亚的入盟对本国、本地区以及欧盟未来的发展均有积极的影响。

---

① Economist Intelligece Unit, "Croatia", *Country Report*, May 9th, 2015.

② European Bank of Reconstruction and Development, "Transition Report 2013: Stuck in Transition?" http://tr. ebrd. com/tr13/images/downloads/357_ TR2013v3. pdf.

入盟提高了克罗地亚的国际地位，提升了其国际影响力；成为欧盟大市场的一员使克罗地亚面临良好的发展机遇，获得欧盟基金和外部战略投资的支持，使克罗地亚有望提振萎靡的经济；成为欧盟成员国后，克罗地亚可为其他西巴尔干国家的入盟提供技术支持，借机提升自己在西巴尔干的影响力，从而扮演与斯洛文尼亚相似的角色——成为连接欧盟与西巴尔干国家关系的"纽带"。

对西巴尔干来说，克罗地亚入盟为其他未入盟国家树立了一个"样板"，未入盟国家将会更有针对性、更有信心地迈向欧洲一体化：黑山在2012年与欧盟开启入盟谈判后一直有条不紊地进行改革；马其顿也获得了优待，在与希腊"国名"问题尚未解决的情况下，欧盟已经开始与其展开了某些入盟内容的谈判；塞尔维亚则得到了欧盟入盟谈判的"绿灯"，为鼓励其在与科索沃关系正常化方面所做出的努力，欧盟宣布于2014年1月1日开启与塞尔维亚的入盟谈判；2014年6月，阿尔巴尼亚获得欧盟候选国资格；对波黑来说，黑山、马其顿、塞尔维亚和阿尔巴尼亚的进步，给波黑的入盟进程带来不小的压力，增加了其入盟的紧迫感。

对欧盟来说，它通过克罗地亚入盟向外界展示了自信。欧元区虽仍处危机之中，但欧盟有能力解决危机，而且既有的扩大政策不变。欧盟仍对自己的制度充满信心，并有能力辐射其他地区，改变周边动荡国家的政治、经济体制和发展路径，将周边动荡区打造成和平区。欧盟用行动证明，它仍是当今世界上推动相关国家转型的一支重要力量。

第十章
欧盟对阿尔巴尼亚的国家构建政策

一 阿尔巴尼亚的国家性问题

阿尔巴尼亚的国家性问题与其他西巴尔干国家有一定的差异。它虽然存在民族对立问题，但并不严重，反而是社会主义遗产对国家政治和经济造成了一定的负面影响。这种影响具体体现为阿尔巴尼亚虽然是功能性国家，却存在一个无能力的政府，导致其无法控制国内的突发性事态。

第二次世界大战后，阿尔巴尼亚一直是欧洲最穷的国家之一，造成这种极端贫穷状况的部分原因是其领导人恩维尔·霍查僵硬地采用斯大林式的发展模式。这种模式主张国家自主发展并最终使阿尔巴尼亚与世界经济隔绝。霍查相继中断了阿尔巴尼亚与南斯拉夫、苏联和中国的所有贸易关系以及其他任何形式的经济往来。① 1978 年与中国决裂后，阿尔巴尼亚几乎

---

① 1944 年阿尔巴尼亚解放后，不得不依靠南斯拉夫的经济、军事援助。1946 年 7 月，阿尔巴尼亚与南斯拉夫签订了友好、合作与互助条约，两国成为名副其实的盟友。此后，阿、南还签署了一系列强化两国经济一体化的协定，如统一货币、统一价格以及合并海关。根据这些条约和协定，南斯拉夫加快了把阿尔巴尼亚纳入其主导的巴尔干联邦的进程：阿政府和军队中一些重要位置由南斯拉夫人占据，阿的一些经济部门也被南斯拉夫人控制，甚至连本该由阿尔巴尼亚劳动党参加的"共产党和工人党情报局"会议也由南斯拉夫共产党代劳。为摆脱对南斯拉夫的依赖，阿尔巴尼亚领导人恩维尔·霍查转而寻求苏联的帮助。1947 年，霍查访问苏联，与莫斯科建立直接的合作关系。1948 年苏南交恶给了阿尔巴尼亚摆脱南斯拉夫的绝好机会。当南斯拉夫被斯大林从"共产党和工人党情报局"开除时，阿尔巴尼亚成为第一个公开响应苏联的东欧国家。阿政府一鼓作气把所有的南斯拉夫援阿专家、顾问送回了南斯拉夫，还单方面切断了与贝尔格莱德的经济和军事联系。阿南关系完全破裂后，苏联成为阿的新盟友。此后，阿苏关系也波折不断，阿开始发展与中国的关系，但最终也陷入僵局。2001 年，阿尔巴尼亚与南联盟恢复外交关系。

与整个世界绝缘，拒绝所有外来援助和投资。[①] 在日益全球化的时代，与世隔绝就意味着无法把握世界发展趋势，难以为国家建设和发展提供良好的内部和外部环境。

在当时的社会主义国家中，阿尔巴尼亚的政治制度是最为僵硬和机械的。基本的人权、政治权和自由表达权受到压制，政治多元主义和民主制度的发展遭到禁锢，人员和信息的自由流动也受到限制。国际组织无法进入该国，所有的宗教机构和宗教信仰都被严格禁止。[②] 独特的国家体制培养出该国国民的仇外情绪和偏执心理。政府坚持认为国家被外部敌人包围，以此为经济困境和政治孤立寻找借口，为控制人民生活的各个方面寻找合法理由。[③]

1990 年年底，拉米兹·阿利雅（1985 年霍查因病去世后接任劳动党第一书记）提出要实行新经济体制，但此时由于受到东欧和苏联风起云涌的变革浪潮的影响，他已控制不了局势的发展，阿尔巴尼亚陷入空前的混乱之中。30 万人逃往国外，工人罢工，学生罢课，许多城市接连发生打、砸、抢、烧等事件。大批工厂、企业停产，设备遭破坏，大量农田及作物被毁，社会秩序失控，不得不依靠西方紧急运送的食品来维持居民的生活。国家遭受的经济损失比第二次世界大战给阿尔巴尼亚造成的损失还严重，经济连续三年严重滑坡，1990 年国内生产总值同比下降 10%，1991 年下降35%，1992 年下降 8%。[④]

1992 年 4 月，阿利雅下台，阿尔巴尼亚历史上第一个民选政府在萨利·贝里沙的领导下正式建立。新政府在国际货币基金组织的指导下，实行以放开物价和紧缩银根为主要内容的"休克疗法"，最终通货膨胀得到抑制，经济恢复稳定，财政收支状况开始好转，生产开始恢复。

---

① 对共产主义时期阿尔巴尼亚经济政策的讨论见 P. R. Prifti, *Socialist Albania since* 1944: *Domestic and Foreign Developments*, Cambridge: MIT Press, 1978。

② M. Bogdani and J. Loughlin, *Albania and the European Union: the Tumultuous Journey towards Integration and Accession*, London: I. B. Tauris, 2009, p. 24.

③ M. Bogdani and J. Loughlin, *Albania and the European Union: the Tumultuous Journey towards Integration and Accession*, London: I. B. Tauris, 2009, p. 25.

④ 李瑶、王晓燕：《陷入泥潭——剧变后的阿尔巴尼亚经济》，《今日东欧中亚》1999 年第6 期。

尽管阿尔巴尼亚经济出现回暖，但经济起点太低。同时，阿尔巴尼亚经济得以发展，主要依靠国际上大量援助和侨汇来支撑，因此具有脆弱性。自 1990 年以来，阿尔巴尼亚约有 45 万～50 万名青年作为难民外流，其中大部分在希腊、意大利等国工作，这些人员每年往阿尔巴尼亚寄回 3～4 亿美元的汇款，截至 1996 年年底总计约 20 亿美元，每年单此一项收入就占阿国内生产总值的 40% 左右。国内的低工资和较低的生活水平，使难民愿意在国外从事其他欧洲国家公民不愿意干的最苦、最脏、最累的工作。他们在国外有较高的工资收入，使留在国内的人羡慕不已，许多人都想到国外谋生，把偷渡出国视为摆脱贫困生活的捷径。为减少难民偷渡带来的安全问题，西方国家对阿给予了大量援助，截至 1996 年，援助总额大约为 18 亿美元。①

尽管阿尔巴尼亚存在上述问题，但与西巴尔干其他国家相比，阿尔巴尼亚还是具备一些优势的。历史给阿尔巴尼亚留下的积极遗产是，自 1912 年开始它就是一个独立的国家。而塞尔维亚、黑山、波黑、克罗地亚、马其顿却不得不从三个层面经历复杂的转型：从中央计划经济到市场经济的转型、从区域经济到国家经济的转型、从南斯拉夫联邦共和国的加盟共和国到独立主权国家的转型。这些国家要承载的额外负担就是必须创建新的国家机构、形成新的政策机制并建立相关基础设施，作为新独立国家还要面临由此产生的边界和对外关系问题。阿尔巴尼亚则不必花费太大的精力和资源来处理上述部分问题，它也不存在宪法合法性危机和领土争端等问题。

阿尔巴尼亚的优势还体现在国内不存在根本的民族冲突，因为该国人口主要由阿尔巴尼亚族人构成，约占总人口的 98%，而西巴尔干其他国家则没有这么好的 "先天条件"。而与之相关的唯一可能对区域稳定造成威胁的是阿尔巴尼亚与科索沃的关系问题，阿一直支持科索沃内部阿尔巴尼亚族人寻求独立的诉求，这势必与塞尔维亚产生矛盾。

正如美国学者多宾斯所认为的："阿尔巴尼亚的麻烦来自于无能和腐败

---

① 李瑶、王晓燕：《陷入泥潭——剧变后的阿尔巴尼亚经济》，《今日东欧中亚》1999 年第 6 期。

的政府，而不是长期的部族、种族、宗教或语言冲突。"① 这也是阿尔巴尼亚国家性存在的最大问题，加上脆弱的经济发展模式和治理能力，国家构建面临较大挑战。阿尔巴尼亚多次被列入欧洲最腐败国家名单。黑社会控制着主要进出口产品，致使海关80%的税收流失。此外，阿尔巴尼亚还是中东恐怖主义组织的避风港和通道，许多宗教原教旨主义组织纷纷来阿设立机构，其中包括本·拉登领导的国际恐怖组织。阿尔巴尼亚约有60万支枪流失在民间，对社会治安造成极大隐患。1998年，阿尔巴尼亚暴力犯罪达5562起，平均每20人中就有3人受到犯罪的伤害。② 因此，阿尔巴尼亚在国家治理和管理能力上存在较大的不足。这种较弱的国内治理能力极易引发国内动荡并外溢到欧洲其他国家。

二　欧盟对阿尔巴尼亚的国家构建政策和阿经济危机

1992年，欧共体与阿尔巴尼亚签署了贸易与合作协定，阿尔巴尼亚成为法尔计划资助的对象。从援助的具体项目来看，首先是推动私有化进程，完成向市场经济的转轨；其次是针对地区发展、基础设施、教育、职业培训和科研的援助。③

依据法尔计划的要求，阿政府着手进行雄心勃勃的经济改革，积极推动国家步入市场经济道路。改革的关键内容是价格和汇率体系的自由化，巩固财政和货币，推动贸易自由化和控制财政赤字。④ 这些改革包含在一揽子结构改革框架下，包括加速私有化过程，加强企业和财政部门改革，制

---

① James Dobbins, et al. , *Europe's Role in Nation - Building: From the Balkans to the Congo*, California: Rand Corporation, 2008.

② 沈碧莲：《东南欧三国一九九八年形势》，《国际资料信息》1999年第2期。

③ 罗红波、萧泽贤：《法尔计划》，《世界知识》1994年第21期。

④ M. Blejer, M. Mecagni, R. Sahay, R. Hides, B. Johnston, P. Nagy and R. Pepper, "Albania: From Isolation towards Reform", *IMF Occasional Paper*, no. 98, Washington, September 1992.

定市场经济和私营部门相结合的法律框架。① 1993～1996 年的改革相对比较顺利，这一阶段阿尔巴尼亚 GDP 的年增长率平均达到 10%，贸易几乎完全实现自由化，货币和财政紧缩政策促进了宏观经济的稳定。② 私营经济富有活力，70% 的国有经济实现私有化。到 1996 年，工人的月工资得到大幅度提高，物品短缺问题得到解决，很多城市的私营市场充满活力。在走出数十年的自我孤立后，阿尔巴尼亚陆续加入了许多国际组织，如国际货币基金组织、世界银行以及欧洲复兴开发银行等。

阿尔巴尼亚的外交转型也非常迅速。长期奉行教条主义和极"左"路线的阿尔巴尼亚在冷战结束以后迅速向西方靠拢，在这方面的表现甚至超过了其他中东欧国家。1995 年，在以美国为首的北约军事力量对波黑塞族武装进行大规模军事打击时，阿尔巴尼亚积极地向北约部队提供各种便利，其中包括允许北约使用其机场和在其境内设置电子侦察设施。西方对阿尔巴尼亚的转变寄予极大的希望并给予热情鼓励，除了向其提供经济援助和扩大人员交往等措施以外，还将阿尔巴尼亚拉入北约和平伙伴计划并帮助阿尔巴尼亚训练军队。

但阿尔巴尼亚的市场化改革仍处于摸索阶段，经济转轨经验并不是十分丰富，尤其是银行业的转制经验严重不足。阿尔巴尼亚传统的银行系统功能很弱，银行信贷控制严格，无力为融资者提供贷款，因而一些投资公司高息集资活动也随之开始。起初，它们大部分以略高于银行的利率（月息 4%～5%）吸收存款，开展生产性投资业务。但随着集资热的兴起，1996 年年初，更多的投资公司涌现出来。它们打着"金字塔投资计划"（Pyramid Scheme）的招牌，以从事实业贸易或成立基金会的名义注册，利用人们渴望快速致富的心理，大搞高息集资活动。许多投资公司也纷纷将原来 4%～5% 的月息提高到 8%～10%。一场"金字塔投资计划"热席卷阿尔巴尼亚。据统计，阿尔巴尼亚全国共有 12 个大的集资机构，储户达100 万人，占全国人口的 1/3。在高峰时期，"金字塔投资计划"负债的名

---

① A. Aslund and O. Sjoberg, "Privatisation and Transition to a Market Economy in Albania", *Communist Economies and Economic Transformation*, 4（1），1992, pp. 135 – 140.

② IMF, "Albania: Recent Economic Developments", *IMF Staff Country Report*, 99/69, Washington, July 1999, p. 20.

义价值几乎占到整个 GDP 的一半。这些投资公司竞相抬高存款利息。很多人不惜卖房、卖地、卖牲畜去参加投资计划，还有很多人将多年在国外挣下的血汗钱都投到了投资公司。在短短 5 年中，储户投入资金达到约 20 亿美元。有些投资公司将所筹巨资投入到军火交易中，大发横财；有些公司将资金投入到盈利性较强的生产企业也获利丰厚。然而，当资金无处可投时，单纯依赖吸收新存款来支付巨额利息是不会持久的。从 1996 年年底开始，一些投资公司纷纷破产倒闭。[①]

危机初期，有的公司老板携款外逃，有的干脆宣布破产。这时储户意识到问题的严重性，开始自发地举行小规模抗议活动，要求政府干预。当时的政府成立了专门的委员会，调查投资公司的经营情况，但行动迟缓。1996 年 11 月，阿尔巴尼亚最早成立的一家投资公司宣布暂时停止支付存款者的本金和利息。1997 年 1 月 5 日，该公司宣布破产。接着，政府冻结了其他两个投资公司的银行账户，并逮捕了当事人。此后另一家大型"金字塔投资计划"投资公司也宣布破产。愤怒的投资者纷纷上街游行示威，在阿尔巴尼亚反对党的支持下，一些地区发生打、砸、抢事件，政府机关和执政党总部受到冲击，一场大规模的要求政府"还钱"并要求政府下台的抗议活动在全国范围内发展起来。对此阿尔巴尼亚政府未采取有效的应对措施，导致矛盾激化，最终发生了武装动乱。

尽管阿尔巴尼亚中央银行和国际货币基金组织曾警告过，阿尔巴尼亚转轨计划可能面临风险，萨利·贝里沙政府却无力控制风险，并被外界怀疑从中牟利。1997 年 1 月，持续不断的抗议和示威游行最终演变成暴力活动。骚乱在南方尤其严重，因为它是反对党——社会党（Socialist Party）的大本营。随着骚乱的蔓延，国家实际上处于分裂状态，并且濒于内战边缘。在这次动乱中，大约有 2000 人被杀，武装叛乱分子到国家军事基地和军火库抢夺武器，许多军事基地、兵营、仓库和警察局也遭到袭击，大批兵器弹药被抢。据估计，大约 75 万~100 万件兵器（主要为 20 万支 AK-47 步枪、800 门迫击炮以及大量手枪）和 15 亿多发弹药（其中包括 2500 枚火箭弹、350 万颗手榴弹

---

① C. Jarvis, "The Rise and Fall of the Pyramid Schemes in Albania", *IMF Working Paper*, Washington, July 1999.

和 140 万枚地雷）被抢。在暴乱中，阿政府完全失去了对国内各个军械库的控制，加之政府保存的武器库存记录残缺不全，所以没人知道在 1997 年 3 月到底丢失了多少武器，据估计约达库存总量的 80%。这些被抢武器有些被暴徒用于犯罪，而大部分则成为一种生财之道。大量新型武器通过各种途径被卖到科索沃、马其顿、希腊，甚至是意大利。①

无法控制的骚乱破坏了社会的正常秩序，导致在阿尔巴尼亚的大量投资者和移民撤离，成千上万阿尔巴尼亚人逃亡，由此产生巨大的难民问题。意大利被迫宣布国家处于紧急状态。此外，骚乱有进一步蔓延到科索沃和马其顿的危险，因为那里有大量的阿尔巴尼亚人社区，这将引爆巴尔干更大规模的冲突。阿尔巴尼亚脆弱的政府管理能力不但引发了国内动荡，而且使这种动荡外溢，引发了区域不稳定。②

三 国际社会对阿尔巴尼亚的干预

包括欧盟在内的国际行为体着手对阿尔巴尼亚进行干预，但干预行动面临两项挑战。

首先是如何恢复公共秩序以及促进安全。1997 年的冲突导致阿尔巴尼亚政府对南部大部分地区失去控制，国家处于无政府状态。骚乱分子和反叛者从事大规模掠夺行动并从军事地点获取武器。最初，很难判定掠夺者和骚乱分子与反对党有无关联，这对干预行动造成阻碍。

其次是如何恢复政府的行政能力。阿尔巴尼亚的选举存在大量问题，1996 年 5 月使民主党上台的选举就存在大量不规范行为，包括投票舞弊、恐吓和使用暴力。因此，贝里沙政府被许多阿尔巴尼亚人尤其是南方的阿尔巴尼亚人视为是非法的，这使政府的合法性遭遇了重大挑战。1997 年 3 月初，国家和地方行政体系崩溃，很多地方尤其是南方爆发了暴力冲突，地方性的暴力团体纷纷建立起来。许多犯罪团伙也在骚乱期间趁火打劫，

---

① 王占良编译：《阿尔巴尼亚：轻武器走私困扰欧洲》，《现代兵器》1999 年 12 月。

② D. Vaughan - Whitehead, *Albania in Crisis: The Predictable Fall of the Shining Star*, London: Edward Elgar Publishing, 1999, pp. 191 - 220.

局势严重恶化。对国际社会来说，如何帮助阿尔巴尼亚建立一个稳定和有能力的政府并恢复经济发展将是一个不小的挑战。

1997 年 3 月 28 日，联合国安理会根据联合国宪章第七条通过决议案，授权在意大利领导下组建多国稳定部队（MPF），开展"阿尔巴行动"（Operation Alba）。该行动的任务就是恢复秩序，并用人道主义援助的方式为行动人员和普通民众提供保护。行动最初授权的时间是 3 个月，随后又增加了 45 天。

"阿尔巴行动"（1997 年 3~8 月）是根据联合国安理会决议，在意大利领导下采取志愿联合的方式对阿尔巴尼亚采取的行动。那么为什么是意大利领导了这场行动而不是与巴尔干利益攸关的欧盟呢？

这很大程度上是因为欧洲主要的安全机构——欧安组织、欧盟和北约——不愿意承担派遣维和使团的责任，很多西方国家政府由于联合国在 20 世纪 90 年代初在波黑的失败而丧失了对维和行动的信心。[①] 欧安组织 1997 年 2 月就开始讨论这个问题，但直到 3 月 5 日才开始采取具体行动。欧安组织主席丹麦首相彼得森（Niels Helveg Peterson）任命前奥地利总理弗兰尼茨基（Franz Vranitzky）为其私人代表，派遣他到阿尔巴尼亚与所有政治力量和利益攸关者协商。在此期间，希腊和意大利两国因受到阿危机的直接影响，已经开始与阿进行非正式或正式协商。两国连同法国要求欧盟采取军事行动来恢复阿尔巴尼亚的秩序。荷兰外交大臣范米尔洛（Hans van Mierlo）（时任欧盟部长理事会主席）开始了密集的外交努力来支持弗兰尼茨基。

然而，欧盟和欧安组织在是否采取军事干预犹豫不决。军事干预的可行性分别于 3 月 14 日在西欧联盟理事会会议和 3 月 15 日在荷兰阿珀尔多伦（Apeldoorn）欧盟外长会议的非正式会晤中讨论过。但一周后，欧盟放弃军事干预的计划。最终，欧盟仅决定派遣一个事实调查小组和技术援助小组来支持欧安组织和相关各方。欧盟不愿意采取军事行动是基于下列几个理由。

首先，危机的性质不明。难以判定骚乱是一场由反对党支持的反政

---

① 关于国际社会应对的详细讨论见 Stefano Silvestri, "The Albanian Test Case", *International Spectator*, Vol. 32, Nos. 3 – 4, July – December 1997; Ettore Greco, "New Trends in Peacekeeping: The Experience of Operation Alba", *Security Dialogue*, Vol. 29, No. 2, June 1998。

府活动，还是一场自发组织的更大规模的反叛活动。后来事实逐渐明朗，南部阿尔巴尼亚反叛群体具有一定的独立性，与政治党派没有关联。

其次，欧盟内不同成员国对冲突的看法不一。希腊和意大利受到危机的直接影响，它们关注阿尔巴尼亚大规模难民潮对本国稳定的影响，以及危机可能对巴尔干其他地区产生的溢出效应。它们连同法国一道推动国际社会对危机做出紧急回应，包括军事干预，来恢复阿尔巴尼亚的政治秩序和阻止难民涌向其边界。然而，很多北欧和西欧国家并不认为这场危机情况很严重，它们倾向于把危机看成阿尔巴尼亚的内部事务。

最后，国际社会就如何促成阿尔巴尼亚国家内部的和解难以达成共识。美国、德国和其他西方国家认为贝里沙辞职是最好的选择。而意大利则支持渐进的办法，担心贝里沙辞职会激怒民主党，因为民主党配合与否是影响国家和解的重要因素之一。

欧盟和西欧联盟内部分歧也阻碍欧洲做出及时的、一致的回应。西欧联盟支持进行军事干预，但遭到英国和德国的强烈反对。英国担心强化西欧联盟会破坏北约成员国以及大西洋两岸的关系。对当时的德国来说，向海外派遣部队是一个敏感问题。在派遣军队到波黑问题上曾经产生激烈的内部分歧，德国政府不想再陷入麻烦当中。欧盟一些成员国对西方干预索马里的失败记忆犹新，担心噩梦会重演。

除西欧联盟外，还有没有其他军事选择？各方就这一点进行了激烈的讨论。欧安组织担任领导的可能性也被排除了，因为根据有关规定，欧安组织执行的维和行动，并不包含干预行动，欧安组织专门的指挥机构也没有建立起来。

意大利提出北约领导行动的可能性，但这一提议甚至没有得到由西欧联盟来领导的提议那么高的支持率。许多北约成员国把危机看作阿内部事务。此外，北约因为已经参与波黑行动，对是否要卷入一场新的维和行动犹豫不决。美国尤其如此，华盛顿已经完全卷入波黑事务，不愿意再派遣军队到阿尔巴尼亚，于是鼓励西欧联盟承担起管理危机的责任。鉴于联合国在波黑的表现不佳，也没有人支持由联合国领导。于是意大利领导的志愿联军成为一种最好的也是被默认的选择。

1997 年 3 月 26 日，意大利在致欧安组织主席的声明中要求建立多国稳定部队。3 月 28 日，联合国授权组建由意大利领导的多国稳定部队。为了阻止可能出现的溢出效应，联合国也同意推迟从马其顿撤退部分联合国预防性部署部队（UN Preventative Deployment Force）。

奥地利、丹麦、法国、希腊、意大利、葡萄牙、罗马尼亚、斯洛文尼亚、西班牙和土耳其共 10 个国家提供军队参加"阿尔巴行动"，可以看出，这些国家大多来自地中海地区，主要包括：意大利、法国、西班牙、希腊、罗马尼亚、斯洛文尼亚和土耳其。当然这些国家的贡献是相对有限的。军队数量为 7215 人，意大利贡献了近一半，紧随其后的是法国、希腊和土耳其。意大利国防部部长圭多·文图罗尼（Guido Venturoni）将军领导了这次行动。

在危机最初阶段希腊扮演了重要角色。与意大利一样，希腊积极支持用共同外交与安全政策机制来组建干预力量以恢复阿尔巴尼亚秩序。它担心希腊少数民族在阿尔巴尼亚南部地区的命运，认为危机可能对巴尔干其他地区造成溢出效应。[①] 法国积极推动欧盟通过西欧联盟进行干预，它是多国稳定部队军事人员的第二大贡献者。法国坚持激进主义传统，试图增强欧盟危机管理的能力。然而，法国在外交上并不比意大利和希腊积极，部分原因是阿尔巴尼亚的不稳定并未对它造成直接威胁。

作为非欧盟成员国，土耳其并没有参与欧盟有关阿尔巴尼亚危机的讨论。然而，土耳其与阿尔巴尼亚有深厚的历史联系，阿尔巴尼亚的安全和发展与土耳其利益相关，因而土耳其也是"阿尔巴行动"军事力量的主要贡献者之一，它的军事存在有利于制衡希腊和意大利的影响，可以抵消人们对希腊和意大利试图在巴尔干施加影响的关注。罗马尼亚和斯洛文尼亚参加"阿尔巴行动"，部分原因是它们希望提高加入欧盟和北约的可能性，两个国家都意图证明自己也是欧洲安全的贡献者而不是消费者。

---

① 　关于希腊的关注和大巴尔干政策的讨论，见 Stephan Larrabee，"Greek Security Concerns in the Balkans"，in Van Coufoudakis，Harry J. Psomiades and Andre Gerolymatos eds.，*Greece and the New Balkans*：*Challenge and Opportunities*，New York：Pella Publishing Company，1999。

四 欧盟对阿尔巴尼亚进行国家构建的具体行动

多国稳定部队政治和战略方向的制定以及政治和军事动议的协调,由特别指导委员会负责。特别指导委员会根据国际和非政府组织参与援助的进展情况来确定工作程序。该委员会由各国外交部和国防部高级代表组成,军事行动负责人、阿尔巴尼亚政府和国际组织代表也参与其中。国际红十字会、世界粮食计划委员会、欧盟、欧安组织、联合国等的代表均参加了行动。特别指导委员会由意大利外交部政治处负责人主持,为了确保军事和民事协调,还在阿尔巴尼亚的地拉那(Tirana)建立了联合小组,并由设在罗马的秘书处协助工作。指导委员会在管理干预行动方面发挥关键作用。此外它还负责下列行动:

(1)监督"阿尔巴行动"执行情况并把周期性报告送交联合国安理会;

(2)组织论坛加强参加国的代表和参与人道主义援助的国际组织代表的互动;

(3)为阿尔巴尼亚政府在事关国家发展的决策上提供技术支持。

与其他国际人道主义援助相比,"阿尔巴行动"的作用是有限的。多国稳定部队的使命是促进安全,有效实施人道主义援助,帮助建立稳定的环境。这种有限的权限从一开始就排除了联合部队解除犯罪团伙和反叛分子武器的可能性。阿尔巴尼亚政府认为多国稳定部队的权限应扩大到检查弹药库和控制阿尔巴尼亚的边境。然而,那些参与行动的国家拒绝了阿国提出的扩大军队权限的要求。它们坚持认为对武装力量的镇压任务应该留给阿政府,将由6月选举产生的新政府来执行这一任务。

在多国稳定部队权力有限的情况下,联合国安理会根据联合国宪章第七条,授权参加国执行强制性行动来确保执行命令的军事人员的安全和行动自由。多国稳定部队进行的活动可以根据在波黑的和平协议执行部队(IFOR)和稳定部队(SFOR)所制定的规则来执行。这就在多国稳定部队的权限和行动能力之间确立了密切的联系。多国稳定部队的部署进展顺利。总体来讲,意大利军队受到当地居民的热烈欢迎,这在很大程度上是因为此前意大利政府曾发起的鹈鹕行动（Operation Pelican，1991 年 9 月到 1993 年 12 月）帮助阿尔巴尼亚度过危机，使后者免于陷入崩溃，从而赢得阿民众的好感。

在阿尔巴尼亚期间，多国稳定部队的任务包括保护人道主义特使，运输救援物品并向调查选举情况的欧安组织人员提供个人安全保障，也包括少量的医疗援助、交通援助和通信援助。总体而言，多国稳定部队对行动保持了克制，它自始至终没有参与解除犯罪团伙的武器以及其他类似的工作。① 多国稳定部队的任务还包括确保国际援助的投递安全，为提供援助的各种组织提供安全保证。由于阿尔巴尼亚人和各种政治派别欢迎国际援助并与多国稳定部队积极合作，这些任务完成得比较顺利，多国稳定部队的存在对阿尔巴尼亚的稳定和秩序的恢复产生了积极影响。

在"阿尔巴行动"中，欧安组织负责协调非政府组织和参与民事干预政府机构的活动。然而，欧安组织的协调是很松散的。在实践中，许多协调工作由特别指导委员会和设立在多国稳定部队地区总部的机构来执行。在"阿尔巴行动"期间，其他几个欧洲和国际组织表现活跃。西欧联盟在重组和加强阿尔巴尼亚警备力量方面提供援助——这项使命也类似于其在波黑的使命。北约派遣使团到阿尔巴尼亚来评估在和平伙伴计划（Partnership for Peace）框架下重建阿尔巴尼亚武装力量的前景。这项行动为 1997 年 9 月北约和阿尔巴尼亚之间建立和平伙伴关系铺平了道路。欧盟则对各种人道、政治和经济问题提供援助。

"阿尔巴行动"的主要任务虽然是恢复公共秩序，但也在促进民主化方面发挥了作用。多国稳定部队为欧安组织 238 名观察员提供安全保证，预防欧安组织工作中可能遇到的阻碍。它也在选举期间阻止激进分子对阿尔巴尼亚市民和代表进行暴力活动。然而，多国稳定部队最重要的贡献是心理上的，正如一名阿尔巴尼亚观察家所说："'阿尔巴行动'的主要成就是为阿尔巴尼亚重建和恢复不同地区秩序创造了更好的心理氛围。多国稳定部队的存在不仅在改善了安全环境，而且在重新开始新生活方面建立了信心。

---

①　Georgios Kostakos and Dimitris Bourantonis, "Innovations in Peace – Keeping: The Case of Albania", *Security Dialogue*, Vol. 29, No. 1, March 1998.

更为重要的是，它强化了这种信念——欧洲关注着阿尔巴尼亚。”①

1997 年 6 月 29 日，在欧安组织的协助下，阿尔巴尼亚举行了议会选举，选举是在相当混乱的情况下进行的，在选举之前存在大量暴力现象，包括对贝里沙的一次暗杀活动，但以失败告终。气氛如此紧张以至于一些官员认为应该推迟选举。然而，国际社会认为，推迟选举将恶化现有的紧张局势，建立稳定国家将变得更加困难。来自欧洲理事会的专家小组协助阿尔巴尼亚当局起草新的选举法和配套法律。幸亏多国稳定部队的存在，投票期间没有发生严重暴力活动。欧安组织评价本次选举“考虑到环境因素是可以接受的”。欧洲理事会也做了相似表态。选举结果是社会党获得胜利，在议会 115 席中获得 79 席，得票率为 52.7%。新政府在法托斯·纳诺（Fatos Nano）的领导下，逐渐恢复了对国家的控制。1997 年 8 月 12 日，多国稳定部队部分撤离阿尔巴尼亚，但意大利和希腊军事顾问仍留下来在双边框架下继续与阿尔巴尼亚武装力量协同工作。

选举过后，纳诺政府实行了一系列促进稳定和发展的政策，包括重要经济领域——石油、能源、矿物产业、水资源和旅游的私有化，许可建立私营银行等。选举也为国际金融援助铺平了道路。通过与国际货币基金组织和世界银行合作，纳诺政府发起了短期宏观经济稳定计划。1997 年 10 月，国际援助阿尔巴尼亚会议在布鲁塞尔举行。会议同意未来六个月向阿尔巴尼亚提供 10 亿美元援助用于填补贸易赤字，在未来三年另外投入 50 亿美元用于投资和技术援助。这些担保给了纳诺政府以巨大的信心。

“阿尔巴行动”的成功很大程度上是由于目标明确和权责具体。行动仅局限在提供安全和保证人道主义援助的正常投送，并不涉及解除叛乱分子的武装。国际社会对行动也设定了明确的截止日期，因此避免给人留下干预部队就是占领军的印象。“阿尔巴行动”能够成功还在于它确立了公正的范本，在阿尔巴尼亚国内冲突中没有偏袒任何一方。稳定部队的使命就是恢复秩序和为选举做准备，这为阿尔巴尼亚各党派之间达成更广泛的政治和解铺平了道路。

---

① Ettore Greco, "Delegated Peacekeeping: The Case of Operation Alba", Rome: Istituto Affari Internazionali, 1998.

特别指导委员会为解决各方之间的关键问题，如军事冲突和政治分歧提供了有效的机制。阿尔巴尼亚的参与对该委员会来说也是非常重要的，有助于克服各界对干预动机和目标的不信任。另外，行动能够成功也是因为意大利一开始就愿意承担组织和领导责任，如果它不愿意这么做，该行动就可能不会得到有效执行，骚乱就可能会蔓延到巴尔干其他地区。

五　阿尔巴尼亚国家构建的现状和前景

1. 欧盟加快对阿尔巴尼亚的国家构建进程

1999 年，欧盟针对东南欧五个国家启动了稳定和联系进程，其中就包括阿尔巴尼亚，从这一年开始阿尔巴尼亚享受欧盟提供的贸易特惠待遇。2000 年，阿尔巴尼亚产品可免税进入欧盟市场。2000 年 6 月，在欧洲理事会费拉峰会宣布，所有的稳定和联系进程会员国都是欧盟的"潜在候选国"，阿尔巴尼亚也自动成为欧盟的"潜在候选国"。当年 12 月，欧洲理事会萨格勒布峰会建议上述五国与欧盟签署《稳定和联系协议》。2001 年，共同体援助重建、发展和稳定计划开始实施，阿尔巴尼亚成为受益国。同年，欧盟委员会建议与阿尔巴尼亚开始协商《稳定和联系协议》事宜。欧洲理事会哥德堡（Goeteborg）峰会让欧盟委员会提交关于与阿尔巴尼亚协商《稳定和联系协议》的指令安排。2002 年 10 月，欧洲理事会通过了该协商指令（Negotiating Directives）。2003 年 1 月，欧盟委员会正式开启与阿尔巴尼亚关于签署《稳定和联系协议》的谈判。2003 年 6 月，在欧洲理事会塞萨洛尼基峰会上，稳定和联系进程确认了欧盟对西巴尔干的政策，这些国家加入欧盟的前景得到进一步确认。2006 年 6 月，欧盟和阿尔巴尼亚签署《稳定和联系协议》。2007 年 1 月，欧盟对阿尔巴尼亚的预加入援助工具正式生效。同年 10 月 18 日，阿尔巴尼亚签署预加入援助工具框架协议。2009 年 4 月 28 日，欧盟与阿尔巴尼亚签署的《稳定和联系协议》正式生效。

2. 阿尔巴尼亚的政党政治尚不稳固，选举制度存在问题，国家能力建设任重道远

阿尔巴尼亚虽然确立了多党制的政党体制，但政党政治仍不够稳固，尤其是选举问题一直困扰着这个国家。

自 2009 年 9 月起，以中左翼的阿尔巴尼亚民主党（Democratic Party of Albania）领袖贝里沙为首组成的联合政府一直处于不稳定状态。在 2009 年 6 月的议会选举中，阿尔巴尼亚民主党赢得了 140 个议席中的 70 席——这是自 1991 年恢复多党选举以来首个获胜的政党没有获得多数票。[①] 为此，贝里沙联合中左翼的一体化社会主义运动党（Socialist Movement for Integration）组成联合政府来确保议会中的多数，这使一体化社会主义运动党领导人伊里尔·梅塔（Ilir Meta）获得了非常可观的权力。不过，2011 年，梅塔遭受腐败指控，被迫于 2011 年 1 月从副总理兼经济部部长的位子上辞职，由来自该党的埃德蒙多·哈西纳斯托（Edmond Haxhinasto）继任。

联合政府还受到来自反对党的挑战。反对党之一的阿尔巴尼亚社会党（Socialist Party of Albania）指控执政党在 2009 年 6 月议会选举中有几个选区不合法计票。该党党首埃迪·拉马（Edi Rama）一直利用此事来攻击政府的合法性。联合政府不得不拉拢拉马来确保阿社会党在议会的全面合作，否则内部党争可能影响入盟大业。不过，上述事件再次表明，阿尔巴尼亚当局仍无能力组织国家性选举。由于阿尔巴尼亚社会党仍对选举结果存有异议，政治分歧最终升级为暴力冲突：2011 年 1 月 21 日，反对党组织反政府示威游行，安全部队开枪击毙 4 名示威游行者。阿尔巴尼亚的选举问题日益引发国际社会关注。

欧盟委员会在发布 2010 年扩大进展报告的同时，提出了阿尔巴尼亚申请欧盟成员资格的政策评议（opinion），强调阿若想获得欧盟候选国资格，未来必须在 12 项重点领域取得进展，主要包括：各党派建立政治对话并维护议会的正常功能，根据欧安组织的建议改革选举法，保证司法体系的独立性，争取在打击有组织犯罪问题上取得具体成效，尊重财产权，保护人权和弱势群体，改善被拘押者的待遇等。在欧盟所强调的阿改革重点当中，选举改革是

---

① The Economist Intelligence Unit, "Albania", *Country Report*, May 2011, p. 9.

重中之重。2008 年 4 月，阿曾进行选举改革，实行比例代表制，但遭到一些小党派的抵制。2009 年 6 月举行的阿议会选举中，一些反对党指责选举存在投票舞弊和其他不规范行为。由于选举及其他问题的影响，欧盟于 2010 年和 2011 年两次拒绝授予阿尔巴尼亚欧盟候选国地位。在欧盟压力下，2011 年 11 月，阿民主党与反对党就选举改革问题进行了谈判。

但谈判启动后，双方就新总统人选问题产生分歧。巴米尔·托皮总统将于 2012 年 7 月 24 日结束任期，因此阿在 2012 年 5 月开始了总统选举。阿总统虽是个礼仪性职位，但其兼任武装力量总司令和最高司法委员会主席，在司法领域拥有最高权威，议会立法经总统签署后方能生效，同时，总统还有权任命总检察长和情报局局长。2012 年 5 月 30 日，议会举行首轮总统选举，欧盟要求阿议会各党通过协商提出一个共同候选人，而贝里沙则倾向于提名自己党派的候选人，以期该候选人忠于政府和总理本人。经过 3 周的磋商，民主党和社会党仍未能就候选人达成一致，导致首轮总统选举没有经过投票就自动流产。随后举行的第二轮和第三轮选举因同样的原因而流产。2012 年 6 月 11 日，在第四轮选举中，阿议会终于选定阿民主党的布亚尔·尼沙尼为新总统，任期五年。为表示抗议，阿社会党没有参加第四轮投票。尼沙尼的当选，使阿政坛连续两届保持总统、议长、总理三驾马车均由民主党一党掌控的局面，这一结果有利于民主党政府制定的各项法律、政策能够在议会顺利通过。由于选举过程符合程序，欧盟对选举结果表示认可，但对执政党和反对党无法就选举达成合作表示遗憾。

2012 年 7 月 11 日，执政党和反对党就选举改革某些问题达成一致，这是自 1990 年以来阿进行的第 16 次选举改革，每次改革似乎均有一定的进步，但也都出现更多的麻烦以待解决。此次改革内容主要是在中央选举委员会的组成上达成妥协，对投票人身份进行严格审查，在关键选区实行电子投票以及如果有证据证明投票舞弊的话，少数民族议员有权发起针对投票问题的听证。本次选举改革协议的达成虽然得到欧盟、欧安组织的肯定，但不少专业人士认为，选举改革仍然有名无实，不可能根本改变大的党派操纵选举进程的事实，小的党派和市民社会仍处于被边缘化和被忽视的地位。

3. 入盟进程在艰难中行进

2009 年 4 月，阿尔巴尼亚提交了欧盟候选国资格申请。然而，2010 年 12

月,欧盟委员会在关于阿尔巴尼亚的年度进展报告中,没有向欧洲理事会建议授予其候选国地位,执政党和反对党没有合理解决选举纠纷是一个重要原因。不过,欧盟在 2010 年 12 月中旬决定放开阿尔巴尼亚居民访问申根区的签证限制,这也算是对其改革努力的一种肯定。2011 年 10 月 12 日,欧委会公布的欧盟扩大进展报告中指出,按照入盟的政治标准看,阿尔巴尼亚进展有限,欧洲理事会于 2010 年 12 月提出的 12 项重点改革领域中,阿尔巴尼亚在议会改革、行政管理机构改革等方面均无太大进展。尽管在打击有组织犯罪、改善囚犯待遇以及维护儿童权益方面有所进步,但仍远远不够。议会选举造成的国内冲突表明,阿尔巴尼亚的选举制度仍需要改革。进展报告还指出,阿尔巴尼亚国内政治局势仍受到持续存在的政治僵局以及内部党派纷争的影响。因此,欧委会建议暂不给予阿尔巴尼亚欧盟候选国地位。[①]

2013 年 10 月 16 日,欧盟委员会在 2013 年欧盟扩大进展报告[②]以及 2014 年欧盟扩大优先重点领域[③]报告中,向欧洲理事会建议授予阿尔巴尼亚欧盟候选国资格。但欧委会也强调,阿欲开启入盟谈判,就必须在公共管理、司法体制、打击腐败和有组织犯罪、保护人权尤其是罗姆人权利等方面进行更有成效的改革。[④] 在 2013 年 12 月 17 日召开的欧盟外交部长理事会议上,各方经过讨论决定,将根据阿尔巴尼亚改革的进展情况,在 2014 年 6 月决定是否授予其欧盟候选国资格。[⑤] 2014 年 6 月,阿尔巴尼亚被授予欧盟候选国资格。

---

① European Commission, "Enlargement Strategy and Main Challenges 2011 – 2012", Brussels, 12, 10, 2011, COM (2011) 666 final.

② http：//ec. europa. eu/enlargement/pdf/key ＿ documents/2013/package/brochures/albania ＿ 2013. pdf.

③ EU enlargement：priority for 2014, http：//europa. eu/rapid/press – release＿IP – 13 – 930＿ en. htm.

④ Economist Intelligence Unit, "Albania", *Country Report*, 29 November, 2013, p. 10.

⑤ http：//www. consilium. europa. eu/uedocs/cms＿data/docs/pressdata/EN/genaff/140144. pdf.

第十一章

欧盟对科索沃的国家构建政策

2008 年 2 月 17 日，科索沃宣布独立，不同的国际行为体对此做出不同的反应。而对于欧盟来说，这尤其具有不同寻常的意义。科索沃是欧盟的后院，科索沃独立后，欧盟不得不承担起促进其发展的使命，并要考虑如何让它在未来加入欧盟的问题。而欧盟首先面临的一项挑战是，如何解决科索沃复杂的国家性问题。

一　科索沃国家性问题及产生的原因

科索沃是塞尔维亚共和国的一个省，与阿尔巴尼亚和马其顿毗邻，面积 1.1 万平方公里，人口约 230 万，其中阿尔巴尼亚族人约占 90%，塞族人约占 10%。科索沃国家性问题产生的原因比较复杂，不同民族、群体之间的矛盾、前南斯拉夫的民族政策和大国在科索沃的纷争是相对主要的原因。

首先，民族对立是科索沃国家性问题产生的直接原因之一。早在公元 9 世纪，南斯拉夫人中的塞尔维亚族就建立了自己的国家。1170 年，塞尔维亚人战胜拜占庭人后，将科索沃并入塞尔维亚王国。公元 12 世纪，塞尔维亚进一步以科索沃为中心建立起强大的国家，从那时起，塞尔维亚人就视科索沃为本民族的文化圣地和摇篮。至公元 14 世纪，奥斯曼土耳其帝国开始觊觎地理位置优越、自然资源丰富的科索沃，并在 15 世纪末征服了塞尔维亚王国，夺取了该地。大批的塞尔维亚人离开科索沃，而阿尔巴尼亚人则大规模迁入，成为这里的主体民族。此后，塞族和阿族频繁地随着战争迁入或者迁出科索沃，严重阻碍了他们在科索沃形成稳定的民族认同。1912 年的巴尔干战争，由塞尔维亚、黑山、希腊和保加利亚组成的联盟打败了奥斯曼土耳其帝国，大量塞尔维亚人返回科索沃，而大量的阿尔巴尼亚人则离开故土去了土耳其。1941 年，南斯拉夫被轴心国瓜分，科索沃被墨索里尼拼凑的"大阿尔巴尼亚"吞并，大批阿尔巴尼亚人再次返回科索沃，而近 10 万塞尔维亚人被迫离开家园。1945 年 2 月，阿尔巴尼亚人在科索沃成立了军政府并颁布法令，禁止原科索沃的塞尔维亚人和黑山人返回科索沃，导致南斯拉夫军队同阿族军队展开了激烈的战斗，最终塞尔维亚人重新控制了科索沃，成千上万名阿族人又被流放到土耳其。历史反反复复、不厌其烦地改变着塞族和阿族在科索沃的种族构成，严重破坏了这一地区的稳定，非但无法形成稳固的地区认同力量，而且造成两个民族宗教和文化的激烈冲突及对立。这种情况一直延续到现在，导致科索沃即使宣布独立，也难以形成一个稳定、统一的功能性国家。

其次，南斯拉夫的民族政策加剧了脆弱的国家性问题。在民族对立的情况下，政府的民族政策就成为决定民族矛盾走向的至关重要的因素。铁托执政时期，科索沃地区的阿族人不断举行示威活动要求独立。为缓和民族矛盾，1963 年，南斯拉夫修改宪法，把科索沃升格为阿族自治省，1974 年，南进一步修宪，使其成为塞尔维亚共和国的"联邦单位"。科索沃成为塞尔维亚境内的"国中之国"，拥有广泛的自治权利：它可以有自己的议会，可以向联邦中央机构派出等额代表并享有否决权；它甚至还享有一些特殊权利，如塞尔维亚修改宪法必须征得科索沃的同意，而科索沃省修改宪法却无须塞尔维亚首肯等。铁托的这一政策，使得塞族人感到本民族在科索沃省地位下降，许多人气愤地迁出该地区，因而塞族在科索沃的人口比例迅速地由 1961 年的 1/4 减至不到 1/10。而且，铁托的政策后来成为阿族不断要求高度自治乃至争取科索沃独立的重要依据。1980 年铁托逝世后，南斯拉夫国内的民族矛盾日益尖锐，阿族人逐渐走上独立的道路。

1989 年，面对国家即将分裂的局面，南联邦总统米洛舍维奇开始对科索沃阿尔巴尼亚人中的民族分离主义分子实行强硬政策，镇压阿族的示威游行，并于 1990 年颁布新宪法，取消了科索沃地区的大部分自治权利。此举遭到阿族人更大的反抗。1991 年，阿族人举行了非法的"全民公决"，决定成立"科索沃共和国"，1992 年举行秘密选举，选举易卜拉欣·鲁戈瓦为总统，并成立了议会和政府。1994 年，阿族激进分子又在境外机构的支持下建立了"科索沃解放军"，试图通过暴力活动争取独立。至此，南联盟和科索沃的对立冲突不断升级，最终在 1999 年爆发了全面战争。

再次，大国对科索沃的干预也是科索沃国家性问题产生的另一个重要原因。南斯拉夫内部民族纷争发生后，西方大国的背后支持是科索沃不断脱离母国要求独立的另一个重要因素。以美国为首的西方大国认为，南联盟是巴尔干国家中唯一没有被北约军事渗透的国家，而科索沃又地处亚欧非相连的战略要地，是西方大国必须掌控的重要战略棋子。此外，美国一直把米洛舍维奇政府视为专制政权，不惜采取各种手段来削弱、分化和瓦解它，以此消除其对欧洲民主国家的威胁。当然，美国插手南联盟内部事务，也有把与南联盟关系密切的俄罗斯挤出巴尔干、压缩俄传统势力范围和战略空间的考虑。因此，美国一开始就不是从中调解冲突，而是不断向南联盟施压，要求给予科索沃更多的自治权甚至是允许其独立。欧盟及其成员国英、法、德、意等欧洲大国虽然对美国的干预可能引发更大的冲突不满，但它们与美国的基本目标是一致的，在试图通过北约共同对付南联盟的问题上并无分歧。俄罗斯虽然坚决支持南联盟维护国家统一的立场，但由于当时俄罗斯的经济一再滑坡，军事上表现乏力，在国际舞台上的作用减弱，无法向南联盟提供有效的帮助。

当塞族和阿族矛盾引发冲突后，从 1999 年 3 月 24 日开始，以美国为首的北约在向南联盟多次施压未果的情况下，开始对南联盟进行集中轰炸。经过 73 天的战争，6 月 10 日，在北约的打击和国际社会的斡旋下，联合国安理会通过了政治解决科索沃问题的第 1244 号决议。该决议是大国为了结束科索沃战争而仓促达成的方案，因此决议中的很多措辞比较模糊。最突出的问题就是决议中陈述的两项内容："向所有成员国重申南斯拉夫联盟共和国主权和领土完整，以及根据赫尔辛基最后决议案和附件 2 所阐述的内容……重申科索沃实质性自治和内容广泛的自我管理。"该决议一方面表明科索沃在法律上仍旧是南联盟的一部分，另一方面又强调内容广泛的自治。由于第 1244 号决议规定，在科索沃最终地位未确定之前由联合国科索沃临时行政当局特派团（UNMIK）在这一地区行使管理职能，这就造成在实践层面上南联盟无法对科索沃行使主权。这一安排也造成国际社会对科索沃地位的不同理解。美国和一些欧洲大国认为，第1244号决议部分中止了南联盟对科索沃的主权，因为联合国科索沃临时行政当局特派团以压倒性力量掌管了科索沃领土，这将为科索沃的最终独立创造条件；而俄罗斯和南联盟等国对此的理解是南联盟对科索沃的主权被联合国第1244号决议重新确认，主权问题是毫无疑义的，科索沃无权寻求独立。事实证明，这种不同的理解为科索沃未来的发展埋下了隐患，形成了科索沃国家性的困局。

二 科索沃独立前欧盟对科索沃的国家构建政策

1. 联合国第1244号决议的悖论

1999年2月6日，在美国和北约的压力下，南联盟和科索沃阿族代表在巴黎附近的朗布依埃举行和平谈判，谈判的基础是美国特使希尔草拟的方案。该方案的主要内容是：尊重南联盟的领土完整，科索沃享有高度自治权，南联盟军队撤出科索沃，"科索沃解放军"解除武装，按当地居民人口比例组成新的警察部队来维持治安，北约向科索沃派遣多国部队保障方案的实施。这个方案对双方来说都难以接受，阿族坚持要最终走向独立，并且不愿解除武装；南联盟则不同意科索沃获得自治共和国的地位，也坚决反对北约部队进驻科索沃。但是，主持谈判的美国和北约表示，这个方案80%的内容不容许改变，必须接受，否则拒绝的一方将受到惩罚，对南联盟而言就是若拒绝将会遭到北约的军事打击。谈判陷入僵局后曾一度休会，3月15日复会，阿族代表于18日签署了协议，但南联盟仍然拒绝签字。3月19日，北约向南联盟发出最后通牒。3月24日，在未经联合国授权的情况下，北约发动了对南联盟的空中打击，科索沃战争爆发。

在北约对南联盟进行了持续11周的轰炸后，南联盟政府于6月9日签署了和平协议。南联盟是在战败的情况下被迫签订"城下之盟"，同意从科索沃撤军。6月10日，联合国安理会通过第1244号决议，决定将北约对南联盟的"战斗成果"具体化,该决议包含三方面内容:第一,北约结束轰炸行动;第二,南联盟军队和准军事人员结束对科索沃阿族人的种族清洗;第三,寻找政治解决科索沃塞族和阿族对立的办法。在这项决议中,联合国虽然承认南联盟对科索沃拥有主权,但实际上中止了南联盟对科索沃的控制,让联合国科索沃临时行政当局特派团来控制科索沃。也就是说,在科索沃最终地位确定之前,科索沃的管辖权掌握在联合国手中。1999 年 6 月 12 日,根据联合国安理会第 1244 号决议的授权,北约驻科索沃部队(KFOR)进入科索沃。当时的使命主要是抵制来自南联盟军队的威胁,创造安全环境,并解除科索沃阿族解放军武装。

如前所述,第 1244 号决议最为重要的两项内容是科索沃国家性得以形成的重要基础:一是"向所有成员国重申南斯拉夫联盟共和国主权和领土完整;二是"重申科索沃实质性自治和内容广泛的自我管理"。① 这两条规定使科索沃在最终地位被确定前,其法律身份具有高度的模糊性,主要体现在主权界定的迷惑性上:科索沃在国际法上仍旧是南联盟的一部分,但在实践中却强调其内容广泛的自治,南联盟对科索沃已经无法行使主权。这一矛盾性在很大程度上是国际社会在科索沃危机后需要快速达成政治妥协的结果。正如有学者指出:"第 1244 号决议是独一无二的,是北约和南联盟在有可能军事对抗的后果尚无法预知的情况下匆匆忙忙达成的国际共识。"② 这种共识只能在各方都满意的条件下才能达成——在这一地区具有重要战略利益的俄罗斯和科索沃母国南联盟不可能同意科索沃取得独立,仅容许给予其一定程度的自治,而欧美等大国则坚持认为独立是解决问题的最终办法,因此这个最终的妥协方案只能是在独立和自治两种立场上打擦边球。

2. 欧盟参与国际社会对科索沃的管理

科索沃是欧盟的后院,与欧盟利益攸关,在国际社会中欧盟承载着维护本地区和平与稳定的重要道义责任和实际责任。鉴于西巴尔干地区整体

---

① Resolution 1244 (1999), Adopted by the Security Council at its 4011th meeting, on 10 June 1999, http：// www. nato. int/Kosovo/docu/u990610a. htm.

② Alexandros Yannis, "Kosovo under International Administration", *Survival*, Vol. 43, No. 2, 2001, p. 35.

入盟的前景，欧盟势必也要将科索沃纳入入盟进程当中。

但对欧盟来说，与科索沃这种不具有国家性的"省份"是无法启动入盟谈判的，因为欧盟无法确定是把科索沃算作南联盟的一部分，还是作为单独国家来参与稳定和联系进程。由此，欧盟遭遇到扩大进程中最大的"特例"而无法施展其扩大政策，在其外交政策工具箱中也找不到一套工具来应对这一"特例"。

欧盟没有办法把自己的一套民事外交理念和治理方式植入科索沃，因为欧盟并不具有主动权，科索沃省由联合国科索沃临时行政当局特派团掌控，它的工作范围涵盖了科索沃行政管理的所有内容，同联合国以前的类似行动相比，它对科索沃的掌控是一种新的形式。① 在这种情况下，欧盟只能作为一个重要参与者参与对科索沃事务的管理。

联合国科索沃临时行政当局特派团在科索沃行使的职能可按四个"支柱"来划分，每个支柱都有不同的作用和责任，并交由不同的国际机构行使。第一支柱主要处理人道主义救援问题，由联合国难民事务高级专员公署（UNHCR）领导；第二支柱负责民事行政管理及财政和微观经济问题，由联合国直接管理；第三支柱负责民主建设和选举，由欧洲安全与合作组织领导；第四支柱负责经济重建和发展，由欧盟领导。② 在欧盟这个支柱下，又分为四个部门：其一，是中央财政局（CFA），它是科索沃的准财政部，由财务办公室、税务管理处、海关和其他财政实体组成，主要致力于促进现代化的、合理的税收和财务制度建设；其二，是重建部，它与欧洲重建局合作，从事重建工作；其三，是贸易和工业部（DTI），它的任务是复兴经济和进行公共部门的私有化，后该任务转到科索沃当局手中，但是私有化和经济重建活动的主要部分仍旧由国际社会/科索沃当局联合运行，2000 年夏天又建立了科索沃信托局（KTA），负责私有化和经济重建；其四，是公共设施部，负责建立公共设施，诸如废物收集处和供电处等。③

---

① 〔奥〕赫尔穆特·克拉默、维德兰·日希奇：《科索沃问题》，苑建华等译，中央编译出版社，2007，第 13 页。
② http://www.euinkosovo.org/uk/about/about.php.
③ http://www.euinkosovo.org/uk/about/about_pillarcomp.php.

作为联合国科索沃临时行政当局特派团框架一部分的欧盟支柱，其使命主要集中在改革方面，它在联合国经济重建和发展的框架下承担在科索沃的相应责任。第1244号决议明确规定，对科索沃的管制权属于联合国，因此，欧盟在联合国框架下没有充分的政治代表性。这就造成在处理科索沃问题时欧盟的作用是矛盾的，虽然欧盟有责任和义务维护科索沃的和平与稳定，但在联合国起草第1244号决议时欧盟并未发挥决定性作用。实际上，这一协议的达成是受美国主导和操纵的，并交由联合国全盘掌控，欧盟只是联合国框架下的一个辅助性角色。在这种情况下，其政策实施起来就不具有主动性，也无法冲破联合国第1244号决议的框架，因此欧盟很难扮演主导性角色，也难以用对待其他入盟申请国的一套办法来应对复杂的科索沃问题。

3. 欧盟对科索沃的国家构建政策

既然欧盟在协调处理科索沃问题上面临上述困境，那么它本身对科索沃有什么样的具体政策呢？实际上，欧盟对科索沃的政策分为两部分。第一部分是联合国安理会第1244号决议授权给欧盟的相关任务，即全面实施科索沃经济发展和地区稳定的战略，负责重建工作以及协调国际社会的经济援助等。1999年6月，科索沃战争结束后，欧盟委员会组建了一支特遣部队（ECTAFKO），参与科索沃的重建工作。欧盟还通过欧盟人道主义援助办公室和欧盟重建办事处参与科索沃的重建工作。为了加速科索沃重建，从1999年到2003年，欧盟先后向科索沃提供了16亿欧元的经济援助，这使欧盟成为科索沃的最大资助者，其援助金额占整个国际社会对科索沃援助总额的65%。① 1999~2006年，欧盟对科索沃的主要援助工具是共同体援助重建、发展和稳定计划。自1999年开始，这项援助已超过11亿欧元。其重点援助领域是：民主体制（包括尊重市民社会和媒体自由、加强善治和国家制度建设）、贸易、基础设施、环境、教育等。2007年，共同体援助重建、发展和稳定计划被预加入援助工具所取代。预加入援助工具中的两部分内容使科索沃受益：一是制度建设和转轨支持；二是跨边界合作。2007

---

① 〔奥〕赫尔穆特·克拉默、维德兰·日希奇：《科索沃问题》，苑建华等译，中央编译出版社，2007，第22~23页。

~2009 年,欧盟对科索沃的援助达到 19.91 亿欧元,重点是增强科索沃各个政府层面的行政能力,增强法治、人权和善治,提高各个社区的社会经济条件,开展区域合作。

欧盟对科索沃政策的第二部分,就是将其纳入稳定和联系进程框架下,让科索沃未来发展逐渐与欧盟的入盟要求接轨。2002 年 11 月,欧盟在稳定和联系进程框架下,在科索沃和布鲁塞尔之间建立了一个特别的对话机制,即稳定和联系进程跟踪机制(STM),它负责组织相关各方就改革等问题与科方进行会谈。在 2003 年的塞萨洛尼基峰会上,欧盟再次确认该项政策。2005 年 4 月 20 日,欧盟委员会与欧洲理事会协商了名为"科索沃在欧洲的未来"的计划,重申了科索沃努力的方向和目标,即按照欧盟的标准加入欧盟。自 2005 年起,欧盟开始发布关于科索沃问题的年度报告(在符合联合国安理会第 1244 号决议的前提下)。2006 年 1 月 20 日,欧盟采纳了联合国安理会第 1244 号决议所制定的欧盟与塞尔维亚和黑山的欧洲伙伴关系计划,其中科索沃被列为独立部分。欧洲伙伴关系计划是在稳定和联系进程框架下将西巴尔干国家入盟前景具体化。2006 年 8 月,科索沃自治政府临时机构(PISG)实施了欧洲伙伴关系计划,该份文件构成了欧盟和科索沃自治政府临时机构合作的基础,临时机构定时汇报对计划的执行情况。此外,在稳定和联系进程跟踪机制下的部门会议框架于 2007 年 3 月建立,其内容包括善治、经济发展、内部市场建设、革新和基础设施建设。

2008 年 2 月 4 日,欧洲理事会任命彼得·费特(Pieter Feith)为欧盟驻科索沃特别代表(EUSR),特别代表的使命是"在推动科索沃的政治发展以及促进国际社会在科索沃加强协调上向欧盟提供建议和支持"。[①] 此外,"欧盟特别代表还将制定科索沃最终地位问题的解决方案,以建成一个稳定、能够自我生存的、和平、民主和多民族共存的科索沃"[②]。2008 年 2 月 4 日,在欧洲理事会提出的联合行动计划中,还包括了一项名为欧盟法治使团(EULEX)的行动。该使团的主要作用是协助科索沃各机构提高自身可

---

① European Union Factsheet (2008) EUSR in Kosovo, http://www.consilium.europa.eu/ueDocs/cms_ Data/docs/pressData/en/info/docs/LexUriserv – EULEX – EN. pdf.

② European Union Factsheet (2008) EUSR in Kosovo, http://www.consilium.europa.eu/ueDocs/cms_ Data/docs/pressData/en/info/docs/LexUriserv – EULEX – EN. pdf.

持续发展和承担责任的能力，并发展独立的多民族警务、司法体系和关税制度，确保这些机构能免于政治干预并坚持国际通用的法律标准。[①] 2008 年2 月 7 日，耶维斯·德·科马伯恩（Yves de Kermabon）被任命为使团团长。

4. 欧盟对科索沃国家构建进程中的"标准先于地位"政策

欧盟对科索沃政策的第二部分是本书要集中探讨的问题，即欧盟既然把科索沃纳入稳定和联系进程框架下，是否意味着欧盟要为科索沃打开政策的"先例"——即使科索沃不具有国家性，也将其按照入盟的标准来实施国家构建政策，从而打破欧盟一贯的准则，即"欧洲一体化是一项严格的政府间过程，国家是与欧盟协商入盟的唯一合法行为体"。[②]

欧盟委员会曾被询问过关于科索沃在稳定和联系进程中的地位问题。欧盟对外关系专员彭定康的话具有一定的代表性："我们不会因为稳定和联系进程而对科索沃最终地位做出任何调整。这一状况现在由联合国安理会第 1244 号决议掌控，我们并不想挑战这一事实。据我们的判断，……科索沃在开始请求国际社会审查其最终地位之前，应先集中于标准问题。在稳定和联系进程框架内，我们认为无论科索沃发生了什么，它都将是欧洲的一部分，并且像该地区其他实体一样，在立法和实践中都需要靠向欧盟。就科索沃而言，即使稳定和联系进程终止了，我们也要一直努力像处理该地区其他问题一样来对待科索沃。"[③]

这份声明的模糊性，表明了欧盟在科索沃政策上的含混和困境。"就科索沃而言，即使稳定和联系进程终止了，我们也要一直努力像处理该地区其他问题一样来对待科索沃"，这种表述唯一可能的解释就是：虽然科索沃的身份不适合稳定和联系进程，但科索沃可以按照稳定和联系进程的标准向前走。这里需要指出的是，支撑科索沃走下去的具体动力是什么呢？就是要符合彭定康表述中所提到的"标准"。

这个"标准"实际上是联合国对科索沃的一项政策，即"标准先于地

① Council of the EU, Council Joint Action 2008/124/CFSP of 4 February 2008 appointing a European Union Special Representative in Kosovo, http://www. eulex-kosovo. eu/en/info/docs/JointAction EULEX_ EN. pdf.

② 刘作奎：《欧盟对塞尔维亚和黑山政策评析——从"联盟"到"双轨"》，《欧洲研究》2007 年第 2 期。

③ http://www. euinkosovo. org/uk/docu/docu. php? id=4.

位"（standard before status）政策。联合国驻科索沃行政长官米歇尔·施泰纳（Michael Steiner）在 2002 年对这项政策做出明确解释，即科索沃需要先符合规定的标准才能启动关于其未来地位的讨论，这些标准具体包括：

（1）存在有效的、具有代表性的和能发挥功能的民主机构；

（2）加强法治；

（3）保障居民迁徙自由；

（4）保证难民和流落他乡者的返回，社区权利得到尊重；

（5）建立健康的市场经济；

（6）合理的财产管理权；

（7）建立与贝尔格莱德的正常对话；

（8）科索沃保护部队的职能转换。[1]

从上述内容可以看出，欧盟对科索沃的政策在某种程度上可以理解为，在不触及科索沃主权这一敏感问题下，集中精力发展经济和其他低政治领域，这也是欧盟在联合国框架下所承担的责任，这一责任在某种程度上要与《稳定与联系协议》中规定的内容接轨，主要包括：

（1）在民主化、公民社会和制度建设方面，提高地区范围内的政治结构稳定、发展的持续性、公共行政的有效性和公民社会的活力；

（2）在司法和内部事务方面，加强地区制度建设，对增强执法的有效性、边境控制以及打击有组织犯罪和腐败等领域中的活动提供援助；

（3）在经济和财政援助方面，提供经济援助，同时监督该地区经济发展和重建；

（4）改善双边贸易关系等。[2]

通过比较可以发现，它们在目标和手段上具有极大的相似性。可以说，欧盟是借着联合国第 1244 号决议的框架来进行自己的政策实践，即因欧盟和联合国的政策在"标准"上有一些共识而将二者放在一起来实施。对于联合国的"标准"，欧盟认为与稳定和联系进程并不矛盾。

---

① Steven Woehrel, "Kosovo's Future Status and US Policy", *CRS Report for Congress*, http://www.fas.org/sgp/crs/row/RS21721.pdf.

② 朱晓中：《欧洲一体化与巴尔干的欧洲化》，《欧洲研究》2006 年第 4 期。作者对其内容做了部分修订。

由此可见，欧盟对科索沃的政策是，将联合国的"标准先于地位"政策成功地捆绑到稳定和联系进程的框架下，以此达到欧盟的目的。但从稳定和联系进程在科索沃的独立性方面来看，欧盟将两项政策在实践中混用，损害了欧盟在科索沃独立发挥作用的能力。进一步说，欧盟作为一个民事力量本应维护其扩大政策的影响力，但现在因为科索沃这个"特例"它"不得不"将扩大模式与联合国标准放在一起。由于欧盟是在联合国框架下行事的，因此稳定和联系进程作为欧盟对巴尔干扩大政策最鲜明的工具就丧失了独立性，其合法性来源需要从联合国第1244号决议中寻找，扩大政策本身的权威性在科索沃问题上无法单独显现出来，而是被淡化和模糊了。

三　科索沃宣布独立后欧盟对科索沃的国家构建政策

1. 科索沃的独立进程

科索沃战争之后，鉴于科索沃阿族不断要求独立，地区形势一直不稳。2005年5月27日，联合国在关于科索沃问题的会议上提出启动科索沃未来地位问题的谈判。俄罗斯和中国代表投票反对安理会的此项决议，主张继续推迟关于科索沃未来地位的谈判。但根据联合国宪章规定，安理会表决事项分为程序性的和非程序性（或实质性）的，对于程序性事项只要15个理事国中有9个国家同意，决议就可通过；对于非程序性（或实质性）事项则必须采取"五大国一致"原则。由于科索沃问题是程序性事项，尽管俄、中反对该项决议，但它还是得到超过9个理事国的同意而通过，并被执行了。9月，联合国任命了谈判特使在塞黑和科索沃以及各大国之间斡旋来解决问题，10月谈判开始。

2008年2月17日下午3时，科索沃自治政府召开特别会议，就科索沃从塞尔维亚独立进行讨论。科索沃自治政府总理哈希姆·萨奇向议会提出科索沃独立的提案，总统法特米尔·塞伊迪乌以及104名议员出席会议并通过了独立决议及独立宣言。随后萨奇在议会特别会议上宣布科索沃独立，他说："我们作为人民民主选举产生的领导人，我们将通过这份宣言宣告科索沃是一个独立和主权的国家，这份宣言反映了人民的意愿。"

2008 年 3 月，联合国科索沃问题特使马尔蒂·阿赫蒂萨里向安理会递交了关于科索沃未来地位问题的综合性建议，主张科索沃在国际社会监督下独立。5 月，美国等西方国家在此报告的基础上起草了安理会决议草案，随后又进行了多次修改，但该草案一直遭到俄罗斯的强烈反对。塞尔维亚和俄罗斯一直坚持要在遵守国际法准则和联合国安理会第 1244 号决议基础上解决科索沃地位问题。

2. 欧盟对科索沃的国家构建政策

2008 年科索沃单方面宣布独立后，其最终走向一直受到国际社会的高度关注。目前的科索沃仍不具备完整的国家性，政府只能部分行使职责，并且需要在五个主要的保护者支持下运作，这五个保护者分别是联合国科索沃临时行政当局特派团（UNMIK）、欧盟法治使团（EULEX）、国际民事办公室（ICO）、北约驻科索沃部队（KFOR）和欧洲安全与合作组织。① 其中，欧盟的主要目标是促使科索沃在各方可以接受的情况下实现独立。但是，在欧盟成员国中，塞浦路斯、罗马尼亚、希腊、斯洛伐克、西班牙并不承认科索沃的独立。② 但就欧盟来说，已经按照一个国家的标准来规划科索沃的发展道路，并积极推动科索沃的入盟进程。

事实上，自 2005 年起欧盟逐渐接替联合国科索沃临时行政当局特派团管理科索沃。欧盟对科索沃的管理主要集中在加强科索沃的行政职能和法治建设。然而，欧盟面临的主要问题是塞尔维亚和科索沃关系问题，如果两者关系得不到解决，入盟进程就是个死结，掣肘着三方进一步的实质性合作。

对于科索沃宣布独立，塞尔维亚据理力争，并将科索沃独立问题诉诸国际法院。2010 年 7 月 22 日，国际法院就"科索沃宣布独立是否符合国际法"问题提出咨询意见，认为科索沃宣布独立并不违反国际法。理由是科索沃宣布独立不违反联合国安理会决议，以及国际法上不存在科索沃不能

① Vedran Džihic and Helmut Kramer，"Kosovo After Independence：Is the EU's EULEX Mission Delivering on its Promises？" *Friedrich Ebert Stiftung*，July 2007，http：//library. fes. de/pdf - files/id/ipa/06571. pdf.

② Vedran Džihic and Helmut Kramer，"Kosovo After Independence：Is the EU's EULEX Mission Delivering on its Promises？" *Friedrich Ebert Stiftung*，July 2007.

宣布独立的禁止性规定。科索沃官方认为这是科索沃的历史性胜利，并呼吁塞尔维亚接受现实。而塞尔维亚官方强调塞尔维亚绝不会承认科索沃独立。同时，科索沃内部的塞族也反对科索沃独立，并且在科索沃内部建立政治体制上的"平行机构"，坚持采取与科索沃当局不妥协的态度。总的来说，科索沃原来的母国塞尔维亚的态度仍将起着至关重要的作用。因此，欧盟力图让科索沃和塞尔维亚双方展开谈判，就科索沃最终地位问题达成一致。

2011年3月8~9日，在欧盟调停下，塞尔维亚与科索沃的官方代表在布鲁塞尔举行会晤，这是2008年科索沃单方面宣布独立后塞科之间的首次官方会晤。此后，塞科双方举行了九轮会谈，会谈的焦点主要集中在区域合作、人员自由流动和法治建设上。欧盟的设想仍然是先从一些功能性领域着手，即先从"技术合作"入手来推进双方的交往，并最终过渡到地位问题谈判上来。谈判的进程非常微妙，科索沃坚持是两个主权国家的谈判，不能涉及主权和地位问题，而塞尔维亚则对谈判的内容设定表示满意，认为并不侵犯塞尔维亚对科索沃的主权。事实上，双方经过九轮谈判达成了不少成果，比如在2011年7月2日的第五轮谈判中，双方就户籍登记、人员自由流动和文凭认可达成协议。2011年9月2日的第六轮谈判，双方就海关印章和地籍管理达成协议。

2013年1月17日，在欧盟外交和安全政策高级代表凯瑟琳·阿什顿的调解下，科索沃与塞尔维亚为使双方关系正常化以及解决科索沃北部问题在布鲁塞尔重启对话。双方进行了十轮会谈。前四轮会谈仍聚焦于相关领域的技术性合作，而未涉及双方关系正常化这一话题。欧盟相信这种方式对于改善双方关系有帮助，从而逐渐从技术性或功能性领域的谈判外溢到政治领域的谈判。但接下来的第四轮至第六轮谈判，在涉及双方政治关系时，尤其是涉及双边关系正常化问题时，会谈陷入困境。双方对于如何解决科索沃北部塞族问题难以达成一致。此后的第七轮至第十轮谈判，基本都围绕着科索沃北部塞族人地位问题展开。双方虽然同意北部塞族人可以实行自治，但在自治的程度和范围上难以达成一致。

欧盟及其成员国向塞尔维亚和科索沃双方施加压力。欧盟于4月18日向双方发出最后通牒，如果在 4 月 22 日欧盟外长会议召开之前塞科双方仍不能达成一致，它们的入盟进程将会被延后。欧盟大国德国则对塞尔维亚施加压力，敦促塞尔维亚与科索沃尽快达成关系正常化协议，如果难以达成，欧盟将与科索沃签署《稳定与联系协议》，塞尔维亚的入盟进程将会被搁置。① 2013 年 4 月 19 日，塞科双方达成初步协议，并于 5 月通过了科索沃与塞尔维亚关系正常化协议的实施计划。协议共 15 点内容，其中最主要的方面是科索沃要设立一个由塞族聚居城市组成的联合体或协会，其成员资格向每个符合条件的城市开放。该联合体或协会依据法规成立，其解散与否由参加城市决定，其合法性由宪法（包括 2/3 多数原则）及相关法律保证等。②

　　关系正常化协议的签署，为塞尔维亚和科索沃各自的入盟进程创造了条件。但科索沃的最终地位会如何仍有待观察，其入盟前景很大程度上也取决于塞尔维亚和科索沃关系的具体进展。

---

① "Germany Sides with Kosovo against Serbia", *Euobserver*, April 17, 2013, https：//euobserver. com/enlargement/119833

② http：//gazetaexpress. com/? cid = 1, 13, 109459。这 15 点详细内容见李俊：《塞尔维亚与科索沃"关系正常化"协议略论》，《国际研究参考》2013 年第 6 期。

第十二章

从国家性角度评估欧盟对
西巴尔干地区的国家构建

尽管欧盟给予西巴尔干国家相同的入盟前景，动用了诸多政策工具，但这些国家的发展进程并不一致。到目前为止，克罗地亚已经成为欧盟的一员，而波黑和科索沃入盟前景暂时并不明朗，塞尔维亚、黑山、马其顿、阿尔巴尼亚的进展也不一。为什么会出现这样的情况呢？

前述研究表明，国家性作为一种重要的因素直接影响到西巴尔干国家的入盟进程。可以说，国家性的强弱直接影响到该地区国家构建的进程及结果。

一 国家构建的步骤和逻辑

通过上述对欧盟在西巴尔干实施国家构建政策的实际进程的分析，笔者总结出欧盟在西巴尔干进行国家构建的几个重要步骤。

第一步，欧盟设计国家构建的总体框架，试图通过该框架影响西巴尔干国家，让它们步入变革的轨道。

第二步，欧盟运用相关政策工具实施这一框架，达到该地区国家构建的目标。

第三步，西巴尔干国家根据欧盟提出的条件限制来进行利益核算，确定最终的政策——在多大程度和范围内执行欧盟的条件。

第四步，欧盟对政策实施的效果进行评估，确定西巴尔干各国国家构建的进展情况并提出存在的问题。

下面，笔者将依据欧盟对西巴尔干国家构建的具体步骤做进一步阐述。

1. 欧盟设计国家构建的总体框架，通过该框架影响西巴尔干国家，让它们步入变革的轨道

针对西巴尔干六国或实体①，欧盟设计了一系列国家构建的框架，试图强化这些国家的国家性或国家功能。需要指出的是，这些国家构建框架既有宏观的、长期的，也有具体的、中短期的。宏观和长期的政策主要针对整个西巴尔干，包括"地区立场"、稳定和联系进程等。

具体的、中短期的冲突调解和国家构建框架的内容相对广泛，包括确立宪法改革框架、参与实际的冲突调解、提升国家能力等一系列举措。这些举措主要是针对某个具体的西巴尔干国家。在具体实施过程中，宏观的、长期的和具体的、中短期的国家构建办法互相结合使用，两者并不排斥。

欧盟计划在"哥本哈根标准"所框定的内容下将西巴尔干各国建成功能性国家，通过权力共享、建立规范的民主法律制度及完善国家内部统一市场等国家构建的办法来解决国家性问题，或者通过具体的冲突干预行动来完善国家功能，借此提升西巴尔干国家应对突发事件的能力。

具体的、中短期的冲突调解和国家构建行动主要在塞尔维亚和黑山、波斯尼亚和黑塞哥维那、马其顿等国展开。需要强调的是，这些国家也被纳入稳定与联系进程等中长期国家构建中，但鉴于这些国家遇到的实际情况，在稳定与联系进程被执行过程中会强化中短期国家构建行动。2001 年 8 月 13 日、2002 年 3 月 27 日、2003 年 2 月 4 日，欧盟分别与马其顿、波黑、塞尔维亚和黑山签署了解决国家体制等问题的《奥赫里德框架协议》《莫拉克维卡—萨拉热窝协议》（在《代顿协议》基础上进一步巩固国家宪法）、《贝尔格莱德协定》。这些协议具有鲜明的调解民族矛盾的特点，以期改变民族对立，完善国家功能。例如，《奥赫里德框架协议》旨在解决马其顿族和阿尔巴尼亚族在国家政治生活中的对立和不平等问题。该协议强调，要通过修改宪法来改变阿尔巴尼亚

---

① 根据前文的分析，六国或实体是指塞尔维亚和黑山、波斯尼亚和黑塞哥维那、马其顿、克罗地亚、阿尔巴尼亚、科索沃，为方便叙述，本文有时将其统称为西巴尔干国家（虽然科索沃不能被称为国家）。

族在马其顿共和国的权益。而在波黑，（欧盟）高级代表与波黑政府签署的《莫拉克维卡—萨拉热窝协议》，事实上它是一部宪法修正案，是在《代顿协议》的基础上进一步巩固波黑穆族、克族和塞族三族共治的政治体系，确保塞族共和国和波黑联邦在决策机构中具有平等的代表性。同时，两个实体共和国要把各自重要的权力让渡给波黑中央政府，从而改变民族对立的局面，提高政府的决策效率和能力。而《贝尔格莱德协定》主要是解决塞族和黑山族之间的矛盾。其途径同样是修正现有宪法，积极打造民族关系稳定的功能性联邦国家，力推把塞尔维亚和黑山各自的权力让渡给一个新的国家中心即塞尔维亚和黑山国家联盟，并通过结构性改革来推进上述变化。

总结上述三个国家的构建框架可以看出如下几个特点：首先是具有明显的宪法改革特点，以改变少数民族在宪法中的地位为主要指向；其次是宪法改革的目的是将分散的、保留在各实体民族手中的权力让渡到统一的国家权力核心当中，避免中央政府功能因民族矛盾被弱化甚至是被架空；最后是宪法改革反映了欧盟的意志和偏好，将欧盟的民主价值观植入宪法改革的精髓之中。

而在克罗地亚和阿尔巴尼亚，因民族矛盾并未如上述三国那么严重，故以解决民族纷争为目的的宪法改革事实上在这两国并未实施。两国均被欧盟纳入中长期的发展规划之中，而且以整个西巴尔干的发展和转型为视角来推进克、阿两国的国家构建。两国主要借助稳定与联系进程和《稳定与联系协议》规定的内容来执行相关改革，推动本国融入欧洲，最终加入欧盟。

科索沃则是一种特例，即以国际社会，也就是以联合国于 1999 年 6 月 10 日做出的第 1244 号决议为蓝本，相关行为体对其从事国家构建工作。对于科索沃的国家构建，国际社会事实上存在着分工，欧盟虽发挥重要作用，但未占据主导地位。由于科索沃尚未与欧盟签署《稳定与联系协议》，因此，欧盟对科索沃的国家构建只能根据联合国安理会第 1244 号决议和联合国科索沃临时行政当局特派团所分配的权限来执行。不过，很显然，在科索沃国家构建中，欧盟不断施加自身的影响，将欧盟的偏好不断植入科索沃的国家构建当中。

2. 欧盟运用相关政策工具来实现国家构建的目标

在处理西巴尔干国家性问题时，欧盟使用不同的政策工具来帮助和促进这些国家完成国家构建目标，其中欧盟两个支柱——共同体支柱（欧盟委员会）和共同外交与安全政策①支柱——在此过程中发挥了主导作用。两个支柱动用的工具有所差别，共同体支柱所采用的工具主要是民事的、规范性的和软性的；而共同外交与安全政策支柱所运用的工具主要是军事的和强制性的。两种支柱下的工具根据不同国家情况，进行灵活多变的协调配合。

共同体支柱更多的是使用能够产生长期影响的规范性工具，如经济援助、贸易特惠、政治对话等；而共同外交与安全政策支柱更注重实用性，并且使用能够产生短期效果的工具，如派遣专业使团、快速反应部队、维和部队或人道主义援助部队来干预冲突、维持和平。

在塞尔维亚和黑山，欧盟的共同体支柱和共同外交和安全政策支柱均投入了相应的政策工具。共同体支柱运用稳定与联系进程以及《稳定与联系协议》等政策工具，为塞尔维亚和黑山建设功能性国家提供必要的援助支持；而共同外交和安全政策支柱则积极推动塞黑达成国家构建的方案《贝尔格莱德协定》，欧盟共同外交与安全政策高级代表索拉纳在促成双方达成协议上发挥了重要作用。

在波黑，共同外交与安全政策在国家构建的不同阶段，发挥了不同的支持作用，它集中体现在《代顿协议》签署后高级代表在不同阶段发挥的独特作用。高级代表的主要代表人物有瑞典人卡尔·比尔特（Carl Bildt，1995~1997）、西班牙人卡洛斯·温斯滕多普（Carlos Westendorp，1997~1999）、奥地利人沃尔夫冈·皮特里希（Wolfgang Petritsch，1999~2002）、英国人帕蒂·阿什当（Paddy Ashdown，2002~2005）、德国人克里斯蒂安·席琳（Christian Schwarz-Schilling，2006~2007）、斯洛伐克人米洛斯拉夫·莱恰克（Miroslav Lajcák，2007~2009）和奥地利人瓦伦蒂·

---

① 根据1992年的《欧洲联盟条约》规定，欧盟由三个支柱组成：第一支柱是欧共体；第二支柱是共同外交与安全政策；第三支柱是司法和内务合作。2009年12月1日《里斯本条约》生效后，不再使用欧盟三个支柱这样的表述。本书仍沿用这种说法，是因为欧盟在西巴尔干从事危机调解和国家构建时，欧盟三个支柱仍然存在并且发挥了作用。

因兹科（Valentin Inzko，2009 年至现在）。比尔特采取各种措施致力于波黑的重建和人道主义援助工作，由于高级代表的权力有限，其政策多以恢复波黑稳定为主，他除了建议、监督和协调相关行动外，没有强制执行这些任务的权力。温斯滕多普任职时期，高级代表的权力增大。1997 年 12 月，波恩和平执行理事会赋予高级代表广泛的权力（"波恩权力"），包括可以否决地方政府的决定，有权修改或者取消议会的决定，甚至如果波黑立法和行政实体没有按期颁布规章，高级代表可根据情况自行颁布。皮特里希任职高级代表时，将目标集中在三个重点项目建设上，即强化制度建设、转变经济模式、加快难民重返家园。这种"三管齐下"的办法被皮特里希又补充以"本土化"（ownership）政策，即与行政当局和市民社会代表以一种伙伴关系的方式共商国是，更多地让波黑人自己协商解决自身面临的问题。阿什当任职时，高级代表逐渐转移"波恩权力"，从强制性使用这些权力转向使用更具前瞻性的改革办法。此后历任高级代表基本沿用阿什当的政策原则。

历届高级代表尽管在工作方式和推进改革的内容上有所差异，但都试图逐渐增强波黑国家层面的功能并促进国家构建出现明显的变化。

与此同时，共同体支柱也启动了稳定和联系进程、《稳定与联系协议》工具，并以"哥本哈根标准"为基础，配合高级代表展开工作。欧盟在《代顿协议》和《莫拉克维卡—萨拉热窝协议》的框架下，对波黑的发展情况进行研究。设定相关的政治、经济和法律标准，欧盟每年评估其进展状况，并以此给予相应的援助。

在马其顿，《奥赫里德框架协议》签署后，共同体支柱通过政治协调等手段发挥作用。欧盟委员会任命欧盟特别代表协调与国家构建有关的行动。特别代表致力于巩固、促进和平的政治进程以及全面实施《奥赫里德框架协议》，促进马其顿向欧洲一体化迈进。欧盟特别代表负责相关政策的实施，在国际社会高级代表的指令下行动，并与马其顿政府和参与政治合作进程的相关党派保持密切接触。欧盟第二支柱则对维持该国稳定发挥了重要作用，如欧盟于 2003 年 12 月 15 日发起的"欧盟警务－比邻星行动"，在短时间内应对了马其顿的国内冲突，并取得了良好效果。

在克罗地亚，由于不存在激烈的民族矛盾和冲突，欧盟共同外交和安全政策工具基本未得到使用，由欧盟委员会实施了一系列政策。1996～2000年，欧盟通过奥布诺瓦计划向克罗地亚提供技术援助（主要是帮助其重建）；2001～2004年又通过共同体援助重建、发展和稳定计划支持克罗地亚参与稳定与联系进程，尤其是帮助其强化边界控制、民主稳定、国家机构建设、区域基础设施建设和环境保护的能力。2004年在获得欧盟候选国地位后，克罗地亚又获得了欧盟预加入援助项目的支持，主要包括法尔计划、入盟前结构政策工具、农业与农村发展专项计划。这些援助工具后来被预加入援助工具所取代。与此同时，欧盟还强化和补充了"哥本哈根标准"在本地区的运用，除了要求克罗地亚遵守"哥本哈根标准"在政治、经济和法律三个方面的具体规定外，还增加了对法治和反腐败的具体规定，同时补充了与前南斯拉夫问题国际刑事法庭合作这一新规定。这些工具的实施从根本上推动了克罗地亚内政与外交的全方位变革。

虽然欧盟在阿尔巴尼亚和科索沃投入了多项政策工具，但在它们的国家构建框架中，欧盟并不占主导地位，而是遵照国际分工行动。在相关框架下实施国家构建的过程中，欧盟外交和安全政策支柱以及共同体支柱所包含的一系列政策工具均得到广泛使用。

在阿尔巴尼亚，由意大利牵头的多国稳定部队，针对阿尔巴尼亚出现的治理紊乱、政治动荡状况采取积极的干预措施，包括保护人道主义特使、运输救援物品并向调查选举情况的欧安组织人员提供个人安全保障，也包括少量的医疗援助、交通援助和通信援助。此外，根据实际需要，欧盟有效地参与了应对阿尔巴尼亚危机的国际分工：对各种政治和经济问题提供援助，以帮助阿尔巴尼亚进行重建。在国际社会的努力下，阿尔巴尼亚国内动荡逐步稳定下来。欧盟还将阿尔巴尼亚纳入稳定和联系进程框架下，以推动其国家构建。

在科索沃，欧盟承担的责任是促进其私有化和经济重建。在共同体支柱下，欧盟的政策工具主要是在科索沃建立人道主义援助办公室和重建办事处来推进上述目标。1999～2003年，欧盟向科索沃提供了16亿欧元的经济援助。1999～2006年共同体援助重建、发展和稳定计划向科索沃提供的援助超过 11 亿欧元。这些援助主要是推动其制度建设、转轨以及跨边界合作。另外，欧盟还将科索沃纳入稳定和联系进程框架下。2002 年 11 月，欧盟和科索沃在稳定和联系进程框架下建立了一个特别的对话机制，即稳定和联系进程跟踪机制，该机制主要负责组织双方会谈并促使后者按照稳定和联系进程的规定进行改革。

共同外交与安全政策支柱也提供了政策工具。2008 年 2 月 4 日，欧洲理事会任命彼得·费特为欧盟驻科索沃特别代表，特别代表的使命是"在推动科索沃的政治发展以及促进国际社会在科索沃加强协调上向欧盟提供建议和支持，确定科索沃最终地位问题的解决方案，为建成一个稳定、能够自我生存的、和平、民主和多民族共存的科索沃而努力"。2008 年 2 月 4 日，在欧洲理事会提出的联合行动计划中，还包括一项名为欧盟法治使团的行动，该使团的主要作用是协助科索沃各机构提高自身可持续发展和承担相应责任的能力，并发展独立的司法、警务体系和关税制度。

3. 西巴尔干国家对欧盟的条件进行利益核算，并采取多样化的政策选择

西巴尔干国家是否接受、又是怎样接受欧盟的制度安排呢？也就是说，当欧盟的制度模式和政策工具输入这些国家时，它们赋予了每个国家统治精英新的身份或执政者新的决策使命。这种新的身份或使命，必定会推动这些国家统治集团或者利益集团进行利益核算，以确定是否接受欧盟的政策或决定履行欧盟政策的方式。

总体看来，民族矛盾较为激烈的国家，其政策选择基本都是回避欧盟的制度安排，但接纳欧盟政策所提供的收益。也就是说，虽然西巴尔干国家接受了欧盟的制度安排，但在实际执行过程中却时常走样，或者根本不按照欧盟规定的路径执行。这一点在塞尔维亚和黑山以及波斯尼亚和黑塞哥维那表现得较为明显。

塞尔维亚和黑山虽然接受了欧盟提供的国家构建方案，即《贝尔格莱德协定》，但在实际执行过程中逐渐偏离欧盟预设的轨道，最终不得不走向分离的道路。这主要源自于欧盟做出的制度安排，没有充分考虑这两个共和国规模、体制的不同和历史传统的差异，最终导致两个共和国很难融合成一个完整的功能性国家。黑山率先发难，向欧盟的制度安排发出挑战，

它认为《贝尔格莱德协定》严重损害了黑山的经济利益、民族特性、发展潜力等,并最终未执行欧盟的安排。塞尔维亚同样也未履行欧盟的国家构建政策,而是自主选择了自身的发展道路。欧盟对塞尔维亚和黑山采取"双轨"政策后,塞尔维亚和黑山两个国家均积极参与到稳定和联系进程中,收割欧盟政策的利好方面。

在波黑,美国和欧盟分别主导制定了《代顿协议》和《莫拉克维卡—萨拉热窝协议》,推进波黑"三族共治"。但波黑联邦和塞族共和国两个实体的对立程度较为严重,在诸多国家大政方针上难以达成一致。无论是塞族、穆族还是克族均不认为国际社会的框架安排能为其带来相对的利益最大化。两个实体已经形成了固化的利益,新的框架很难打破这种长久以来形成的利益链条。虽然波黑统治集团认识到入盟所能带来的好处,但还是认为将自己手中重要的经济和政治利益让渡到统一的国家机构中,代价是非常高昂的。最终,两个实体采取了"假服从"的方式:一方面收割入盟所能带来的收益;另一方面,消极执行《代顿协议》中的宪法框架安排,这直接导致协议所确定的"三族共治"安排没有取得实质性进展,塞族共和国的分离倾向依然明显。

存在民族矛盾但激烈程度不及塞尔维亚和黑山、波斯尼亚和黑塞哥维那的国家主要有马其顿、阿尔巴尼亚和克罗地亚。面对欧盟的框架安排,这些国家也经历了利益核算,由于将权力置于统一的核心组织当中付出的成本并不高昂,且符合各民族的利益,因此,欧盟的条件在这些国家基本得到了履行。但在一些技术细节上,这些国家履行欧盟条件的情况则存在差别。

在马其顿,欧盟制定的国家构建框架在推动马其顿解决民族问题上取得了积极的进展。无论是马其顿族还是阿尔巴尼亚族均积极接受欧盟的制度安排并且加以履行。马其顿的国家性问题出现在具体部门和具体领域当中,尤其是在选举问题上。尽管马其顿近些年不断改革选举法,完善选举制度,然而,在2006年、2008年和2009年的选举中,统治精英事实上并不想让选举的规则发挥作用。马其顿庇护主义盛行,把投票人和政党关系固定为一种权钱交易关系,强调的是个人具体收益而不是整个国家的利益,因此选举舞弊、不符合选举规则的事件屡屡发生。

欧盟的条件限制措施虽然对推进马其顿整体的制度环境改善发挥了作用，但一些制度框架下的具体操作则存在不少问题，仍需要持续的改革来加以解决。

克罗地亚服从欧盟条件经历了一个复杂的过程。欧盟1997年出台的地区立场遭到克罗地亚的强烈抵制。克罗地亚执政精英认为，本国的历史和文化属于中欧和地中海区域，欧盟的立场是试图阻止克罗地亚融入欧洲，这对刚刚摆脱南斯拉夫的克罗地亚来说是不可接受的。欧盟对民主和人权的要求同样令克罗地亚感到不满，认为这是对克罗地亚内政的干涉。

克罗地亚存在的一些经济治理问题，也是欧盟条件无法得以履行的重要原因。克罗地亚的一些重要产业，尤其是社会主义工业化背景下发展起来的产业，因依靠国家的巨额补贴才得以生存。入盟要求克罗地亚必须采取新自由主义的、支持竞争的改革，这很难被某些部门或产业所接受，因此在政策上难以推行。克罗地亚的重要政党，如克罗地亚农民党、社会民主党和克罗地亚民主共同体，均倡导缓慢的市场化改革，反对欧盟的自由化改革方案。在这样的氛围下，从历史习惯和利益核算的角度出发，无论是精英还是民众，都不愿意进行快速的市场化改革。尽管入盟能够带来长远的好处，但从现阶段看人们会损失较多的利益。

但是，融入欧洲的强烈意愿使图季曼之后的执政者加快了履行欧盟条件的步伐。1999年新上台执政的社会民主党认为，长期孤立于欧洲之外并不符合克罗地亚的利益。鉴于本国经济发展陷入困境，迫切需要外部资金和市场，因此，新的统治集团对欧盟提出的条件采取了认真履行的态度，在市场经济改革、难民遣返、与前南斯拉夫问题国际刑事法庭合作、打击腐败方面与欧盟积极合作。2013年7月1日，克罗地亚成为西巴尔干第一个加入欧盟的国家。这在某种程度上标志着克罗地亚国家构建工作基本完成。克罗地亚成为西巴尔干国家执行欧盟条件的表率。

阿尔巴尼亚国内的民族对立并不严重，在履行欧盟条件上存在的障碍主要是治理不善。阿尔巴尼亚虽然确立了多党制的政治体制，但政党体制仍不够稳固，其国家性虽未受到民族对立的困扰，但国家功能一直不完备，尤其是选举争端一直困扰着这个国家。根据欧安组织 2011 年的一项调查，阿尔巴尼亚没有一项全国性的选举活动能够完全满足国际标准。由于经济发展长期落后，导致国家能力较弱，无法应对突发或紧急事件，仍需要国际社会的援助和干预。国家治理能力低下又导致阿政府无法集中精力执行欧盟规定的改革，入盟进展相对缓慢。2008 年 4 月，阿尔巴尼亚进行选举改革，实行比例代表制，但遭到一些小党派的抵制。在 2009 年 6 月举行的阿尔巴尼亚议会选举中，一些反对党指控选举存在投票舞弊和其他不规范行为。综合来看，尽管阿尔巴尼亚意识到入盟的好处，也有执行欧盟政策的决心，但由于存在一个相对软弱的政府，其决策能力低下，执行能力较弱，导致欧盟政策在阿尔巴尼亚并未得到有效执行。

科索沃的国家功能则面临巨大的挑战，具体表现为科索沃国家性的高度模糊。欧盟的方法是试图回避主权问题来推动科索沃的入盟，但随着重建工作的开展，最终仍需要国家性要素来解决。比如，由于不具有独立国家的地位，科索沃无权申请世界银行等国际组织的贷款，许多国际投资商也因科索沃的最终地位不确定而不敢冒险投资，使得科索沃的经济建设严重缺乏资金。

无论是联合国还是欧盟都认识到，妥善解决科索沃最终地位问题是解决一切问题的核心，要么科索沃继续留在塞尔维亚，二者一起接受欧盟成员国资格，共同发展；要么科索沃彻底独立，自己走上入盟之路。科索沃当局通过利益核算已经认识到最终地位问题高于一切。经过欧盟几年来在联合国框架下对科索沃的援助和支持，以及稳定和联系进程所隐含的入盟前景，加上其他因素的推动，科索沃认识到独立所能获得的利益要大于其在塞尔维亚内部所能获得的利益，2008 年科索沃选择了独立。

4. 欧盟对国家构建政策的效果进行评估，确定西巴尔干各国及实体国家构建的进展情况并提出存在的问题

欧盟对国家构建政策实施的效果进行评估，确定西巴尔干国家履行条件的情况。评估结果表明，国家性是影响欧盟国家构建进程最重要的变量。

在塞尔维亚和黑山，欧盟在 2004 年的稳定和联系进程年度报告中指出，两个共和国在该框架内的国家构建没有取得进展。报告强调："委员会开始研究在 2003 年秋与塞黑开启《稳定和联系协议》的协商，在该国采用新宪法后，政府提交了一份创建单一贸易政策和单一市场的行动计划。但在 2003 年议会选举后，一些实质性问题仍很难解决，尤其是宪法问题和行动计划。"因此，欧盟不得不放弃这一制度框架并实行"双轨"政策，直到黑山在 2006 年通过公投获得独立。欧盟在塞黑试图以建设功能性国家来调解冲突成为一个失败的案例。塞尔维亚和黑山之所以选择分离，是因为国家联盟的国家性太弱，塞尔维亚和黑山两个民族难以维系在一个统一的宪法框架内。

在波斯尼亚和黑塞哥维那，2003 年，欧盟委员会重点审查了波黑经济改革重点（建设统一的市场经济和打击灰色/黑色经济）的进展情况，结果是"进展缓慢和不明显"。"市场力量的发展受到效率低下的公共部门和脆弱的贸易环境以及法律环境的阻碍，市场被不同实体所分割。"欧盟在 2005 年的进展报告中强调："国际组织所做的调查和评估表明，腐败仍旧是波黑一个严重的问题。腐败几乎影响到国家和社会的所有层面。"欧盟的制度框架没有损害波黑各民族的价值观念和认同，因此他们没有反对欧盟的制度安排，但在涉及建设功能性市场经济时，由于关系到切身经济利益，因此他们对欧盟的安排采取了部分接受、部分不接受的办法，仍在经营各自的利益版图，导致欧盟的安排无法取得理想的效果。塞族政党坚持宪法应该保证各个实体（尤其是塞族共和国）的独立性和经济利益。2006～2013 年的欧盟扩大进展报告中，欧盟对波黑一直持批评态度。波黑的国家功能较弱，塞族共和国和波黑联邦仍然很难融合在一起，民族利益和经济利益使它们在执行欧盟的条件时，总是选择于己有利的方面来执行。

欧盟对马其顿的评估则相对积极。在 2004 年的进展报告中，欧盟认为马其顿在《奥赫里德框架协议》下相对积极地执行了欧盟的条件。阿尔巴尼亚族和马其顿族能够和平共处。在 2006 年的进展报告中，欧盟又认为"所有相关党派都同意建立市场经济，……在维持基本的经济政策方面达成了广泛的一致"。但是在建设功能性国家方面，民族对立和选举舞弊问题依然存在，马其顿和希腊的国名纷争则构成了其入盟的最大障碍。而六年之后的 2012 年，欧盟在扩大进展报告中赞扬马其顿在一系列改革上取得了进步,同时也强调了一些必须解决的问题,如促进司法改革、保证言论自由以及提高公共管理的效率等。报告还赞扬马其顿在建立市场经济方面取得进展。总的来说,马其顿的国家性问题与塞黑和波黑相比并不严重,因此能认真履行欧盟提出的要求,国家功能有所完善,但外部因素(国名纷争)的掣肘和部分内部因素(如选举问题)暂时无法妥善解决,导致其入盟进程受阻。

根据欧盟的评估报告可以看出,克罗地亚能够加入欧盟,与其相对完善的国家性有关,在克罗地亚不存在激烈的民族对立与冲突,国家功能相对完备。这主要源于它是较早脱离西巴尔干冲突漩涡的国家之一,加之克罗地亚本身就是原南斯拉夫经济较为发达、基础设施较为完善的共和国。同时,在原南斯拉夫解体危机中,克罗地亚并未受到战争的严重损害,克罗地亚的独立也很快得到国际社会的支持。

在 2012 年发布的关于克罗地亚入盟的监督报告中,欧盟委员会对克罗地亚做了全方位的积极评价,强调该国已符合入盟的政治和经济条件。与此同时,依据监督报告的要求,入盟并不意味着克罗地亚国家构建的终止。按照入盟的标准看,克罗地亚的国家性还存在一定的问题,具体表现在:巩固国家性的时间较短,由于历史问题导致民主体制发展缓慢。入盟后,克罗地亚仍要面对严峻的经济形势和腐败问题。在司法改革、打击腐败和有组织犯罪、保护少数民族权利问题等方面仍需要进行改革才能达到欧盟的标准。

阿尔巴尼亚国家能力相对欠缺,其在执行欧盟条件时存在多方面的不足。2010 年,欧盟委员会发布的阿尔巴尼亚进展报告强调,要想在入盟进程中取得进展,需要在下列方面做出努力:各党派建立政治对话并维护议会的正常功能、根据欧安组织的建议改革选举法、保证司法体系的独立性、争取在打击有组织犯罪问题上取得具体成效、尊重财产权、保护人权和弱势群体、改善被拘押者的待遇等。因为上述问题的存在,欧盟于 2010 年和 2011 年两次拒绝授予阿尔巴尼亚欧盟候选国资格。2013 年 10 月 16 日,欧盟委员会在扩大进展报告以及 2014 年欧盟扩大优先重点领域报告中,向欧洲理事会建议授予阿尔巴尼亚欧盟候选国资格。但欧委会同时强调,阿欲开启入盟谈判,就必须在选举制度、公共管理、司法体制、打击腐败和有组织犯罪、保护人权尤其是罗姆人权利等方面进行更有成效的改革。经过一番努力之后，2014年6月，阿尔巴尼亚获得欧盟候选国资格。

在2008年宣布独立后，科索沃的入盟之路依然困难重重，这不仅是因为塞尔维亚和科索沃复杂的关系以及科索沃最终地位一直悬而未决，还因为科索沃本身存在的民族矛盾仍未得到有效解决，阿尔巴尼亚族和塞族矛盾难以调和。因其不具备基本的国家性，科索沃仍是需要国际机构扶持的"特殊实体"，国家构建道路十分漫长。2013年欧盟关于科索沃的进展报告强调，科索沃当局执行欧盟相关规定的能力仍需要加强。国家能力的欠缺导致其无法执行必要的改革。尽管欧盟委员会在2014年提议应与科索沃签署《稳定与联系协议》，给予科索沃欧盟候选国相同的国家地位，但欧洲理事会在此问题上反应谨慎。欧洲理事会欢迎塞尔维亚和科索沃在关系正常化上取得进展，但科索沃当局仍需要根据《稳定与联系协议》进行广泛的改革。改革的重点集中在加强法治上，包括保持司法独立性，坚持打击腐败和有组织犯罪。[①]

二 从国家性角度评估欧盟对西巴尔干地区国家构建所取得的成果

西巴尔干国家中国家性问题最为严重的当属塞尔维亚和黑山，由于民族对立严重，中央政府权力被架空，国家功能屡弱，欧盟设定的框架难以改变其国家权力格局，欧盟对其进行国家构建的努力付诸东流。塞尔维亚和黑山最终分裂为两个国家。

波黑也存在一定的国家性问题。虽然波黑尚能维持国家统一，但国家构建受到实体强有力的阻碍。在波黑，塞族、穆族和克族历史上长期对立，虽然欧盟的制度安排缓解了政治上的紧张关系，但各民族间壁垒分明的经济利益格局并不容易被打破，并逐渐溢出到政治领域。在无法

---

① http：//register. consilium. europa. eu/doc/document/ST－16991－2014－INIT/en/pdf.

打破利益格局的情况下，波黑对立各方会选择接受欧盟的制度调整方案，但不会真正服从，因此国家构建进展缓慢，甚至在某些方面停滞不前。

克罗地亚、马其顿和阿尔巴尼亚的民族对立经过一系列改革后有了很大缓解，但国家治理能力仍有待改善，影响到国家构建过程。横向比较来看，由于历史发展进程的差异、经济和政治发展的结构性因素以及民族对立程度不一，这三个国家也面临不同的国家性问题。

克罗地亚国家功能基本完备，但向民主体制转型的时间较短，经济体制转变受到传统经营方式的阻碍，高层腐败问题一直存在，难以符合欧盟的标准。故克罗地亚虽表现出很强的变革愿望，但尚需要时间消除旧体制的影响。

马其顿较早建立主权国家，因此本国的马其顿族和阿尔巴尼亚族之间的对立不如塞黑和波黑那么严重，双方合作才能共赢的共识还是存在的。但两个民族在议会代表性方面还存在分歧，马选举制度仍不完善，与希腊国名争端也是其入盟的主要障碍之一。

阿尔巴尼亚国家能力的缺失表现得较为明显，遇到突发事件时，政府无法掌控局势，只能依赖外部支援。国家存在的问题包括选举舞弊、政治腐败、经济落后等。提升国家治理能力是当务之急。这些问题的存在，使其难以有效执行欧盟的要求和条件，入盟进程受到影响。

科索沃的国家性问题是一个"特例"：科索沃尚不具备明确的国家性，这就导致其无法自主生存，只能依靠欧盟和其他国际行为体的帮助才能进行发展和改革。科索沃内部阿尔巴尼亚族和塞族的矛盾也是构建其国家性的一大障碍。凡此种种导致科索沃国家构建进展较慢，国家性问题迟迟无法解决。尽管被许诺了入盟前景，但事实上暂时看不到入盟的希望。

从国家能力大小来看，国家能力较强的，国家构建就相对顺利，入盟进展也相对较快。总体而言，国家性是入盟的重要影响因素。西巴尔干诸国的实际入盟进程验证了上述分析的合理性，具体情况见表 12-1。

表 12 - 1　西巴尔干国家入盟进度表

进程 \ 国别	建立专业咨询小组	开展可行性研究	开始《稳定与联系协议》谈判	签署《稳定与联系协议》	被授予欧盟候选国	开启入盟协商	完成入盟协商	加入欧盟
克罗地亚	2000 年 2 月	2000 年 5 月	2000 年 11 月	2001 年 10 月	2004 年 4 月	2005 年 10 月	2011 年 6 月	2013 年 7 月
马其顿	1998 年 1 月	1999 年 6 月	2000 年 1 月	2001 年 4 月	2005 年 12 月			
塞尔维亚和黑山	2001 年（加强持久对话机制）	2005 年 4 月	2005 年 10 月	2008 年 4 月（塞）	2012 年 3 月（塞）	2014 年 1 月（塞）		
				2007 年 10 月（黑）	2010 年 12 月（黑）	2012 年 6 月（黑）		
阿尔巴尼亚	2000 年	2001 年 6 月	2003 年 1 月	2006 年 6 月	2014 年 6 月			
波黑	1998 年	2003 年 11 月	2005 年 11 月	2008 年 6 月				

资料来源：作者自制，时间截至 2014 年。

第十三章
西巴尔干国家构建的"欧洲方式"

一 欧盟国家构建政策的"欧洲方式"

基于上述史实、案例和相关机制的研究，笔者对国家构建的"欧洲方式"总结出如下内容和特点。

（一）民事和军事工具相互结合使用，突出民事工具的作用

欧盟对西巴尔干国家构建政策是以一系列工具为基础的，欧盟在西巴尔干投放的政策工具主要分为两种：一种是民事工具，一种是军事工具。民事工具的使用主要表现为综合运用各种民事手段来达到阻止冲突和国家构建的目的；军事工具的使用主要表现为运用各种军事手段来达到冲突调解的目的。民事工具和军事工具相互配合，共同组成国家构建的"欧洲方式"。

1. 突出对民事工具的使用，强调欧盟的规范性影响

从欧共体/欧盟对南斯拉夫进行冲突干预开始，慎用武力一直就是欧盟政策的特色之一，主要强调规范性力量和民事调解工具所能发挥的基础性作用。

欧共体/欧盟从事各种对外行动（包括对外援助、冲突调解、战略对话与合作等），从一开始就高度重视对规范工具的使用。欧洲具有维护民主、人权和少数民族权利的传统。它既是欧盟规范和价值观的体

现，又是其对外政策的核心内容之一，并成为欧盟对西巴尔干政策的一部分。规范工具在西巴尔干得到广泛使用主要体现在援助等工具的运用上。

20世纪90年代初，欧共体/欧盟主要在西巴尔干进行以宏观财政援助和人道主义援助为主要内容的专项援助活动。如1992年12月和1993年8月欧共体两次向阿尔巴尼亚投放了7000万埃居的宏观财政援助，用于弥补其财政赤字。1992~2004年，欧共体/欧盟共向西巴尔干各国提供了约10亿欧元的宏观财政援助。[①] 在南斯拉夫解体危机中，欧共体/欧盟向该地区投递了大量的人道主义援助，1992~1994年，共计向南斯拉夫投入12亿埃居[②]。此外，欧共体/欧盟依托技术援助与信息交流工具、结对工具和支持改进治理与管理工具，向西巴尔干各国提供了大量技术援助，用以提升西巴尔干各国执政、管理等领域的国家能力，并帮助这些国家创设制度架构、制定相关战略、培训人力资源、提升管理技能，以期推进这些国家融入欧洲体制。[③] 当然，这些工具的投放，均以遵守欧盟的规范和价值观为前提。

2007年1月1日，欧盟重新调整了其在危机管理和国家构建等领域的若干政策工具，创设了带有综合性色彩的稳定援助工具。稳定援助工具主要分为短期稳定工具和长期稳定工具两种类型。短期稳定工具又称危机反应与准备项目，在受援国危机爆发初期迅速灵活地用其维持该国政治稳定及国内和平，或是在地区发生冲突和自然灾害后积极帮助受援国进行重建。短期稳定工具下的援助范围涵盖了冲突预防、维和行动、善治、危机后的初期重建等，具体援助活动由欧盟委员会对外关系总司负责。例如，欧盟曾通过该工具向欧盟委员会驻科索沃普里什蒂那联络处拨款1000万欧元，以

---

① Report from the Commssion, "The Stabilisation and Association Process for South East Europe: Third Annual Report", Brussels, 30. 3. 2004, COM（2004）202 final, p. 10, http://eur-lex. europa. eu/smartapi/cgi/sga _ doc? smartapi! celexplus! prod! CELEXnumdoc&lg = en&numdoc = 504DC0202.

② 周弘主编《对外援助与国际关系》，中国社会科学出版社，2002，第544页。

③ 张鹏：《对外援助的"欧洲模式"——以欧盟对西巴尔干援助为例》，中国社会科学院研究生院博士论文，2010。

支持科索沃保护人权及少数民族权利的活动①。长期稳定工具旨在增强国际、地区、国家、非政府组织等不同层次的行为体应对各类威胁的能力、冲突预防的能力、冲突后维持和平及重建的能力。事实上，这一工具基本整合了所有事关西巴尔干稳定和重建的要素，功能更加具有综合性。2006年7月17日，欧洲理事会又创设了一项全新的援助工具——预加入援助工具。2007年1月1日起，这一援助工具投入运转，它正式取代了此前欧盟对西巴尔干的所有相关援助工具。预加入工具对欧盟规范性条件的执行更加具有综合性和整体性，全面而彻底。在预加入工具的作用下，西巴尔干的转型援助和制度建设，严格贯彻欧盟的规范和价值观标准。

2. 军事工具的投放更强调分工配合及与北约的优势互补

在西巴尔干进行冲突预防和国家构建过程中，民事工具发挥了很大的作用，显示出欧盟的力量。与民事工具得到充分运用相比，欧盟对军事工具的使用始终存在短板，在现在和将来较长一段时间内难以发展起来，因此加强与北约的配合及发展与后者互补的军事工具是欧盟的主要目标。具体体现在以下几个方面。

首先，欧洲范围内的军事安全机制丰富多样、灵活多变，可供欧盟随时进行选择。从欧盟对西巴尔干诸国的军事调解实践来看，欧盟很少单独采取行动，而是积极寻找各种"组合套餐"来追求最佳效果。如2003年针对马其顿冲突的"和谐使命"行动，其任务是用来监督停火和对非军事国际行为体进行紧急保护，在柏林附加协定框架下采取行动；在波黑，欧盟驻波黑稳定部队于2004年12月实施了"木槿花行动"，该行动虽由欧盟领导，但以北约作为军事支撑；针对阿尔巴尼亚国内骚乱，国际社会于1997年采取了"阿尔巴行动"，它采取国家间自由组合的方式——在北约、欧盟、美国、欧安组织都不出面的情况下，多国稳定部队在欧盟成员国意大利的领导下开展行动，并获得欧盟、北约、欧安组织等提供的技术、物资和财政支持。

其次，受到跨大西洋安全机制的规制。美国一直高度重视这一安全机制，并积极进行各种布局安排，柏林附加协定就是这一机制的集中体现。该协定包含美国对跨大西洋安全布局的"三不"原则（由美国前国务卿奥

---

① http：//ec. europa. eu/external_ relations/ifs/projects/western_ balkans/index_ en. htm.

尔布赖特提出),即"不(与北约决策)分离、不重复(北约防务资源建设)和不歧视(非欧盟北约成员国)"。① 由于这此原则的存在,欧盟无能力无机会也无意愿来发展自身的军事力量。②

欧盟和北约安全合作框架还体现在 2003 年 12 月达成的文件《欧洲防务:北约/欧盟协商、组织和行动》中,北约和欧盟之间就执行维和行动和其他军事使命形成了四种选择:第一种选择是北约主导下的行动,欧盟可以参加并做出贡献,但不会突出欧盟的作用;第二种选择是欧盟主导的行动,实际权力处于欧盟的政治与安全委员会的控制和引导之下③,但可以根据 2002 年柏林附加协定使用北约的资源如军事武器以及情报;第三种选择是欧盟自主发起的行动,不需要北约资源的支持,以某一成员国为"框架国",通过多国军事指挥部进行组织、策划和执行;第四种选择与第三种选择类似,但是通过欧盟军事参谋部层面上的欧盟民事/军事指挥小组进行组织、策划和执行,为推进行动还可以邀请欧盟成员国有关人员加入。从这四种选择的顺序看,在跨大西洋安全合作框架下,欧盟在国际干预方面首先选择的是与北约合作,在北约不介入的情况下,欧盟才做其他选择。一

---

① 3D means:"no Decoupling, no Duplication, no Discrimination", M. K. Albright referred to her "three Ds" in this article. See "The Right Balance Will Secure NATO's Future", *Financial Times*, 7 December 1998, p. 22.

② 2011 年欧盟针对利比亚采取的军事干预行动,就是将笔者上述提到的各种安全机制结合起来达到目的。首先它是借用柏林附加协定框架下北约的军事资源进行军事打击,其次是运用各个国家自由组合的方式,如法国和英国牵头,其他国家和国际组织密切配合的方式,同样可以达到欧盟要实现的军事和政治目的。由于当时也受到金融危机影响,欧盟无能力投入军事建设,况且有这么多安全机制可以"搭便车",因此欧盟的军事力量注定难以发展起来。

③ 2000 年欧盟尼斯首脑会议决定在布鲁塞尔建立欧盟最高防务安全机构,包括一个常设政治与安全委员会(PSC)和一个由各成员国武装力量参谋长组成的军事委员会(EUMC)和军事参谋部(EUMS),建立非军事行为的危机处理机制,以获得更多有效而多样的民事行为能力。随着欧洲安全与防务一体化的发展,部分欧盟成员国希望建立常备的欧洲军事指挥部。但是,由于美国、北约以及欧盟内部另一些成员国的坚持,最终的结果是,欧盟将在北约欧洲盟军最高司令部层面建立欧盟指挥组织,在欧盟军事参谋部层面建立欧盟民事/军事策划组织,但人数受限定在一个很小的范围,有限的行动能力使其只能作为"最后的选择",北约支持的行动将获得明显的优先考虑。这就意味着,在具体军事行动的组织、策划和指挥方面,欧盟和北约必须保持合作和协调,尽管欧盟已经建立起了相对独立的欧洲军事力量。殷翔、叶江:《后冷战时期欧盟—北约关系演变探析》,《国际观察》2010 年第 1 期。

且北约作为自然选择被排除，欧盟首先考虑的是第二种选择，即优先考虑使用北约的资源开展行动。如果欧盟选择自主行动，那么将会采取第三种选择，即在"框架国"引导下与相关成员国合作完成行动。在以上三种均不适用的情况下，才考虑采取第四种选择，即通过欧盟军事参谋部中的欧盟民事／军事指挥小组展开行动。[1]

（二）突出国际分工对国家构建的作用和意义

欧盟试图推动不同的国际组织或行为体充分发挥各自的作用，致力于打造一种合作性的集体安全秩序。[2] 欧共体／欧盟在干预危机过程中，试图发挥欧洲安全秩序主导者的作用，但成员国之间的分歧以及自身应对冲突能力的欠缺导致欧共体／欧盟不得不寻求与联合国合作共同应对冲突。然而，联合国在执行和平构建任务时同样要仰赖各大国，因此，它的干预能力也受到限制。美国和北约逐渐成为干预冲突的领导者。欧共体／欧盟在西巴尔干冲突中的作用逐渐被弱化，凸显了其共同外交与安全政策能力的不足，这也使其认识到，欧洲安全机制建设离不开欧安组织、北约和联合国等行为体的共同参与。欧盟开始采取责任分摊的办法，这种做法逐渐成为欧盟国家构建政策的特色之一。2012 年 12 月 14 日，欧洲理事会议最终结论中强调双腿走路的战略框架：一方面是在西巴尔干等爆发冲突的区域增加安全与防卫政策的效率；另一方面也要保持同其他国际组织，诸如联合国、北约、欧洲安全与合作组织等的密切合作。[3]

从冲突调解和国家构建工具的运用情况看，国际社会大致显示出这样的分工：联合国拥有获得国际社会广泛承认的国际制裁力，也拥有直接的决策工具、武装力量以及统一的指挥系统，在纽约的联合国总部有几百名军事和民事工作人员在运筹帷幄。联合国安理会名义上每六个月要针对具体问题或行动做出决定，在这期间联合国秘书长可以相对不受限制地执行军事使命。

---

[1] Martin Reichard, *The EU - NATO Relationship: a Legal and Political Perspective*, Aldershot: Ashgate Publishing Company, 2006, pp. 88 - 90.

[2] Marc Weller, Denika Blacklock and Katherine Nobbs, *The Protection of Minorities in the Wider Europe*, Basingstoke: Palgrave, 2008.

[3] http: //www. consilium. europa. eu/uedocs/cms_ data/docs/pressdata/en/ec/134353. pdf.

可以说，联合国是唯一平衡地兼具国家构建军事和民事资源（但与欧盟相比其民事资源相对有限）的行为体。北约和美国（美国通常是借助北约开展行动）则拥有最强大的军事力量，能够部署大规模军事行动，但北约没有充足的民事执行能力，它需要联合国、欧盟等国际机构和相关国家的协助。在军事行动决策上，北约采取一致决议的办法，但它也会采取"独头政治"——美国在其中发挥巨大影响力，可以推动决策通过。与北约和联合国相比，欧盟的军事动员能力是短板。与在规范上强调全球影响力相比，欧盟在军事上则追求区域影响力，并且都是试验性的，即使正在建设的"欧洲军"在很大程度上也是一种民事机器。欧盟对军事行动的决策采取一致同意原则，因而决策效率非常低下。欧盟在承担领导责任的领域仅限于已经被北约或联合国等缔造出和平的区域。如果说欧盟在军事领域有何成就的话，那就是与北约、联合国等国际组织形成了很好的分工配合。因此，尽管欧盟和北约都建立了快速反应部队，但双方在军事能力上存在显著差距，欧盟的快速反应部队尚不足以单独完成"彼得斯贝格任务"，因此欧盟和北约等在国际危机管理和国家构建领域中逐渐形成一种功能性分工：欧盟集中处理维和、人道主义援助和冲突后的稳定工作；而北约则主要关注诸如民族冲突等需要军事工具解决的行动。此外，欧洲安全与合作组织负责监督有关国家的选举；世界银行负责对相关国家进行货款或给予资金支持；国际货币基金组织监测相关国家经济形势，维护该国金融和货币稳定等。

（三）国家构建的"欧洲方式"强调从冲突管理到冲突预防的转变

欧共体/欧盟的国家构建方式经历了从单纯的冲突管理到冲突预防的转变。冲突管理重点在于试图暂时稳定局势，而不是着眼于消除冲突的根源；冲突预防则立足于从根源上解决矛盾。

学者约翰·麦克加利（John McGarry）和布莱旦·奥莱利（Brendan O'Leary）曾较全面地对民族冲突调解方法进行分类。[①] 他们总结出八种民族冲

---

① John McGarry and Brendan O'Leary, "Introduction", in John McGarry and Brendan O'Leary eds., *The Politics of Ethnic Conflict Resolution: Case Studies of Protracted Ethnic Conflicts*, London: Routledge, 1993, pp. 1 – 40.

突调解的办法,其中四种是旨在消除族群分歧的冲突预防方法:种族灭绝(genocide)、强制大规模人口迁移(forced mass - population transfers)、分裂和/或分离(partition and/or secession)、融合和/或同化(integration and/or assimilation)。另外四种是管理族群分歧的冲突管理办法:霸权控制(hegemonic control)、仲裁(arbitration)、分区治理和/或联邦制(cantonisation and/or federalisation)、联合政体和/或权力共享(consociationalism or power - sharing)。

在欧共体/欧盟对西巴尔干进行国家构建初期,它采取的是仲裁和调解的办法,具有鲜明的冲突管理特征,即危机初期在不同族群之间进行协商或者仲裁来解决彼此的冲突,维护南斯拉夫统一。塞黑国家联盟就是这种努力的产物。随着形势的发展,欧共体/欧盟逐渐认识到,要想彻底解决冲突,还应从根源着手,因此采取承认分离的共和国的办法来消除冲突根源。不过,这种国家构建方法却使西巴尔干国家"碎片化"的趋势日益严重。从南斯拉夫解体到现在,从这个母体上剥离出的国家越来越多。

欧盟对西巴尔干国家构建的过程也是对自身政策不断调整和完善的过程,其政策的实施也经历了从失败到成功、从不成熟到成熟的过程。国家构建是一项长期而艰巨的任务,也是一个充满风险的过程,其进程也可能是逆向的。欧盟对西巴尔干国家构建就有失败的案例,塞尔维亚和黑山的分裂就是欧盟国家构建不成功的例证,可见巨大的资源投入与成功是不能画等号的。事实证明,虽然欧盟付出巨大努力,但国家性的强弱程度决定了国家构建的结果,这是西巴尔干给欧盟国家构建政策带来的经验和教训。①

(四) 国家构建的"欧洲方式"强调干预的合法性。

国际关系领域的主权是指政治和法律上的自治和宪法上的独立。正如罗伯特·杰克逊(Robert Jackson)所总结的:从法律上讲,主权国家并不隶属于另一个主权国家,每个国家都是平等的,并且这种平等是绝对的、

---

① See Liu Zuokui, "EU's Conflict Resolution Policy in the Balkans", *Working Paper Series on European Studies*, Vol. 1, No. 6, 2007.

无条件的。① 在 20 世纪去殖民化之前，主权国家是重要的国际身份之一。而在欧洲殖民统治下，被控制的国家呈现出下列几种形式：殖民地（colonies）、保护国（protectorates）、委任统治国（mandates）、托管领土（trust territories）或领地（dominions）。② 这些形式都有一个共性，即在法律上隶属于一个外部强权国，它们是对主权的否定。去殖民化之后，国际社会对冲突后的国家构建原则是支持它们建成主权国家。这一点可以从国际社会干预波黑、阿富汗，将主权交给伊拉克，以及联合国和 G8 建议加强非洲国家能力建设中可以看出来，上述行动中，主权国家的相关准则得到维护。但与此同时，国际社会也开始追求对主权国家干预的合法性，这一点在对西巴尔干国家的干预中表现得较为明显。

在西巴尔干国家构建问题上，以欧盟为首的国际社会重新定义主权问题。第一，把主权定义为一种"能力"，而不是一种不可分离的权利。③ 第二，把主权定义为一种义务或责任，而不是一种不受任何力量支配的绝对自由。第三，重新界定外部干预的内涵，认为外部控制的目的是打造控制和被控制者之间的"伙伴关系"，或推动被控制者的"国家本土化"等。它是欧盟借干预西巴尔干冲突重构"欧洲方式"干预理念的体现，即强化干预的合法性。英国海外发展研究所的工作报告《消除主权代沟》对此做了相关阐述。在这份报告中，主权用功能而不是用法律的条款来解释，即通过增强国家的能力来实现国家功能的正常化和国家的长久稳定。④ 主权不再

① R. Jackson, *Quasi – States*: *Sovereignty*, *International Relations and the Third World*, Cambridge: Cambridge University Press, 1990, p. 32.

② R. Jackson, *Quasi – States*: *Sovereignty*, *International Relations and the Third World*, Cambridge: Cambridge University Press, 1990, p. 33.

③ 将主权分成不同类别的想法随着 1999 年克拉斯纳的著作《主权：有规则的虚伪》（Sovereignty: Organized Hypocrisy）的出版而为人所熟知。在其随后的著作中，克拉斯纳认为主权具有三种属性：一是"内部主权"，内部治理的能力；二是"威斯特伐利亚主权"，也就是自治政府或政府自治；三是国际合法主权，正式的司法独立。克拉斯纳认为自治政府不应成为国际干预的障碍。他认为，20 世纪 90 年代的干预行动是人权（或干预权）和国家主权之间的冲突造成的，用克拉斯纳的话说，与主权没有冲突，因为如果政府没有充分的防御能力（"内部主权"），那么人权将得到保护。他说，"威斯特伐利亚主权"不能保证体面和有效的"内部主权"……为了在失败的、即将失败的和被占领的国家体面地实行内部治理，新的制度形式需要在不限期时段对"威斯特伐利亚主权"做出妥协。

④ A. Ghani, C. Lockhart and M. Carnahan, "Closing the Sovereignty Gap: an Approach to State – Building", *Overseas Development Institute Working Paper*, No. 253, September 2005, p. 4.

被视为国家的专属权力，而仅仅是一种能力，从理论上讲它能够被增强，也能够被削弱。

欧盟坚持认为一个国家要为其主权存在的问题承担"责任"。这些"责任"构成的内容不是由该国的市民或他们的代表决定，而是由外部行为体和内部精英共同决定。这就为国际干预他国主权开辟了一个通道——由国际机构决定主权国家需要担负的"责任"。如果一个国家被相关国际机构定义为是失败的，那么国际机构就有理由对主权国家进行干预。欧盟以能力建设为目的干预西巴尔干并试图增强这些国家的能力，事实上为干预这些国家的国家构建找到了法理依据。

弱势国家在新的国际规则中处于不利地位，国家构建使弱势国家被深深嵌入强势国家主导的国际制度框架中。作为对相关主权国家支持能力建设的回报，国际机构给了弱势国家很多好处，如提供国际援助、贸易特惠、减免债务或支持其加入国际组织等。

（五）坚持欧盟成员国集体行动和个体行动相结合，并注重提升干预的效率

欧共体/欧盟在对南斯拉夫进行的冲突干预中，集体行动一直是其重要的战略前提，然而，除了在承认政策上各成员国曾达成一致外，在随后冲突调解的关键时刻，成员国政策的差异和不同战略考虑凸显出来，导致欧盟共同外交与安全政策事实上陷入效率低下的困境。最终，在美国等行为体的介入下，冲突干预才产生效果。这种经历使欧盟深刻认识到，"寻求最大共识就是没有共识"，必须加强机制建设，推动欧盟形成更加有效率、更加灵活的冲突干预和国家构建战略。此后，在历次欧盟内部和周边危机中，均可以看到欧盟干预的决策效率不断提升。同时，加强集体行动并不排斥危机干预行动中的成员国色彩，甚至可以让成员国挑头，欧盟则给予各种道义或物资支持。在伊拉克、利比亚和叙利亚危机中，欧盟决策"自由组合"和"灵活机动"的色彩更加明显，形成几个利益攸关的大国牵头行动，而欧盟共同外交与安全政策随后"打圆场"的格局。

二　影响西巴尔干国家构建和入盟的"欧盟因素"

欧盟是西巴尔干国家构建的重要乃至主导力量，然而在国家构建过程中，其自身因素的影响使得国家构建存在一定的不确定性。

1. "能力困境"，也就是欧盟的"扩大疲乏症"对西巴尔干国家构建产生不利影响

2004 年"爆炸式"的扩大在给欧盟带来积极影响的同时，也产生了"扩大疲乏症"，对欧盟的发展和壮大造成困扰。2004 年中东欧国家入盟时，也是全球化深化发展时期，一些西欧国家经济增长缺乏动力，竞争力下滑，国内的社会矛盾也较为突出，面临结构性改革的压力。中东欧国家入盟后，由于扩大仍需要一定的消化期，造成上述问题持续恶化，西欧国家的民众把欧盟东扩视为产生上述问题的原因之一。2005 年，法国、荷兰先后通过公投否决欧盟宪法，部分反映出两国民众对欧盟扩大的不满。2004～2006 年，一些欧盟老成员国对欧盟扩大的支持率不断下降，奥地利公众的看法最为负面，支持率仅为 25%～27%，暂停扩大的声音不断增强，"扩大疲乏症"日益蔓延。[①] 2007 年，保加利亚和罗马尼亚的入盟（仍未解决其固有的法治和腐败问题）以及随之而来的经济和主权债务危机加深了欧盟老成员国对"扩大疲乏症"的恐惧。[②] 在这种背景下，欧盟的西巴尔干国家构建政策受到影响，集中体现在其对西巴尔干国家转型和制度建设的关注度和支持力度有所下降。欧债危机发生后，欧盟的注意力更加集中在内部整合而不是外部扩大方面，这使得"扩大疲乏症"更加严重。

2. "预算困境"

财政预算是欧盟事务的重要组成部分。虽然欧盟的预算总额仅相当于

---

①　Michael Emerson, Senem Aydin, Julia De Clerck - Sachsse and Gergana Noutcheva, "Just What is this 'Absorption Capacity' of the European Union?" *Policy Brief of Center for European Policy Studies*, September 2006.

②　Anna Szolucha, "The EU and Enlargement Fatigue: Why has the European Union Not Been Able to Counter Enlargement Fatigue?" *Journal of Contemporary European Research*, Vol. 6, No. 1, 2010, pp. 1–16.

欧盟各成员国预算总额的约 1/50，但它对欧盟成员国的经济和社会发展、欧洲一体化及欧洲转型具有重要影响。一些净贡献（纯支付）国家如德国、英国、荷兰、瑞典等对欧盟预算的分摊政策表示不满，欧盟财政最大贡献国德国的 2002 年财政赤字超过国内生产总值的 3%，突破了欧盟《稳定与增长公约》规定的上限，因此，它一直不想再追加对欧盟的财政投入。这种不满在欧盟制定 2007～2013 年以及 2014～2020 年两个预算规划时引发较大争执，欧盟不得不平衡各方利益并最终靠削减财政预算来解决问题。预算的减少，一定程度上会影响欧盟对西巴尔干的援助和其他人力、物力投入，进而影响到西巴尔干国家的入盟进程。

3. 欧洲民意的影响

一般而言，民意在欧盟扩大的决策中只是起到次要的作用。但随着"扩大疲乏症"的出现，欧盟决策者为了拉近与民众的关系，舆论也开始成为欧盟决策者的重要考量，民意的关注被凸显出来并且在欧盟官方文献的政策阐释中得到重视。在此背景下，西巴尔干国家不得不接受欧盟成员国公民态度的考验。2005～2006 年是欧盟扩大政策受到极大影响的两年。参考一下欧洲晴雨表[1]（2006 年 7 月）可以发现，即使是德国、意大利、卢森堡和奥地利等欧盟扩大的积极支持者，对塞尔维亚、黑山、波黑、马其顿、阿尔巴尼亚入盟的支持率也低于反对率。[2] 这种低民意支持率影响到决策者的决策选择。

4. 欧盟成员国因素的双重影响

需要强调的是，欧盟成员国的外交政策和外交贡献对西巴尔国家构建至关重要。尤其是当某个成员国担任轮值主席国的时候，可以通过推动有关西巴尔干问题的日程设置来发挥作用。西巴尔干入盟的转折点是 1999 年德国担任轮值主席国的时候，德国的努力使西巴尔干第一次被视为欧洲的一部分，西巴尔干入盟成为一项长期战略。西巴尔干入盟进程的第二个重大转折点是 2003 年希腊担任轮值主席国的时候，当时西巴尔干问题成为欧

---

① 欧洲晴雨表是欧盟委员会官方的民调机构，它每年春秋发布两次调查报告。调查范围涉及欧洲公民意识、欧盟扩大、社会形势、卫生、文化、信息科技、环境、欧元和防务等方面的内容，而调查结果是欧盟委员会进行决策的重要依据。

② http://ec.europa.eu/public_ opinion/archives/ebs/ebs_ 255_ en.pdf.

盟轮值主席任期内的一个"关键优先"问题。在希腊担任轮值主席国期间，欧盟西巴尔干峰会得以举行，为西巴尔干国家入盟铺平了道路。2008 年斯洛文尼亚任欧盟轮值主席国，也积极推动西巴尔干国家入盟。奥地利、西班牙担任轮值主席国期间也都大力推动西巴尔干国家入盟。此外，在干预前南斯拉夫、阿尔巴尼亚、波黑等国危机的过程中，德国、法国、意大利和荷兰等国的引领作用也不容忽视。

与此同时，欧盟成员国的政策偏好也会阻碍西巴尔干国家构建和入盟进程。斯洛文尼亚一直就想借边界和历史问题阻止克罗地亚入盟，希望克罗地亚在某些问题上做出让步；希腊和保加利亚同样也想利用民族和历史问题延缓马其顿入盟进程，以推动马其顿做出政策调整；法国和瑞典一直因黑山高层腐败问题得不到解决而反对过早开启与黑山的入盟谈判。

参考文献

中文著作

陈玉刚：《国家与超国家——欧洲一体化理论比较研究》，上海人民出版社，2001。

郝时远：《南斯拉夫联邦解体中的民族危机》，四川民族出版社，1993。

陆谷孙主编《英汉大词典》（The English – Chinese Dictionary），上海译文出版社，1993。

马细谱：《巴尔干纷争》，北京大学出版社，1999。

王逸舟主编《单极世界的阴霾——科索沃危机的警示》，社会科学文献出版社，1999。

张鹏：《对外援助的"欧洲模式"——以欧盟对西巴尔干援助为例》，中国社会科学院研究生院博士学位论文，2010。

赵乃斌、汪丽敏主编《南斯拉夫的变迁》，社会科学文献出版社，2001。

朱立群：《欧洲安全组织与安全结构》，世界知识出版社，2004。

朱晓中：《中东欧与欧洲一体化》，社会科学文献出版社，2002。

〔美〕戴维·卡莱欧：《欧洲的未来》，冯绍雷、袁胜育、王蕴秀译，上海人民出版社，2003。

〔美〕弗朗西斯·福山：《国家构建：21世纪的国家治理与世界秩序》，黄胜强、许铭原译，中国社会科学出版社，2007。

〔西〕圣地亚哥·加弗纳·弗拉加:《欧洲一体化进程——过去和现在》,朱伦、邓颖洁等译,社会科学文献出版社,2009。

〔德〕贝娅特·科勒-科赫:《欧洲一体化与欧盟治理》,顾俊礼等译,中国社会科学出版社,2004。

〔德〕马克斯·韦伯:《经济与社会》(下卷),林荣远译,商务印书馆,1997。

中文论文

房乐宪:《欧盟对外关系中的"政治条件性"》,《世界经济与政治》1999年第10期。

高放:《大民族主义是南斯拉夫分崩离析的重要内因》,《探索》2006年第6期。

扈大威:《欧盟对西巴尔干地区政策评析》,《国际问题研究》2006年第2期。

贾文华:《欧盟官方发展援助变革的实证考察》,《欧洲研究》2009年第1期。

柯静:《西巴尔干入欧盟前景分析》,《国际论坛》2007年第6期。

孔田平:《欧盟的东南欧战略与东南欧的欧洲化》,《俄罗斯东欧中亚研究》2003年第3期。

刘丽云:《试析欧盟发展政策的新特点、新取向和新功能》,《欧洲研究》2009年第1期。

刘作奎:《国家构建的欧洲方式——欧盟对波黑政策评析》,《欧洲研究》2009年第4期。

刘作奎:《欧盟对巴尔干的冲突调解政策——一种新制度主义的分析》,周弘、〔德〕贝娅特·科勒-科赫主编《欧盟治理模式》,社会科学文献出版社,2008。

刘作奎:《欧盟对科索沃政策评析——欧盟扩大进程中的例外》,《欧洲研究》2008年第2期。

刘作奎:《欧盟对塞尔维亚和黑山政策评析——从"联盟"到"双轨"》,《欧洲研究》2007年第3期。

刘作奎：《欧盟扩大进程中的条件限制模式评析》，《国际论坛》2008年第 4 期。

慕良泽、高秉雄：《现代国家构建：多维视角的述评》，《南京社会科学》2007 年第 1 期。

孙恪勤：《南斯拉夫联邦危机与解体过程中的国际因素》，《俄罗斯东欧中亚研究》1994 年第 4 期。

童天齐：《〈东南欧稳定公约〉及其实施前景》，《国际问题研究》2000年第 2 期。

王莉：《欧盟扩大新战略：变"吸纳"为"融合"》，《国际资料信息》2006 年第 11 期。

周弘：《民族建设、国家转型和欧洲一体化》，《欧洲研究》2007 年第 5 期。

朱晓中：《从巴尔干到东南欧——冷战后巴尔干地缘政治变迁》，《东欧中亚研究》1998 年第 3 期。

朱晓中：《欧洲一体化与巴尔干欧洲化》，《欧洲研究》2006 年第 4 期。

英文著作

András Inotai, *The European Union and Southeast Europe*: *Troubled Water Ahead?*, Brussels: Peter Lang Publishing Group, 2007.

Andreas Wimmer, Richard J. Goldstone and Donald L. Horowitz etc. , *Facing Ethnic Conflicts*: *towards a New Realism*, New York: Rowman and Littlefield Publishers, INC, 2004.

Arolda Elbasani ed. , *European Integration and Transformation in the Western Balkans*: *Europeanization or Business as Usual?* Routledge: Taylor & Francis Group, 2013.

Audie Klotz, *Norms in International Relations*: *The Struggle Against Apartheid*, Ithaca, NY: Cornell University Press, 1995.

Ben Rosamond, *Theories of European Integration*, New York: St. Martin Press, 2000.

Boris Begovic, *Four Years of Transition in Serbia*, Baden – Baden: Nomos,

2005.

　　Bruno Coppieters and Michael Emerson etc. , *Europeanization and Conflict Resolution*, *Case Studies from the European Periphery*, Gent: Academia Press, 2004.

　　C. A. Macartney, *National States and National Minorities*, London: Oxford University Press, 1934.

　　Carol Cosgrove – Sacks and Carla Santos, *Europe*, *Diplomacy*, *and Development*: *New Issues in EU Relations with Developing Countries*, New York: Palgrave, 2001.

　　Carole Andrews, *EU Enlargement*: *From Luxembourg to Helsinki and Beyond*, London: House of Commons, 2000.

　　Caroll Lancaster, *Foreign Aid*: *Diplomacy*, *Development*, *Domestic Politics*, Chicago: University of Chicago Press, 2007.

　　Christophe Soloiz, *Turning – Points in Post – War Bosnia*, *Ownership Process and European Integration*, Baden – Baden: Nomos, 2007.

　　Christopher Bennett, *Yugoslavia's Bloody Collapse*: *Causes*, *Course and Consequences*, London: Hurst & Co. , 1995.

　　D. Chandler, *From Kosovo to Kabul*: *Human Rights and International Intervention*, London: Pluto Press, 2002.

　　Daniel Daianu, Thanos Veremēs eds. , *Balkan Reconstruction*, Routledge: Frank Cass, 2001.

　　David A. Lake and Donald Rothchild eds. , *The International Spread of Ethnic Conflict*: *Fear*, *Diffusion and Escalation*, Princeton: Princeton University Press, 1998.

　　David Carment and Albrecht Schnabel eds. , *Conflict Prevention*: *Path to Peace or Grand Illusion?*, Tokyo: The United Nations Uiversity Press, 2003.

　　David Mitrany, *A Working Peace System*: *An Argument for the Functional Development of International Organization*, London: Oxford University Press, 1944.

　　David Owen, *Balkan Odyssey*, New York: Harcourt Brace & Company, 1995.

Donald L. Horowitz, *Ethnic Groups in Conflict*, Berkeley: University of California Press, 1985.

Dov Ronen, *The Challenge of Ethnic Conflict, Democracy and Self - Determination in Central Europe*, London: Frank Cass, 1997.

E. Jorgensen A. Wiener, T. Christiansen, eds. , *The Social Construction of Europe*, London: SAGE Publications, 2001.

Elez Biberaj, *Albania in Transition: The Rocky Road to Democracy*, Boulder, Colo. : Westview Press, 1998.

Emil Kirchner & James Sperling eds. , *EU Security Governance*, Manchester and New York: Manchester University Press, 2007.

Emilian Kavalski, *Extending the European Security Community: Constructing Peace in the Balkans*, London/New York: Tauris Academic Studies, 2008.

Ettore Greco, *Delegated Peacekeeping: The Case of Operation Alba*, Rome: Istituto Affari Internazionali, 1998.

Farimah Daftary and Stefan Troebst eds. , *Radical Ethnic Movements in Contemporary Europe*, New York and Oxford: Berghahn Books, 2003.

Florian Bieber ed. , *Montenegro in Transition: Problems of Identity and Statehood*, Baden – Baden: Nomos, 2003.

Francis Fukuyama, *State Building: Governance and World Order in 21th Century*, New York: Cornell University Press, 2004.

Fred Halliday, *Rethinking International Relations*, Basingstoke: Macmillan, 1994.

Friedrich V. Kratochwil, *Rules, Norms, and Decision: On the Conditions of Practical and Legal Reasoning in International Relations and Domestic Affairs*, Cambridge: Cambridge University Press, 1989.

Georg Sorensen, *Changes in Statehood: The Transformation of International Relations*, Macmillan: Palgrave, 2001.

Gojko Vuckovic, *Ethnic Cleavages and Conflicts: the Sources of National Cohesion and Disintegration—the Case of Yugoslavia*, Aldershot: Ashgate, 1997.

Guy Peters, *Institutional Theory in Political Science: the New Institutionalism*,

London: Pinter, 1999.

H. R. Wilkinson, *Maps and Politics: A Review of the Ethnographic Cartography of Macedonia*, Liverpool: Liverpool University Press, 1951.

Ian Brownlie, *Principle of Public International Law*, Oxford: Oxford University Press, 1973.

Ivo Banac, *The National Question in Yugoslavia: Origins, History, Politics*, Cornell: Cornell University Press, 1984.

J. Richardson, *European Union, Power and Policy – Making*, the third edition, London: Routledge, 2005.

James Crawford, *The Creation of States in International Law*, Oxford: Clarendon Press, 1979.

James Dobbins et al. , *Europe's Role in Nation – Building: From Balkan to-Congo*, California: Rand Corporation, 2008.

James – Ker Lindsay, *Kosovo: The Path to Contested Statehood in the Balkans*, IB Tauris and Co LTD, 2011.

Jan Assmann, *Moses the Egyptian: The Memory of Egypt in Western Monotheism*, Cambridge: Harvard University Press, 1997.

Janez Jansa, *The Making of the Slovenian State*, 1988 – 1992, Ljubljana: Zalozba Mladinska knjiga, 1994.

Jean – Michel Josselin and Alain Marciano ed. , *Democracy, Freedom and Coercion: A Law and Economics Approach*, Cheltenham Glos: Edward Elgar, 2007.

Jennifer Jackson Preece, *National Minorities and the European Nation – States System*, Oxford: Clarendon Press, 1998.

John McGarry and Brendan O' Leary eds. , *The Politics of Ethnic Conflict Resolution: Case Studies of Protracted Ethnic Conflicts*, London: Routledge, 1993.

Joseph A. McMahon, *The Development Cooperation Policy of the EC*, London: Kluwer Law International Ltd. , 1998.

Judy Batt and K. Wolczuk, *Region, State and Identity in Central and Eastern Europe*, London: Frank Cass, 2002.

Karin Arts and Anna K. Dickson eds. , *EU Development Cooperation: From Model to Symbol*, Manchester and New York: Manchester University Press, 2004.

Karl Cordell ed. , *Ethnicity and Democratisation in the New Europe*, London and New York: Routledge, 1999.

Lenard J. Cohen, *Broken Bonds: Yugoslavia's Disintegration and Balkan Politics in Transition*, Boulder: Westview Press, 1995.

M. Cini, *European Union Politics*, London: Oxford University Press, 2003.

M. Cremona, *Enlargement of the European Union*, *vol. XII Collected Courses of the Academy of European Law*, London: Oxford University Press, 2003.

Marc Weller and Stefan Wolff eds. , *Autonomy, Self – governance and Conflict Resolution: Innovative Approaches to Institutional Design in Divided Societies*, London and New York: Taylor and Francis Group, 2005.

Margaret Thatcher, *The Downing Street Years*, London: Harper Collins, 1993.

Marise Cremona ed. , *The Enlargement of the European Union*, London: Oxford University Press, 2003.

Martin Holland, *The European Union and the Third World*, London: Palgrave, 2002.

Marx Kohnstamm and Wolfgang Hager eds. , *A Nation Writ Large? Foreign Policy Problems before the European Community*, Basingstoke: Macmillan, 1974.

Michael A. Innes ed. , *Bosnian Security After Dayton: New Perspectives*, New York: Routledge, 2006.

Michael Brown, *Nationalism and Ethnic Conflict*, *An International Security Reader*, The MIT Press, 1997.

Michael Libal, *Limits of Persuasion: Germany and the Yugoslav Crisis, 1991 – 1992*, Westport: Praeger, 1997.

Milton J. Esman, *Ethnic Politics*, Ithaca, NY: Cornell University Press, 1994.

Milton J. Esman, Ronald J. Herring, *Carrots, Sticks, and Ethnic Conflict: Rethinking Development Assistance*, Michigan: University of Michigan

Press, 2003.

Mirela Bogdani and John Loughlin, *Albania and the European Union: The Tumultuous Journey Towards Integration and Accession*, IB Tauris and Co LTD, 2009.

Misha Glenny, *The Fall of Yugoslavia: The Third Balkan War*, London: Penguin, 1992.

Nathalie Tocci, *The EU and Conflict Resolution: Promoting Peace in the Backyard*, Routledge, London and New York: Taylor and Francis Group, 2008.

Neal G. Jesse and Kristen P. Williams, *Identity and Institutions – Conflict Reduction in Divided Societies*, Albany: State University of New York Press, 2005.

Norbert Both, *From Indifference to Entrapment: The Netherlands and the Yugoslav Crisis1990 – 1995*, Amsterdam: Amsterdam University Press, 2000.

Olga Oliker, *Aid during Conflict: Interaction between Military and Civilian Assistance Providers in Afghanistan*, California: Rand Corporation, 2004.

Paul J. Welfens, *Stabilizing and Integrating the Balkans: Economic Analysis of the Stability Pact, EU Reforms and International Organizations*, New York: Springer, 2001.

Peter Katzenstein ed. , *The Culture of National Security: Norms and Identity in World Politics*, New York: Columbia University Press, 1996.

Philip G. Roeder and Donald Rothchild, *Sustainable Peace: Power and Democracy after Civil Wars*, Ithaca and London: Cornell University Press, 2005.

R. Eising and B. Kohler – Koch, *Governance in the European Union: A Comparative Assessment*, London: Routledge, 1999.

R. Linden ed. , *Norms and Nannies: The Impact of International Organizations on the Central and East European States*, Lanham, Boulder, New York, Oxford: Rowman and Littlefield Publishers, 2002.

Raimo Vayrynened ed. , *New Directions in Conflict Theory: Conflict Resolution and Conflict Transformation*, London: ISSC/SAGE Publications, 1991.

Reneo Lukic and Allen Lynch, *Europe from the Balkans to the Urals: The*

Disintegration of Yugoslavia and the Soviet Union, Oxford: SIPRI/Oxford University Press, 1996.

Richard Caplan and John Feffer eds. , *Europe's New Nationalism: States and Minorities in Conflict*, New York: Oxford University Press, 1996.

Richard Caplan, *International Governance of War – Torn Territories: Rule and Reconstruction*, Oxford: Oxford University Press, 2005.

Richard Caplan, *Europe and the Recognition of New States in Yugoslavia*, Cambridge: Cambridge University Press, 2007.

Richard Holbrooke, *To End a War*, New York: Random House, 1998.

Richard West, *Tito and the Rise and Fall of Yugoslavia*, London: Sinclair – Stevenson, 1994.

Robert H. Jackson, *Quasi – states: Sovereignty, International Relations and the Third World*, Cambridge: Cambridge University Press, 1990.

Robert Rotberg ed. , *When States Fail: Causes and Consequences*, Princeton: Princeton University Press, 2004.

Ronald Grigor Suny, *The Revenge of the Past: Nationalism, Revolution and the Collapse of the Soviet Union*, Stanford: Stanford University Press, 1993.

Seven Steinmo, Kathleen Thelen and Frank Longstreth eds. , *Structuring Politics: Historical Institutionalism in Comparative Analysis*, Cambridge: Cambridge University Press, 1992.

Shepard Forman, Stewart Patrick, *Good Intentions: Pledges of Aid for Post-Conflict Recovery*, Boulder: Lynne Rienner Publishers, 2000.

Sohail H. Hashmied, *State Sovereignty: Change and Persistence in International Relations*, Pennsylvania: the Pennsylvania State University Press, 2006.

Sonia Lucarelli, *Europe and the Breakup of Yugoslavia: A Political Failure in Search of a Scholarly Explanation*, The Hague: Kluwer Law International, 2000.

Stockholm International Peace Research Institute, *Peace, Security and Conflict Prevention*, *SIPRI – UNESCO Handbook*, New York: Oxford University Press, 1998.

Sumantra Bose, *Bosnia after Dayton*, *National Partition and International In-*

tervention, London: Hurst&Co. , 2002.

Susan L. Woodward, *Balkan Tragedy: Chaos and Dissolution after the Cold War*, Washington: The Brookings Institution, 1995.

Ted Robert Gurr and Barbara Harff, *Ethnic Conflict in World Politics*, Boulder: Westview Press, 1994.

Ted Robert Gurr, *Peoples versus States: Minorities at Risk in the New Century*, Washington: US Institute of Peace Press, 2000.

Tom Gallagher, *The Balkans after the Cold War: From Tyranny to Tragedy*, New York: Routledge, 2003.

Tom Gallagher, *The Balkans in the New Millennium: In the Shadow of War and Peace*, New York: Routledge, 2005.

Van Coufoudakis, Harry J. Psomiades and Andre Gerolymatos eds. , *Greece and the New Balkans: Challenge and Opportunities*, New York: Pella Publishing Company, 1999.

Werner Bauwens and Luc Reychler eds. , *The Art of Conflict Prevention*, London: Brassey's, 1994.

Wolfgang Danspeckrruber ed. , *The Self – Determination of Peoples*, Boulder: Lynne Rienner Publishers, 2002.

英文论文

Alexander Wendt, "Anarchy is What States Make of It: The Social Construction of Power Politics", *International Organization*, Vol. 46, (2), 1992.

Alexandros Yannis, "Kosovo under International Administration", *Survival*, Vol. 43, No. 2, 2001.

Alice Ackermann, "The Idea and Practice of Conflict Prevention", *Journal of Peace Research*, Vol. 40, No. 3, 2003.

Allen Lynch, "Woodrow Wilson and the Principle of 'National Self – Determination : a Reconsideration' ", *Review of International Studies*, 2002.

Ana Juncos, "The EU's Post – Conflict Intervention in Bosnia and Herzegovina: (re) Integrating the Balkans and/or (re) Inventing the EU?", *Southeast*

European Politics, Vol. VI, No. 2, November 2005.

Beate Kohler – Koch and Berthold Rittberger, "The 'Governance Turn' in EU Studies", *Journal of Common Market Studies*, Volume 44, September, 2006.

Carl Dahlman and Gearoid O Tuathial, "The Legacy of Ethnic Cleansing: The International Community and the Returners Process in Post – Dayton Bosnia – Herzegovina", *Political Geography*, Vol. 24, No. 5, June 2005.

Catriona Gourlay, Damien Helly etc. , "Civilian Crisis Management: the EU Way", *Chaillot Paper*, No. 90, June 2006.

Christian Pippan, "The Rocky Road to Europe: The EU's Stabilisation and Association Process for the Western Balkans and the Principle of Conditionality", *European Foreign Affairs Review*, No. 9, 2004.

D. Papadimitriou, "The European Union's Strategy in the Post – Communist Balkans: on Carrots, Sticks and Indecisiveness", *Journal of Southeast European and Black Sea Studies*, 1 (3), 2001.

David Lemon, "The European is the World Largest Donor of Humanitarian and Development Aid", *European Affairs*, November 2002.

Dimitar Bechev, "Carrots, Sticks and Norms: the EU and Regional Cooperation in Southeast Europe", *Journal of Southern Europe and the Balkans*, Vol. 8, No. 1, April, 2006.

Dimitrios Triantaphyllou ed. , "The Southern Balkans: Perspectives from the Region", *Chaillot Paper*, No. 46, Paris: EUISS, April 2001.

Don Hays and Jason Grosby, "From Dayton to Brussels: Constitutional Preparations for Bosnia's EU Accession", *Special Report*, No. 75, United States Institute of Peace, October 2006.

Dorian Jano, "EU – Western Balkan Relations: The Many EU Approaches", *The Journal of the International University Institute of European Studies*, Volume 2, Issue 1, 2008.

Dragan Durić, "Montenegro's Prospects for European Integration: on a Twins Track", *South East Europe Review*, No. 4, 2004.

Duško Sekulić, Garth Massey and Randy Hodson, "Ethnic Intolerance and

Ethnic Conflict in the Dissolution of Yugoslavia", *Ethnic and Racial Studies*, Volume 29, Issue 5, September 2006.

Duncan M. Perry, "Macedonia: A Balkan Problem and a European Dilemma", *RFE/RL Research Report*, 19 June, 1992.

E. Kavalski, "The Western Balkans and the EU: the Probable Dream of Membership", *South East European Review*, No. 1/2, 2003.

E. Meksi, "The Albanian Dimension of Integration" in Debating Integration, *AIIS*, 2003.

Emil Kirchner & James Sperling, "The New Security Threats in Europe: Theory and Evidence", *European Foreign Affairs Review*, No. 7, 2002.

Ernst Sucharipa, "The Future of the Euorpean Union and the Role of the Balkans", *Review of International Affairs*, No. 1109, January – March 2003.

Ettore Greco, "New Trends in Peacekeeping: The Experience of Operation Alba", *Security Dialogue*, Vol. 29, No. 2, June 1998.

European Commission, "Common Principles for Future Contractual Relations with Certain Countries in South – Eastern Europe", COM (96) 476 final, 2 October 1996.

Frank Schimmelfennig et al. , "Costs, Commitment and Compliance: The Impact of EU Democratic Conditionality on European Non – Member States," *EUI Working Paper*, RSC, 2002/29, 2002.

Frank Schimmelfennig et al. , "The Conditions of Conditionality: The Impact of the EU on Democracy and Human Rights in European Non – Member States," Paper Prepared for Workshop 4, "Enlargement and European Governance", ECPR Joint Session of Workshops, Turin, 22 – 27 March 2002.

Franz Lothar Altmann, Eugene Whitlock eds. , "European and US Policies in the Balkans", July 2004.

Frederic L. Kirgis, "The Degrees of Self – Determination in the United Nations Era", *American Journal of International Law*, No. 88, 1994.

G. Pentassuglia, "The EU and the Protection of Minorities: The Case of Eastern Europe", *European Journal of International Law*, No. 12, 2001.

Georgios Kostakos and Dimitris Bourantonis, "Innovations in Peace – Keeping: The Case of Albania", *Security Dialogue*, Vol. 29, No. 1, March, 1998.

Gergana Noutcheva, "EU Conditionality and Balkan Compliance: Does Sovereignty Matter?" unpublished doctoral dissertation of Pittsbourg University, 2005.

Gergana Noutcheva, "EU Conditionality, State Sovereignty and the Compliance Patterns of Balkan States", Paper prepared for the 3rd Pan – European Conference on EU Politics European Consortium for Political Research, Bilgi University, Istanbul 21 – 23 September 2006.

Hans W. Maull, "Germany in the Yugoslav Crisis", *Survival*, 37 (4), 1995 – 6.

Heather Grabbe and Kirsty Hughes, "Enlarging the EU Eastwards", London: the Royal Institute of International Affairs, 1998.

International Crisis Group, "Still Buying Time: Montenegro, Serbia and the European Union", *Balkans Report*, No. 129, May 2002.

J. Olsen, "The Many Faces of Europeanization", *Journal of Common Market Studies*, Vol. 40, No. 5, 2002.

James Gow, "One Year of War in Bosnia and Herzegovina", *RFE/RL Research Report*, 4 June 1993.

Jereremy King, "Prospects for the Stability Pact: Demcratization, Economic Reconstruction and Security in Southeasten Europe", *Peacekeeping & International Relations*, September – December, 1999.

John B. Allcock, "The Dilemmas of an Independent Macedonia", *ISISB*, Briefing No. 42, London: International Security Information Service, June 1994.

Judith Kelly, "International Actors on the Domestic Scene: Membership Conditionality and Socialization by International Institutions," *International Organization*, 58, No. 3, 2004.

Judy Batt ed. , "The Western Balkans, Moving On," *Chaillot Papers*, Institute for Security Studies of European Union October, 2004.

Judy Batt, "The Question of Serbia", *Chaillot Paper*, Institute for Security Studies of European Union, No. 81, August 2005.

Julie Kim, "Bosnia and the European Union Military Force: Post – NATO Peacekeeping", *CRS Report for Congress*, RS21774, Washington, D. C. , December 5, 2006.

K. Smith, "The Use of Political Conditionality in the EU's Relations with Third Countries: How Effective?", *European Foreign Affairs Review*, No. 3, 1998.

L. Friis and A. Murphy, " 'Turbo – Charged Negotiations' : The EU and the Stability Pact for South Eastern Europe", *Journal of European Public Policy*, No. 7, 2000.

L. J. Cohen, "The Disintegration of Yugoslavia", *Current History*, 91, No. 568, November 1992.

Larry Wentz ed. , "Lessons from Bosnia: The IFOR Experience", Washington D. C. : Institute for National Security Studies, 1997.

Leeda Demetropoulou, "Europe and Balkans: Membership Aspiration, EU Involvement and Europeanization Capacity in South Eastern Europe", *Southeast European Politics*, Vol. Ⅲ, No. 2 – 3, November 2002.

Lenard J. Cohen, "The Balkans Ten Years After: From Dayton to the Edge of Democracy", *Current History*, November 2005.

Liu Zuokui, "EU's Conditionality and Western Balkans' Accession Roads", *Academic Journal of European Perspective*, No. 2, April, 2010.

Lord Carrington, "Turmoil in the Balkans: Developments and Prospects", *RUSI Journal*, October 1992.

Lykke Friis and Anna Murphy, "Contribution to the Forum 'Enlargement of the European Union: Impacts on the EU, the Candidates and the 'Next Neighbours' ", *the ECSA Review*, 14 (1), 2001.

M. A. Vachudova, "The European Union, the Balkans and Turkey: Can 'Soft Power' Bring Stability and Democracy?" *EES Newsletter*, Woodrow Wilson International Center, January – February 2004.

Nathalie Tocci, "Conditionality, Impact and Prejudice in EU – Turkey Relations", *IAI – TEPAV Report*, Istituto Affair Internazionali, No. 9, July, 2007.

Nathalie Tocci, "EU Intervention in Ethno – Political Conflicts: The Cases of Cyprus and Serbia – Montenegro", *European Foreign Affairs Review*, No. 9, 2004.

O. Anastasakis, "The EU's Political Conditionality in the Western Balkans: towards a More Pragmatic Approach", *Southeast European and Black Sea Studies*, 8 (4), 2008.

O. Kovač, "Regional Approach of the European Union to Cooperation among Countries of the Former Yugoslavia", *Review of International Affairs*, No. 47, 1996.

Peter Viggo Jakobsen, "Myth – Making and Germany's Unilateral Recognition of Croatia and Slovenia", *European Security*, No. 4, 1995.

Romano Prodi, "EU Must Bring Peace to the Balkans", *International Herald Tribune*, 21 March 2000.

Rory Keane, "The Partnership – Conditionality Binary in the Western Balkans: Promoting Local Ownership for Sustainable Democratic Transition", *Cambridge Review of International Affairs*, Volume 18, Number 2, July 2005.

S. Hix, "The Study of the European Union II: The 'New Governance' Agenda and its Rivals", *Journal of European Public Policy*, No. 5, 1998.

Sophia Clement, "Conflict Prevention in the Balkans: Case Studies of Kosovo and the FRY of Macedonia", *Chaillot Paper*, No. 30, Paris: Institute for Security Studies of the Western Europe Union, 2007.

Srdjan Vucetic, "The Stability Pact for South Easten Euorpe as Security Community – Building Institution", *Southeast European Politics*, Vol. Ⅱ, No. 2, October 2001.

Stefano Recchia, "Beyond International Trusteeship: EU Peacebuilding in Bosnia and Herzegovina", *Occasional Paper*, No. 66, Paris: EU Institute for Security Studies, February 2007.

Stefano Silvestri, "The Albanian Test Case", *International Spectator*, Vol. 32, Nos. 3 – 4, July – December 1997.

Susan Woodward, "Kosovo and the Region: the Consequences of the Waiting

Game", *The International Spectator*, Vol. 25, No. 1, 2000.

T. Borzel, "Towards Convergence in Europe? Institutional Adaptation to Europeanization in Germany and Spain", *Journal of Common Market Studies*, 37, 4, 1999.

Tanja A. Borzel, "Member States Responses to Europeanization", *Journal of Common Market Studies*, 40, 2, 2002.

Thomas Plumper, "The Demand – Side Politics of EU Enlargement – Democracy and the Application for EU Membership", *Journal of European Public Policy*, 9, August 2002.

Timothy Garton Ash, "EU Enlargement: Unfinished Symptom", *SEESP Newsletter*, No. 2, July, 2004.

Vladimir Gligorov, "Aiding Balkans", GDN Conference, St. Petersburg, January 20, 2006.

Wirn van Meurs, Alexandros Yannis, "The European Union and the Balkans: From Stability Process to Southeastern Enlargement", *Review of Intenrational Affairs*, July – September 2002.

三 网站

Center for European Policy Studies (欧洲政策研究中心), http://www.ceps.be/.

International Crisis Group (国际危机集团), http://www.crisisgroup.org/.

European Union Institute for Security Studies (欧盟安全研究所), http://www.iss.europa.eu/.

European Governance Papers (欧盟治理论文), http://www.connex – network.org/eurogov/.

European Policy Centers (欧洲政策中心), http://www.theepc.be/home.asp.

EU External Relations (欧盟官方网站对外关系部分), http://www.eeas.europa.eu/.

European Integration Online Paper (欧洲一体化在线论文), http://

eiop. or. at/eiop/index. php/eiop.

European Council on Foreign Relations（欧洲对外关系委员会），http：//www. ecfr. eu/.

Peace Research Institute Frankfurt（法兰克福和平研究所），http：//www. hsfk. de/index. php? &L = 1.

Agence Europe（代理欧洲），http：//www. agenceurope. com.

European University Institute（欧洲大学研究院），http：//www. eui. eu/Home. aspx.

German Institute for International and Security Affairs（德国国际和安全事务研究所），http：//www. swp – berlin. org/en/about – swp. html.

European Center for Minority Issues（欧洲少数民族研究中心），http：//www. ecmi. de/.

Southeast European Politics Online（东南欧政治在线），http：//www. seep. ceu. hu/.

Istituto Affari Internazionali（意大利国际事务研究所），http：//www. iai. it/index_ en. asp.

后　记

我研究巴尔干这个地区的时间不算长（从 2005 年开始研究巴尔干问题到本书成稿，前后有 10 年），但赶上了不错的时机，一个是巴尔干问题日益成为欧盟对外政策的焦点，另一个是中国对欧政策的变化。2012 年，温家宝总理访问波兰华沙时提出推动中国和中东欧合作的 12 项举措，此后，作为中东欧一部分的西巴尔干国家成为学者的关注点。上述因素为我的研究注入了动力。

2007 年，我受"中国—欧盟：欧洲研究中心项目"的资助赴德国曼海姆大学社会和政治学研究中心学习，研究的题目是"欧盟对巴尔干的冲突调解和和平建设"。正是这段学习经历为我深入了解并研究巴尔干问题创造了条件，并最终完成了一篇论文（该论文后来发表在专业研究西巴尔干问题的国际刊物《Academic Journal of European Studies》上，论文名字是"EU's Conditionality and Western Balkans' Accession Roads"，这也是中国学者第一次在此杂志上发表专业研究论文），也初步确立了此问题的研究框架和方法。

我在德国访学期间的日常生活又为我深入了解巴尔干人创造了难得的条件。我居住的宿舍在德国曼海姆郊区的一座学生公寓当中，周边是操场。每天下午下班后都会有形形色色的人来这里进行锻炼：踢足球、打篮球、打羽毛球。这是一个移民比较集中的区域，很多是来德国打工或求学的人，包括塞尔维亚人、阿尔巴尼亚人、马其顿人和克罗地亚人，还有一些是土耳其人、意大利人、俄罗斯人和保加利亚人。我们一同锻炼，彼此成为朋友，并就一些历史和现实问题进行交流。对于像我这样研究国际问题的学者，尤其是研究巴尔干问题的学者来说，这是了解巴尔干人民的难得机会。

2009 年 10 月，在中国社会科学院欧洲研究所所长周弘带领下，我短期访问了斯洛文尼亚、匈牙利和捷克三国。斯洛文尼亚并不是本著作研究的内容，但是它与我的研究发生了联系，因为斯洛文尼亚除了是巴尔干的一部分外，还是巴尔干国家的优秀代表——最先加入欧盟并且一直试图把自己的入盟经验传授给西巴尔干国家。访问期间，通过广泛接触该国学者，我对巴尔干问题有了更深刻的认识。此后，我赴中东欧国家进行学术交流的机会越来越多，掌握的信息也越来越丰富，研究思路也得以不断调整和深化。

事实上，对巴尔干问题的研究真正能得以展开，还要感谢我们今天难得的学术环境。当今天我们面对巴尔干历史和现实的时候，尤其是回顾前南冲突时期欧共体/欧盟政策的时候，得益于我们外交观点的包容性增强，使得我们有机会重新定位欧共体/欧盟对前南政策的本质，重新思考这段历史。欧盟对第三国施加条件限制、进行制度改造在过去被视为强权政治的表现，现在则有了相对公正和科学的解释空间。

撰写本书很大程度上是出于个人的兴趣和爱好，因为自 2007 年我完成欧盟项目后，已经少有来自其他渠道的资助支持我的研究，而当时我只完成了一篇论文，离完成一本著作的目标非常遥远。但对该地区强烈的好奇心驱使我断断续续地从事着研究，从没有放弃过。我先是从案例研究着手，本书未出版之前，我已经完成了对塞黑、波黑、科索沃、克罗地亚的案例研究，同时对欧盟的条件限制机制也做了系统的考察。这些成果均发表在国内相关权威刊物上。在这些案例研究的基础上，我又把视角延伸到欧共体/欧盟对南斯拉夫解体危机干预这一更早的历史时段，深入探讨其干预特点和工具使用情况。同时，我对本书的一些核心概念，如"国家性"等又进行了深入研究，对欧盟在西巴尔干国家构建的行为方式做了更长时间的归纳和思考。总之，本书是在此前一系列研究成果的基础上完成的，并以一种新的框架和视角，纳入这些案例研究，增加新的资料。没有先期积累，完成这么一部书是难以想象的。

当然，囿于学识所限，加之成书仓促，本书肯定有诸多不足之处，有待专家的指正和我日后的进一步完善。比如，本书主要借助"国家性"和理性选择两个主要概念来搭建研究框架，力求将观点阐述得简约、清晰和富有逻辑性。事实上，西巴尔干国家在入盟过程中所进行的理性选择只是实际进程的一部分，不应忽视这些国家在融入欧洲过程中所面临的社会建构因素和其他更为复杂的历史和宗教因素。笔者在本书初稿中对此做了大段论述，但在定稿编辑时，因觉得社会建构因素的不可测性以及与本书研究框架存在明显冲突而忍痛删除。每遇此问题，我便深深感觉学术研究的矛盾之处，即在理论逻辑和现实分析之间总会出现一些冲突，必须在两者之间做出很好的平衡。好在在我已发表的一些论文中，已经对理性选择不足这一问题做了不少的研究和论述，强调了社会建构研究视角和其他研究视角的价值，聊以弥补本书的遗憾。我期待有时间还能进一步补足相关的研究，使我的研究框架能有更大的弹性和包容性。

在国际学术界，巴尔干问题是一个既古老又博大精深的研究领域，有着丰厚的学术底蕴。因此，我仍需不断学习，才能加深对该地区更加科学的认识。

本书能够出版，要感谢下列人士给予的认真指导，以及提供珍贵的交流和学习机会。

时任欧洲研究所所长周弘研究员给我提供了宝贵的赴德国交流的机会，并牵线让我认识了德国曼海姆大学贝娅特·科勒—科赫教授（Beate - Kohler Koch），让其担任我的学习指导教师。

德国国际问题研究所的苏珊·斯蒂沃特教授（Susan Stewart）、意大利国际问题研究所的娜塔莉·拓琦（Nathalie Tocci）教授、马斯特里赫特大学的葛戛娜·诺切娃（Gergana Noutcheva）教授以及斯洛文尼亚欧洲视角中心（Center for European Perspective）学者蒂娜·费勒（Tina Ferle）均对我的研究给予了很大帮助。

感谢孔田平研究员的指导和帮助，他认真审读了我的文稿，并提出一系列指导意见。他既是该领域的一位资深研究学者，又是我的长辈和同事，对于我的研究多有帮助。感谢北京大学中东欧研究中心主任孔凡君教授，尽管不是他的学生，但他对我的研究给予非常多的关照。在工作期间，蒙周弘研究员委托，曾协助其对博士生张鹏的论文《对外援助的欧洲模式——以欧盟援助西巴尔干为例》进行指导和探讨，但小学友显然走在了我的前面，他的著作已经出版，我在与他的沟通交流中获得不少启发。

感谢外交部前大使、中国中东欧研究分会会长李国邦的帮助。他拥有丰富的外交经验，向我介绍了很多在巴尔干国家的工作经验，这对于我把握巴尔干地区的复杂局势颇有帮助。

非常感谢社会科学文献出版社张苏琴、安静两位编辑对本书原稿认真、严谨的修改，同时也感谢祝得彬提供的帮助。

此书最后能够出版，与我的爱人在背后默默无闻地支持分不开。我想把本书作为礼物献给她及我们三岁的宝宝刘梓涵，她们是我致力于学术探索的重要支持力量。

刘作奎

2014 年 11 月于北京

图书在版编目（CIP）数据

国家构建的"欧洲方式"：欧盟对西巴尔干政策研究：1991~2014/刘作奎著．—北京：社会科学文献出版社，2015.6
（欧洲研究丛书．研究系列）
ISBN 978 - 7 - 5097 - 7302 - 4

Ⅰ.①国…　Ⅱ.①刘…　Ⅲ.①欧洲国家联盟 - 对外援助 - 巴尔干半岛 - 研究 - 1991~2014②政治制度 - 研究 - 巴尔干半岛　Ⅳ.①D850.2②D754

中国版本图书馆 CIP 数据核字（2015）第 063334 号

欧洲研究丛书·研究系列

国家构建的"欧洲方式"

——欧盟对西巴尔干政策研究（1991~2014）

著　　者/刘作奎

出 版 人/谢寿光
项目统筹/祝得彬
责任编辑/张苏琴　安　静

出　　版/社会科学文献出版社·全球与地区问题出版中心(010)59367004
　　　　　　地址：北京市北三环中路甲 29 号院华龙大厦　邮编：100029
　　　　　　网址：www.ssap.com.cn
发　　行/市场营销中心（010）59367081　59367090
　　　　　　读者服务中心（010）59367028
印　　装/北京季蜂印刷有限公司

规　　格/开　本：787mm × 1092mm　1/16
　　　　　　印　张：16.5　字　数：259 千字
版　　次/2015 年 6 月第 1 版　2015 年 6 月第 1 次印刷
书　　号/ISBN 978 - 7 - 5097 - 7302 - 4
定　　价/69.00 元